Schwarzbuch Sport

Klaus Zeyringer

Schwarzbuch Sport

Show, Business und
Skandale in der neoliberalen
Gesellschaft

 Springer

Klaus Zeyringer
Pöllau bei Hartberg, Österreich

ISBN 978-3-658-32099-7   ISBN 978-3-658-32100-0   (eBook)
https://doi.org/10.1007/978-3-658-32100-0

Die Deutsche Nationalbibliothek verzeichnet diese Publikation in der Deutschen
Nationalbibliografie; detaillierte bibliografische Daten sind im Internet über
http://dnb.d-nb.de abrufbar.

Einbandabbildung: Deblik, Copyright: Adobe Stock, Bildnummer 163311516

Lektorat: Frank Schindler
Springer ist ein Imprint der eingetragenen Gesellschaft Springer Fachmedien
Wiesbaden GmbH und ist ein Teil von Springer Nature.
Die Anschrift der Gesellschaft ist: Abraham-Lincoln-Str. 46, 65189 Wiesbaden, Germany

Wie konnte die Welt es zulassen, dass die Sportverbände so groß wurden, dass sie anfingen, sich
über alles zu erheben?
(*Frankfurter Allgemeine Zeitung,* 14. März 2020)

INHALT

1 16 KILOMETER VOM NEOLIBERALISMUS ZUM SPORTFEUDALISMUS

SPRENGSÄTZE

Am 11. April 2017, kurz nach sieben Uhr abends, fährt ein Bus vom Hotel L'Arrivée im Dortmunder Stadtteil Höchsten ab. Er transportiert Spitzensportler. In der Einschätzung von Kennern und vor allem in den Augen eines Gastes im selben Hotel rollt ein Marktwert von mehreren hundert Millionen Euro aus dem Luxusressort.

In der Nacht zuvor brachte im L'Arrivée ein Mann Utensilien und Material in sein Zimmer, füllte drei Röhren und bereitete sie zum Einsatz vor.

Das Team an Bord des Busses wirkt konzentriert, einige haben Kopfhörer auf. Mental stimmen sie sich auf das Champions-League-Match ein. Cheftrainer Thomas Tuchel sitzt in der ersten Reihe, rechts am Fenster, dahinter die Assistenten, dann die Kicker.

Der dunkle Zwanzigtonner ist mit Reklamesprüchen und einem schwarzgelben Emblem versehen. Er biegt scharf rechts ab, im Schritttempo fährt er auf die Wittbräuckerstraße zu. Von den hinteren Plätzen steigt ein Lachen auf. Dort gibt sich ein Athlet im Trainingsanzug besonders locker, kürzlich hat er seinen Vertrag verlängert, jährlich erhält er nunmehr gute zehn Millionen Euro.

Der Bus beschleunigt.

© Der/die Autor(en), exklusiv lizenziert durch
Springer Fachmedien Wiesbaden GmbH , ein Teil von Springer Nature 2021
K. Zeyringer, *Schwarzbuch Sport*,
https://doi.org/10.1007/978-3-658-32100-0_1

Ein tiefer, dumpfer Riesenknall. Scheiben klirren, Splitter fliegen, ein Stahlstift saust in eine Kopfstütze.

Instinktiv ducken sich die Insassen des wackelnden Busses, schreiend. Das Lachen ist abrupt verstummt.

Das Gefährt stoppt. Drinnen legen sich einige auf den Boden, da sie nicht wissen können, ob die Gefahr vorüber ist.

»Es spielte sich alles wie in Zeitlupe ab. Ich war wie erstarrt, aber in meinem Kopf rasten die Gedanken. Innerhalb von wenigen Sekunden ging mir mein ganzes Leben durch den Kopf. Ich dachte ans Sterben, aber gleichzeitig dachte ich auch ans Leben«, schreibt Nuri Sahin, einer der Spieler, später in *The Player's Tribune*, einer Sportplattform im Internet. »Ich drehte mich um und sah Marc Bartra. Sein Arm blutete schrecklich. Ich hob den Kopf und blickte in seine Augen. Seine Augen werde ich niemals vergessen. Sie waren dunkel. Ich konnte die Angst in ihnen sehen.«

Drei Sprengsätze sind explodiert, mit neunzig Stahlbolzen von sieben Zentimetern Länge. Die Röhren waren in einer Hecke versteckt und gegen die Fußballmannschaft des BVB, des Ballspiel-Vereins Borussia, gerichtet. Der Mann hat sie um 19 Uhr 16 per Funk von seinem Hotelzimmer aus gezündet.

Todesopfer sind nur deswegen nicht zu beklagen, weil die stärkste Bombe so hoch angebracht war, dass sie über den Bus hinwegsauste. Stahlstifte drangen in die Mauer eines Hauses auf der anderen Straßenseite.

Polizisten kommen heran.

Bald ertönen Sirenen.

Die Mannschaft soll mit einem anderen Fahrzeug ins Stadion gebracht werden; die Clubleitung heißt sie gedulden, das Hotel ist nur dreihundert Meter entfernt. Sie warten, bis sie nach Hause fahren dürfen.

Die Stars erleiden ein schweres Trauma, ein begleitender Motorradpolizist trägt körperliche Verletzungen davon. Marc Bartra, der Abwehrspieler aus Spanien, ist von Scheibensplittern getroffen: Bruch der Speiche und Einsprengungen im

Arm sind die Folge. Ein blaulichternder Krankenwagen rast mit ihm in die Klinik, dort wird er operiert.

Inzwischen warten auf den Tribünen des Signal Iduna Parks die Fans auf den Matchbeginn. Von den Lautsprechern hören sie, es habe sich ein »gravierender Zwischenfall« ereignet. Auf den Anzeigetafeln erscheinen die Worte: »Es besteht kein Grund zur Panik innerhalb des Stadions. Sie sind sicher!« Die wenigen Anhänger des Gästeteams skandieren »Dortmund, Dortmund«. Um 20 Uhr 30 sagt der europäische Fußballverband, die Uefa, das Spiel ab. Das Publikum verlässt die Tribünen.

Noch in der Nacht stellt der Generalbundesanwalt die Ermittlungen unter seine Oberhoheit.

In der Nähe des Tatortes finden die Spurensicherer drei islamistische Bekennerschreiben, die den Abzug der deutschen Aufklärungsflugzeuge aus Syrien und die Schließung des US-Luftstützpunktes in Ramstein fordern. »Es klingt islamistisch, aber es klingt auch irre«, sagt ein Ermittler. Bei genauer Prüfung stellt sich heraus, der Text ist ein Täuschungsmanöver. Einen in Verdacht geratenen Iraker, der festgenommen wurde, lässt die Polizei frei, vermutet jedoch weiterhin eine politisch motivierte Tat.

Ein österreichischer BVB-Aktionär meldet, er habe Tage zuvor ungewöhnliche Käufe von Put-Optionsscheinen bemerkt: Deren Kurs steigt, wenn der Basiswert der Aktie fällt. Der Hinweis führt auf die richtige Spur. Der deutsch-russische Elektrotechniker Sergej W. hatte Optionsscheine gekauft und sich daran gemacht, einen Kurssturz zu provozieren. Er quartierte sich im selben Hotel ein wie die Dortmunder Mannschaft und bastelte Sprengsätze.

Wäre die Elf dezimiert und zumindest ein beträchtlicher Teil des Marktwertes vernichtet, würde die Aktie ins Bodenlose sausen – mit seinem Einsatz von 44 300 Euro wären über 500 000 Euro zu holen, kalkulierte der Finanzberserker. Nach dem Anschlag bucht er einen Flug nach St. Petersburg, anzutreten vermag er ihn nicht.

Tatsächlich verzeichnet die Aktie geringe Verluste, der Attentäter steckt knapp 6 000 Euro als kurzzeitigen Gewinn ein. Die Polizei verhaftet ihn am 21. April. Die Anklage, der sich auch Dortmunder Spieler als Nebenkläger anschließen, lautet auf »versuchten Mord aus Habgier«. Er habe eine große Medienwirkung erzielen wollen, erklärt der Geständige. Beim Prozess sagt Marc Bartra, der Anschlag habe sein Leben verändert: »Ich habe immer wieder den gleichen Albtraum.« Das Gericht verurteilt Sergej W. zu vierzehn Jahren Haft.

»Immer noch 'ne Bombenidee, Freiheit für Sergej W.«, so feiert der Schalke-Sektor beim Ruhrpottderby zwei Jahre später, im April 2019, auf einem großen Spruchband den Mordanschlag auf das Borussia-Team.

Deutlicher lässt sich die Erhöhung des Eigenen und die Erniedrigung des Anderen im Sport und vor allem auf dessen Tribünen kaum ausdrücken.

Dass Sprengsätze im Dienst einer Finanzspekulation gegen Leib und Leben von Stars sowie gegen die ökonomische Basis eines Spitzenvereins explodierten, sehen einige kritische Beobachter des heutigen Fußballs als schlimmen Höhepunkt der Neoliberalisierung im Sport.

Diese Entwicklung, die in wenigen Ansätzen in den siebziger Jahren begann und ab den neunziger Jahren umfassend intensiviert wurde, ist im Namen der Dortmunder Arena erkennbar. Der Signal Iduna Park hieß früher Westfalenstadion, nun steht er im Zeichen eines Konzerns für Finanzdienstleistungen und Versicherungen – das bringt dem börsennotierten Verein geschätzt fünf Millionen Euro pro Jahr.

Im Sport-Betrieb gilt es heutzutage, alle Räume zu Geld zu machen.

Das Attentat gegen den BVB-Bus führt im Blitzlicht vor Augen, welche gesellschaftliche Bedeutung nunmehr eine finanzstarke professionelle Sportart hat, wie stark wirtschaftliche Kräfte wirken und wie auch politische Aspekte eine Rolle spielen.

Zudem zeigt eine Folgewirkung, dass der Fußball-Betrieb

an ein Limit gekommen ist, wenn man ihn nicht heillos überlasten wollte. Das Team war auf dem Weg zum Heimspiel im Viertelfinale der Champions League gegen den französischen Meister AS Monaco. Am Tag nach dem Attentat mussten die Spieler gegen Monaco auflaufen – laut Psychologen eine unmenschliche Zumutung für Traumatisierte. Die prall gefüllten Spielpläne würden keine weitere Verschiebung erlauben. Der BVB verlor 2:3 (bei Nichtantreten wäre es ein 0:3 gewesen) und schied aus der Champions League aus.

Die *Süddeutsche Zeitung* schrieb am 27. November 2018 unter dem Titel »Gladiatoren weinen nicht«, dass die Branche Profifußball im April 2017 der Katastrophe entgangen sei, »wobei ihr die Kategorien für das, was eine Katastrophe ist, längst verrutscht sind. Der Betrieb ist darauf trainiert, unterhaltsame Scheindramen zu inszenieren: Trainer, die um ihren Job kämpfen. Manager, die sich vor laufender Kamera demonstrativ vor oder hinter diese Trainer stellen. Krisensitzungen, gern noch bis spät in die Nacht, und am nächsten Tag eine Pressekonferenz. Das Zeremoniell ähnelt den Abläufen in der Politik, aber es ist nur Fußball.

Die echten Katastrophen, auch das hat der Prozess gezeigt, müssen diejenigen mit sich selbst ausmachen, die in sie verstrickt sind. So sind die Aussagen der Spieler – formuliert im Gerichtssaal, in Blogs und Interviews – von bleibendem Wert, denn sie zeigen, dass die hochbezahlten Gladiatoren keine Maschinen sind.«

SPORTBETRIEB

Global beeinflusst der Sport in vielerlei Hinsicht das Leben der Menschen, er wirkt sich auf gesellschaftliche Zustände und Verhaltensweisen aus. In einem Ausmaß wie nie zuvor, in enorm gesteigerter Weise ist er eine soziale, kulturelle, politische sowie vor allem ökonomische Kraft und ein Spielball der Macht.

Das Publikum ist Kollaborateur. Der neoliberal grundierte Brachialkapitalismus liefert ihm Dauersport auf den Bildschirmen. In unseren Breiten Skifahren und Eishockey, Biathlon und Schanzenspringen im Winter, dann Leichtathletik und Volleyball, Snooker und Darts, bald schon Giro, Tour und Vuelta, dazwischen Tennis der vier Grand-Slam-Turniere, am Wochenende Formel 1. Neuerdings schalten die TV-Stationen auffallend oft American Football dazu, dessen US-Profiliga NFL nach dem Franchise-System funktioniert. Der absolute Quotenmeister ist der Fußball: kein Tag ohne Match im Fernsehen. Dieses Massenangebot trifft auf eine Massennachfrage.

Beobachter und Kommentatoren neigen dazu, das Publikum aus der soziokulturellen Verantwortung zu nehmen. Ultras jedoch, die für progressive Inhalte und gegen übertriebene Konsumzwänge zu stehen behaupten, machen den Sport noch mehr zur Show. Ihre permanente Selbstinszenierung trägt zur steten Steigerung bei, weil man ja, wie es das Reporterdeutsch ausdrückt, »Emotionen sehen will«.

Für doppelt Spielsüchtige – Sport und Tipp – kommt das Angebot digital rund um die Uhr ins Haus. Oder sie begeben sich in die Lokale dieses Marktes. Selbst in kleinen Städten haben große Wettbüros eröffnet. Dort kann weltweit auf fast jede Disziplin, auf fast jede Phase der Matches (in allen Sporträumen, bis zur B-Jugend in der letzten Provinzliga) gesetzt werden. Vor Direktübertragungen und in der Pause blenden manche Sender die Quoten ein. »Nur wer mitspielt, ist mittendrin« simuliert ein Anbieter eine falsche Nähe. »Wetten ist unser Sport«, lautet der Werbeslogan einer anderen Firma, die derart klar ausdrückt und im Spot vorführt, dass der Mensch ein Kunde ist. Man sieht Männer auf dem Sofa, Smartphons in Händen; in Bewegung geraten sie nur bei der Gewinnbegeisterung.

Die Konsumenten sollen die Wettkassen und die Arenen füllen, medial manipuliert, gegebenenfalls unter sozialem Druck. Spaniens Fußball-Liga sieht vor, den Clubs bei geringer Stadionauslastung Geldstrafen aufzubrummen.

Mitte Juni 2018, es läuft gerade die Eröffnung der WM in Russland, betont Ilija Trojanow in der Online-Ausgabe der *Süddeutschen Zeitung*: »Durch die Aufblähung dieser Veranstaltung mit immer mehr Spielen haben wir es mit einer enormen Übersättigung zu tun, was absolut typisch ist im neoliberalen Kapitalismus, der ja versucht, alle leeren Räume zu füllen. Die Erregung, die ich als Kind empfunden habe, als man sich wochenlang auf ein Spiel gefreut hat, die ist weg. Abgesehen von den ganzen Skandalen um die Fifa führt auch diese ständige Verfügbarkeit zu einer emotionalen Entwertung des einzelnen Spiels.«

Die Hinweise auf die Beziehungen zwischen Sportorganisation und Neoliberalismus häufen sich. Die propagierten Werte der Ökonomen-Netzwerker von der Mont Pèlerin Society, auf deren Theoriemacht die heutige Wirtschaftsordnung steht, sind gut auf die Körper im Stadion zu übertragen: Wettbewerb und Gewinnmaximierung, Eigenverantwortung und Selbstoptimierung. Der absolute Glaube an den freien Markt, der mit »unsichtbarer Hand« alles lenke und jedenfalls ein Gleichgewicht von Angebot und Nachfrage schaffe, passt zum Neofeudalismus der Verbände, insbesondere der Weltfußballorganisation Fifa und des Internationalen Olympischen Komitees, des IOC.

Die Forderung »Mehr privat, weniger Staat«, die einflussreiche neoliberale Berater von der Mont Pèlerin Society durchzusetzen verstanden, spielte der Kommerzialisierung des Sportbetriebs ins Kalkül. Die großen Verbände sind rechtlich zwar private Organisationen, genießen jedoch praktisch in vielen Fällen die Statusvorteile eines Staates, ohne dessen soziale Verantwortung übernehmen zu müssen. Sie brauchen politisch-rechtliche Staatsgebilde meist nur als Gastgeber und Finanziers, einzig die Schweiz benötigen sie zudem als Rechtsbasis. Dabei kommen ihnen kulturhistorische Grundlagen und gesellschaftliche Vorstellungen der von 1848 an strikt liberal ausgerichteten Eidgenossenschaft zugute, die nicht nur IOC und Fifa in ihrem Sinn zu nutzen wissen. Auch die größte

Anwaltskanzlei im Bereich des Wirtschaftsrechts mit mehr als
4 700 Rechtsanwälten (78 Büros in 46 Ländern), Baker McKen-
zie mit Sitz in Chicago, ist – um nur ein Beispiel zu nennen –
ein Verein schweizerischen Rechts.

NACHBARSCHAFT

Sportbetrieb und Neoliberalismus, dieser Komplex entstand
in bemerkenswerter Nachbarschaft, geographisch und zeitlich.
Nichts wies zunächst auf eine mögliche Verbindung hin – auch
wenn am Ufer des Genfer Sees ein schöner Blick von Lausanne
nach Vevey reicht.

Der Mont Pèlerin liegt bei Vevey. Im Luxushotel auf dem
steilen Hügel über dem See ersannen gewichtige Herren das
seit den 1980er Jahren herrschende Wirtschaftssystem. Von
der ausladenden Terrasse sieht man unten am Gestade ein
ökonomisches Bezugsformat: den Gebäudekomplex der Zen-
trale von Nestlé, dem weltgrößten Nahrungsmittelkonzern.

Sechzehn Kilometer weiter westlich, an der Seepromenade
von Ouchy, dem mondänen Viertel von Lausanne, hat der seit
den 1980er Jahren herrschende Sportkapitalismus einen wir-
kungsmächtigen Sitz. Das Internationale Olympische Komitee
betreibt von seinen Anfängen an ein neofeudal verwaltetes
Monopol. 1915 hat es sich hier angesiedelt, im Ersten Weltkrieg
schien die neutrale Schweiz in der Mitte Europas bestens geeignet. An den Genfer See kamen später zahlreiche internationale Institutionen wie der Völkerbund und dann die UNO.
In unmittelbarer Nähe des IOC sind nun etwa fünfzig Weltverbände beheimatet, die insgesamt drei Viertel aller olympischen Disziplinen repräsentieren, dazu der Sportgerichtshof
CAS und das europäische Regionalbüro der Welt-Anti-Doping-Agentur Wada – beides Gründungen des IOC und in erster Linie von dessen Mitgliedern betrieben.

In Lausanne scheinen die fünf Ringe allgegenwärtig, im

Bahnhof, auf Plakaten, auf den Uniformen der Polizisten. Gemeinde und Kanton bieten beste Bedingungen, bei der Ansiedlung im Haus des Sports übernehmen sie die Miete für zwei Jahre und besorgen die nötigen Visa.

Auf dem Weg nach Genf ist die Stadt Nyon nicht weit, dort residiert die Union Européenne de Football, die Uefa. Nach Zürich, bis zur Fifa, sind es 220 Kilometer. Ein kleiner Machtradius der gesamten großen Sportwelt.

Die eidgenössische Gesetzeslage ist mit ihren generösen Steuervorteilen und der geringen öffentlichen Kontrolle äußerst günstig für die vorgeblichen Non-Profit-Organisationen. Nicht ohne Grund: Mit ihrer Umwegrentabilität bringen sie der Eidgenossenschaft jährlich knapp eine Milliarde Franken.

Der besten Bedingungen erfreuen sich die Herren der fünf Ringe, die sich mit dem weltweit bekanntesten Logo vermarkten. Der Vertrag, den sie am 1. November 2000 mit der Schweiz geschlossen haben, gewährt ihnen das Privileg eines Ausnahmestaates, der im juridischen Sinn zugleich innerhalb und außerhalb des eidgenössischen Gemeinwesens waltet. Dazu verfügt das IOC über eigene Identitätsdokumente und Insignien. Die olympische Akkreditierung ersetzt einen Reisepass und berechtigt zur Einreise ohne Visum. Das IOC handelt unter einer eigenen Flagge, einer eigenen Hymne, einer Charta als eigene Verfassung ohne Gewaltenteilung; ihr autoritätsbetonter Schlüsselsatz setzt fest: »The decisions of the IOC are final.«

Eine derartige Vereinigung, die globalen Konzernen gleicht und keinerlei staatliche Einmischung zu befürchten hat, stellt geradezu das Idealbild neoliberalen Wirtschaftens dar. Allerdings blieb dies lange hinter der humanitären, moralischen Kulisse verdeckt, die ständig die Behauptung der Friedensmission vorschiebt.

Eine weitere Legitimation der Olympier ist ihre Kulturgeschichte, folglich haben sie sich einen Gedächtnisort geschaffen. Das Olympische Museum, das ja ein Welterbe ausstellt, ist offiziell einer heimischen »Schutzkategorie« zugeordnet, dem »Schweizer Kulturgut von nationaler Bedeutung«. Wie das Luxusressort oben am Mont Pèlerin liegt es in einem geruhsamen Park, der vom Genfer See ansteigt. Auf einer Tafel am Quai steht der Satz des früheren IOC-Präsidenten Jacques Rogge: »Die olympische Bewegung ist Kultur, das Museum ist ihr Herz und ihr intellektueller Leuchtturm.« Einige Wege gleichen Stadionbahnen, Skulpturen am Rand feiern die körperliche Leistung. Steigt man zum Eingang des hellen Gebäudes mit seinen großen Glasstrukturen hinan, sieht man unter den fünf Ringen die Latte hoch liegen. Durch das Hochsprunggestell, das die Weltrekordhöhe von 2,43 Metern vor Augen führt, gelangt man in die Sakralhallen. Jährlich treten zweihunderttausend Besucher und Besucherinnen ein. Gleich links bemerken sie auf einer großen Tafel die Sponsoren; über allen steht der Name jenes Olympiers, der mit Hilfe der Firma Adidas das Kulturerbe der Menschheit zu einem Kommerzmonopol gemacht hat: Juan Antonio Samaranch. Im Museum sehen sie bewegende Bilder, viele Fetische wie das Trikot von Usain Bolt, modernste Technik und Sportgeräte von früher. Sie lesen Erklärungen, jedoch kein Wort über die Skandale, über Korruption, über die Toten von Mexico 1968 und die schwarzen Protestfäuste bei der Siegerehrung des 200-Meter-Laufs, über die Boykotte der achtziger Jahre, über die Dopinggeschichten und die Umweltschäden, über die politischen Verquickungen und die Milliarden-Defizite der Gastgeber, über den Gigantismus und die Sportruinen. Die Fünf-Ringe-Erinnerung ist reines humanitäres Hochamt.

Das Image der Olympier, für das Wohl der Menschheit tätig zu sein, rechtfertigt ihre Gemeinnützigkeit. Das Monopol des IOC begünstigt seinen Kommerz. Seine wichtigsten Komponenten sind Sponsoren und Fernsehgelder, TV-Quoten und Werbung. Vom Museum sagt IOC-Präsident Thomas Bach, es sei »eine beträchtliche Prestigequelle« und »ein wahres Instrument der Reklame«. Der deutsche Herr der Ringe erklärt offen, diese »Seele des Olympismus« trage wesentlich zur »Kommerzialisierung des Images« bei.

Die Herren der Anfänge gaben sich feudal. Nachdem unter der Führung des französischen Barons Pierre de Coubertin in der Pariser Sorbonne 1894 das Internationale Olympische Komitee gegründet worden war, bestand es bis zum Beginn der umfassenden Kommerzialisierung in den 1980er Jahren vor allem aus Aristokraten, hohen Offizieren und Wirtschaftsbaronen.

Bis dahin hatten sie sich ihr System ausgebaut. Auf einer zweiten Ebene übernahmen es die Nationalen Olympischen Komitees und im Grunde auch die internationalen Sportverbänden. Kontrolliert wird es im Kern mittels entsprechender Zuwahl. Wie bei einer ritterlichen Tafelrunde bestimmen die Mitglieder, welche Gefolgsleute sich ihrem hehren Kreis hinzugesellen dürfen; allzu progressive, allzu kritische Geister werden es selbstverständlich nicht sein. Ämter, Funktionen und vor allem die Ausrichtung der Spiele vergeben die Sportfeudalherren wie Lehen, übertragen sie also zur Leihe. Der Verbandsfürst behält den Besitz sowie alle Rechte und streicht den größten Teil der Erträge ein. Lange hatten die zur Bewirtschaftung nötigen Untertanen, die Sportlerinnen und Athleten, kein Mitspracherecht, waren folglich wie die Produzenten im klassischen Feudalismus – die Bauern – von der Organisationsgestaltung ausgeschlossen. Mit der starken Kommerzialisierung erschien dies zwar nicht haltbar, das IOC installierte Athletenräte und erwählte Ex-Stars zu Mitgliedern. Eine politische Meinungsäußerung untersagt es jedoch den Aktiven innerhalb seines Territoriums nach wie vor.

Im Lichte seines Systems und seiner Geschichte entspricht das IOC durchaus der von Jürgen Habermas festgestellten Refeudalisierung der Gesellschaft. Sie äußert sich darin, dass Öffentlichkeit bloß inszeniert wird, dass Verbände ihre eigenen Interessen als Interessen der Allgemeinheit deklarieren, dass unabhängige Kontrolle »von außen« unterbleibt. Letzteres passt zu den Vorstellungen neoliberaler Vordenker wie Milton Friedman, dem eine demokratische Überwachung staatlicher Instanzen wenig sinnvoll vorkam. Die Märkte sollten das garantierten, was er für Freiheit hielt: Freiheit der Profite und des Konsums.

Den Herren der Ringe und des runden Leders verschaffen die Medien die nötige plebiszitäre Zustimmung: Dauersport im Fernsehen sorgt für die Spannungsreize der Massenunterhaltung. Das System beruht auf einer gegenseitigen Abhängigkeit mittels TV-Geldern und Quoten, sodass es zur Hofberichterstattung tendiert.

In seinem 2010 gehaltenen Vortrag *Refeudalisierung der Ökonomie* gibt Sighard Neckel einiges zu bedenken, das durchaus auch für die Zustände im internationalen Sportbetrieb und für dessen gesellschaftliche Funktion gilt. Verbandsfürsten und Helden der Arena verhalten sich wie die »ständisch privilegierte Managerklasse«. Sie verstehen sich selbst als hochbezahlte Superstars, deren Preis allein der Markt bestimme – dies sei jedoch ein »Winner-take-all«-Markt, dessen Ursprung »im Profisport, im Kunstmarkt und in der Unterhaltungsbranche« liege.

Charakteristisch für die Refeudalisierung seien »Polarisierung und Verfestigung« sowie Ungleichheit der Vermögensverteilung. Eine Polarisierung der Gesellschaft erleben wir gerade nicht nur in Europa und den USA, weltweit durch den immer stärkeren Nationalismus in den Stadien und vor den Bildschirmen. Die Ungleichheit nahm wegen der neoliberal fundierten Politik zu, deren Verfestigung die Mont Pèlerin Society – in ihrem Sinne – erfolgreich betrieb.

AUF DER HÖHE: MPS UND OLYMPIER

Anfang April 1947 muss der Mont Pèlerin vielen der angereisten Gäste als ein unglaublicher Ort friedlicher Idylle erscheinen. Während ihre Städte unter den Kriegsschäden leiden, ist es hier in freier Luft geruhsam und naturlieblich. Vom See geht es zwischen den Ordnungsmustern der Rebstöcke in den Weinbergen und der Bäume in den Obstgärten, deren Blüte sich schon erahnen lässt, hinauf zum Hotel du Parc. Mächtig, im Stil eines ausgedehnten herrschaftlichen Prunkgebäudes steht es da, auf dem Dach des höheren mittleren Trakts weht das Schweizer Kreuz. Die Belle-Epoque-Architektur gleicht dem Château de Vidy, in dem sich 1968 die Olympier einrichten, ungestört mit dem Rücken zur Stadt Lausanne. Hier wie da reicht der Blick von großen Terrassen ins Grüne, zum See, ans andere Ufer, dahinter zu den französischen Alpen.

Am 1. April beginnt das Treffen. Zehn Tage lang besprechen sich drei Dutzend Männer und eine Frau, die die Weltwirtschaft nach ihren Vorstellungen ausgerichtet sehen wollen. Aus den USA, aus Großbritannien, Frankreich, Italien, Belgien, aus Dänemark, Schweden, Norwegen und aus Deutschland sind sie angereist – vier von ihnen werden später mit dem Nobelpreis ausgezeichnet. Lauter Liberale, die nach dem Sieg über die Nazis und nun angesichts der Sowjetmacht umso stärker auf Freiheit pochen. Der Schweizer Unternehmer Albert Hunold, der bis 1945 dem Züricher Börsenverein vorstand, hat Friedrich August von Hayek die Finanzierung der Zusammenkunft zugesagt. Das Verhältnis von staatlichem Zwang und individueller Freiheit müsse neu überdacht werden, ebenso die gängige Interpretation der jüngsten Geschichte, erklärt das Einladungsschreiben.

Hayek, der 1931 von Wien nach London ging, hält die Eröffnungsrede. Die Menschen, sagt er, vermögen nur dann frei zu sein, wenn sie sich »den unpersönlichen Kräften des Marktes unterwerfen«. In seinem Buch *The Road to Serfdom* – deutsch: *Der Weg zur Knechtschaft* – hat er 1944 sein Programm ausführlich dargelegt. Das Werk sei »der Anfang eines neuen, langen und schwierigen Weges«, schrieb er und schlug im selben Jahr zur Schaffung des ideologischen »Gerüsts« die Gründung einer Vereinigung vor. Wie eine kleine Gruppe großen Einfluss ausüben kann, ist Hayek durchaus bewusst. Ein paar Jahre zuvor hat er in London die Autoritäten beraten und dabei nur jenen Kollegen Visa erteilen lassen, die seinen wirtschaftswissenschaftlichen Vorstellungen folgten.

Zur höchst notwenigen Durchsetzung ihrer Ziele, sagt er nun im Hotel du Parc, solle die Gruppe eine »geschlossene Gesellschaft« aufbauen, die – in Manier der Tafelrunde – nur Mitglieder aufnehme, die »mit uns gewisse Grundüberzeugungen« teilen. Es gehe nicht um kurzfristige Ziele, sondern um eine langfristige Beeinflussung der Werte und Vorstellungen. Milton Friedman von der University of Chicago äußert sofort seine Zustimmung. Nur Karl Popper meint wie schon im Vorfeld der Tagung, es sollten einige Sozialisten beigezogen werden, denn Homogenität behindere Denken und Wissenschaft.

Diese Tage verlaufen dennoch nicht ohne Meinungsunterschiede und Konflikte. Die Ordoliberalen der Freiburger Schule sehen den Staat in regulierender Rolle, um marktwirtschaftliche Prinzipien durchzusetzen; die Chicagoer Schule fordert hingegen, der Markt möge der Gesellschaft seine Regeln geben; Hayeks Österreichische Schule vertritt eine »rationale Organisation des Wirtschaftslebens«, lehnt jedoch später Eingriffe ab, da sich ökonomische Ordnungen selbständig entwickeln würden.

Im Nachhinein aber wirkt bei vielen Teilnehmern die Verklärung, die bei Friedman geradezu sakrale Auswüchse zeitigt. Wie seine Kollegen betont er die Freundschaften, die man hier geschlossen habe, und erzählt: »Die Sonne schien bei unserer Pilgerfahrt auf den Mont Pèlerin...«. Eine Tafelrunde braucht spirituelle Bindungen.

Als sie wieder abreisen, haben sie sich auf den gemeinsamen Nenner eines koordinierten Vorgehens geeinigt und eine Gesellschaft gegründet, der sie den Namen des Ortes geben: Mont Pèlerin Society, abgekürzt MPS. Vor allem haben sie dem Neoliberalismus den Weg vorgezeichnet. Punkt 1 ihres ersten Programmentwurfs lautet: »Individuelle Freiheit kann nur in einer solchen Gesellschaft bewahrt werden, wo ein effektiver, kompetitiver Markt die hauptsächliche Agentur zur Lenkung wirtschaftlicher Aktivitäten ist.«

Trotz recht unterschiedlicher Ansätze und Ausrichtungen sind sich die meisten der Teilnehmer am Mont-Pèlerin-Treffen 1947 einig in der Ablehnung des Korporatismus sowie der Planwirtschaft und in der Verteidigung der (Handels-)Freiheit. Die Politik nach John Maynard Keynes, der bei Bedarf eine Steuerung durch staatliche Investitionen vorsah, und Roosevelts New Deal finden sie nicht nur problematisch – sie lehnen sie fortwährend ab, geradezu in Todfeindschaft. Dabei brachte gerade der New Deal eine erfolgreiche Antwort auf die Weltwirtschaftskrise; dabei wird demnächst die Soziale Marktwirtschaft beginnen, auf zwei Jahrzehnte steigenden Wohlstands sowie stetiger Vollbeschäftigung hinzuarbeiten.

Hayek und die bald wachsende, sukzessive an Einfluss gewinnende Mont Pèlerin Society hingegen zählen auf die Dynamik und die innovative Kraft des Marktes. Der »gemeinsame Kampf gegen Keynesianismus, Wohlfahrtsstaat, Gewerkschaften und Sozialisten aller Art schuf eine Solidarität«, die schließlich die heute gängige Politik bestimmte, resümiert Stephan Schulmeister 2018 in seinem erhellenden Buch *Der Weg zur Prosperität*. Die Vereinheitlichung von Studienplänen und Lehrbüchern habe die Eliten geprägt, vor allem zwei, drei Generationen »von neoliberal (ein-)geschulten Ökonomen, die besten sind in leitenden Positionen tätig als Professoren, in den Medien, in internationalen Organisationen und in der Politik(beratung)«. Wesentlich dazu beigetragen hat eine ganze Reihe von Nobelpreisträgern oder gar der Vorsitzende des Nobelpreiskomitees, vorgeprescht sind Milton Friedman und die »Chicago Boys«, die ab 1973 das ökonomische Programm im Chile der Pinochet-Diktatur entwarfen und dabei auf staatsbürgerliche Freiheiten wenig Wert legten.

1951 hatte Friedman angekündigt, es gelte »die Gesetzgeber der nächsten Generation zu lenken«. Heute ist die Mont Pèlerin Society mit ihren siebenhundert Mitgliedern das größte neoliberale und neokonservative Netzwerk. Der »einflussreichsten Denkfabrik des 20. Jahrhunderts«, wie die *Sunday Times* im Jahr 2000 schrieb, gehören Finanziers und Regierungschefs an, Minister und Politikberater (für Reagan, Thatcher, Blair, Schröder, Berlusconi...).

Drüben in Lausanne verstehen sich zwar die Olympier ebenfalls als hehren Kreis. Wie die Fußballgranden der Zürcher Fifa-Zentrale kannten sie aber 1947 noch nicht die Machtmöglichkeiten, die ihnen die mediale Entwicklung dann ab Beginn der siebziger Jahre bieten sollte.

Kaum zwei Monate vor dem neoliberalen Gründungstreffen veröffentlichten sie in der Februarausgabe des *Bulletin du Comité International Olympique* recht idealistische Propagandasätze. Gerade nach den Verheerungen des Krieges gelte es die wesentlichen Werte hochzuhalten: Körperkultur, Familie, ritterlichen Geist, Sport als Kur. »Kämpfen wir für den wahren Amateurismus«, hieß es im Geiste Pierre de Coubertins, »verhindern wir, daß die Athleten Opfer der Zuschauer, falscher Sportler und der finanziellen Interessen werden«. Den Aktiven sollte ein kommerzieller Markt verwehrt bleiben, bestimmten die Olympier. Sie selbst begannen den Marktwert ihres Monopols eben in jenen Jahrzehnten zu nützen, in denen die neoliberalen Vorstellungen ihrer Nachbarn am Mont Pèlerin in politische Realität umgesetzt wurden.

Zu der Zeit, als Friedrich August von Hayek im Hotel du Parc seine Eröffnungsrede hielt, war die wirtschaftliche Lage der Sportverbände keineswegs rosig. Als sich die Exekutivkommission des IOC erstmals nach dem Weltkrieg traf, vermerkte sie 28 700 Franken auf dem Konto in Lausanne. Zur Verbesserung der Finanzlage beschlossen die Olympier 1946, die Veranstalter der Spiele müssten künftig einen Anteil an sie abführen. Von Profit war selbstverständlich keine Rede; noch bei einer Sitzung im April 1965 wetterte Präsident Avery Brundage wie so oft gegen die »gefährliche Kommerzialisierung«. Seine Nachfolger führten die Kommerzialisierung durch und verstanden es zugleich – wie die neoliberalen Vordenker in der Wirtschaft – in ihrer Domäne Staatsinterventionen und Steuerverpflichtungen hintanzuhalten.

Bei der Fußballweltmeisterschaft 1934 und bei den Spielen

1936 hatte mit Mussolini und Hitler die Politik über den Sport die Oberhand behalten und den Wettkampf der Symbole dominiert. Derlei würden sie nicht mehr akzeptieren, waren sich die Herren der fünf Ringe und die Herren des runden Leders einig. Sie proklamierten den Sport als politikfreien Raum, obwohl sie selbst weiterhin keineswegs davor zurückscheuten, sich mit autoritären Staaten und mit Diktatoren einzulassen. Die nötige Unterstützung für ihre global einflussreiche Monopolstellung erhielten sie aus der Wirtschaft, die ihnen vorführte, wie sich Sport zum wesentlichen Marketinginstrument in der TV-Gesellschaft eignet.

DIE FREIHEIT, DIE SIE MEINEN

1981 gibt Friedrich August von Hayek der chilenischen Tageszeitung *El Mercurio* ein Interview, es erscheint am 12. April. Neoliberale Ökonomen aus Chicago beraten die Machthaber der Diktatur, ihre beiden Vordenker Friedman und Hayek sind wiederholt zu Besuch bei Augusto Pinochet, der am 11. September 1973 mit dem Militär die demokratisch gewählte Regierung von Salvador Allende blutig gestürzt hatte. In den ersten drei Jahren ihrer Gewaltherrschaft hat die Junta 437 von 507 staatlichen Unternehmen verkauft, Wohnungsmarkt und Finanzsektor dereguliert, das Bildungswesen teilweise privatisiert, die Gewerkschaften sowie die sozialen Pensionsversicherungen aufgelöst. Chile, schreibt Stephan Schulmeister, »wurde zum Experimentierfeld für alle wichtigen Theorien, welche die neoliberale Bewegung entwickelt hat«.

Im Interview sagt Hayek, manchmal brauche ein Land eben »vorübergehend eine gewisse Form diktatorischer Macht«. Er persönlich ziehe einen liberalen Diktator einer demokratischen Regierung vor, der es an Liberalismus mangle. 1978 schrieb er in einem Brief an die *Times,* er habe im »viel geschmähten Chile nicht einen Menschen getroffen, der nicht der Meinung war, dass die persönliche Freiheit unter Pinochet weitaus größer war als unter Allende«. Über dreitausend Menschen wurden in der Diktatur ermordet, vierzigtausend gefoltert oder wegen ihrer politischen Einstellung inhaftiert. Das neoliberale Denksystem und die absolute Vormacht des Marktes kennen keine soziale Ethik außer der Freiheit des Eigentums.

Die Sportfürsten jener Zeit offenbar auch nicht, obwohl ihre Institutionen mit humanitären Behauptungen Werbung treiben. Sie schrien nicht auf, als das Pinochet-Regime Stadien zu Gefängnissen umfunktionierte. Die chilenische Nationalmannschaft sollte das entscheidende Match zur Qualifikation für die Fußballweltmeisterschaft 1974 gegen die UdSSR im Estadio Nacional von Santiago austragen. Die Sowjets weigerten sich in einer Stätte anzutreten, in der gerade gefoltert und exekutiert worden war. Die Junta aber wollte der Welt vorführen, dass unter ihrem Regime »Normalität« herrsche, und lehnte einen anderen Austragungsort ab. Das wäre »eine politische Lösung, die mit dem Sport nichts zu tun hat«, lautete die übliche falsche Phrase.

Die Herren der Fifa verstanden sie umso besser, als sie die Phrase selbst dauernd verwenden. Sie schickten einen Schweizer Juristen vor Ort, der so sprach wie Hayek. In seltener Naivität oder eher mit zynischem Kalkül erklärte er, gegen das Stadion sei nichts einzuwenden. Die gesamte Anlage, auch der Rasen habe sich »in herrlichem Zustand« gezeigt: »Die Gefangenen« (zu dem Zeitpunkt sollen es etwa zweitausend gewesen sein) »befanden sich noch in den Kabinen«; vor dem Spiel werde das Stadion »gesäubert«. Wollte der Abgesandte aus Zürich nicht wissen, was »Säuberung« unter einer derartigen Diktatur bedeutet? In den Fifa-News stand dann tatsächlich, in Chile sei »das Leben wieder normal«. Der Weltverband wies den Protest der UdSSR ab, ihr Team reiste nicht an; Chile spielte bei der WM in Deutschland, dem sowjetischen Fußball erlegte die Fifa eine Finanzstrafe auf.

Ähnliche Diskurse hörte man von den Olympiern 1968 in Mexico. Beim Massaker auf der Plaza de las Tres Culturas im Tlatelolco-Viertel waren zehn Tage vor Eröffnung der Spiele etwa zweihundertsechzig Menschen von Polizei und Armee, darunter einem »Batallón Olimpia«, ermordet worden. Eine der Protestparolen hatte die gängige Korruption und die Finanzierung des Fünf-Ringe-Spektakels angeprangert. Dennoch behauptete IOC-Präsident Avery Brundage, die Angelegenheit hätte mit Olympia nichts zu tun; der »friedliche Verlauf der Wettkämpfe« sei gewährleistet. Noch 2018 wiederholte Thomas Bach, nun der oberste Herr der Ringe, trotz besseren Wissens die übliche Formel: Das tragische Ereignis stehe in keiner Beziehung zu den Spielen. Das friedensbewegte IOC sah zum fünfzigsten Jahrestag des Massenmordes kein Gedenken vor.

Zehn Jahre nach dem Massaker in Mexiko griffen die Sportfürsten erneut zu derartigen Phrasen, als 1978 die Fußball-WM im Argentinien der Militärdiktatur stattfand. Der Gouverneur der Provinz Buenos Aires hatte aufgelistet: »Erst werden wir die Subversiven töten, dann ihre Kollaborateure, dann die Sympathisanten, danach die Indifferenten und zum Schluss die Lauen.« Und der Chef der Junta, General Jorge Rafael Videla, verdeutlichte, zur »Wiederherstellung des Friedens im Lande« müssten »alle im Wege stehenden Personen sterben«.

Die Fifa wollte das nicht gehört haben. Ihr Vizepräsident, der Chef des Deutschen Fußball-Bundes Hermann Neuberger, erklärte als Vorsitzender der Organisationskommission: »Ganz gleich, wie man den Putsch bewertet, für uns hat er nur Vorteile gebracht. Wir haben jedenfalls dadurch Partner mit Durchsetzungsvermögen bekommen, die auch über die notwendigen Mittel verfügen.« Zur Sport-Illustrierten meinte Neuberger im April 1978, die Machtübernahme der Militärs sei eine »Wende zum Besseren«, durch Diktaturen würden die Menschen »ab und zu mal wieder wachgerüttelt«. Die deutsche Delegation logierte dann im Erholungsheim der argentinischen Luftwaffe, und Berti Vogts sagte: »Argentinien ist ein Land, in dem Ordnung herrscht. Ich habe keinen einzigen politischen Gefangenen gesehen.«

Wenn sich die Aussagen der neoliberalen Vordenker und der Sportmächtigen derart frappant ähneln, lassen sich ähnliche Vorstellungen und Interessen annehmen. Wie Milton Friedman misstrauen Herren der Fifa und des IOC einer demokratisch kontrollierten Vorgangsweise. So wetterte Thomas Bach über die per Volksabstimmung verhinderte Bewerbung von München für die Winterspiele, ein Bürgerbegehren sei wohl nicht tauglich, Großprojekte zu legitimieren.

Die Mont Pèlerin Society und die großen Sportverbände funktionieren sozial und gruppendynamisch auf die gleiche Art: als säkularisierte Sekte. Nach außen geben sie sich eine moralisch-emotionale Basis, deklarieren sich mitunter als eine Runde von Freunden oder gar als »olympische Familie«. Das Aufnahmeverfahren, das – laut Pierre Bourdieu – einen Akt der performativen Magie einleitet, und die Zuwahl führen nach der »Bewährung« in die »Geborgenheit«. Das Beziehungsnetz bedarf fortlaufender Institutionalisierungsarbeit, ein »starker Diskurs« begünstigt das Aktionsprogramm.

Allerdings besteht ein wesentlicher Unterschied: Die Neoliberalen sind gegen Monopole. Die Strukturen des internationalen Sportbetriebs widersprechen den 1947 in Punkt 1 des Mont-Pèlerin-Entwurfs stehenden Grundsätzen, dass ein »effektiver, kompetitiver Markt die hauptsächliche Agentur zur Lenkung wirtschaftlicher Aktivitäten« sei. Als Monopolisten geht es den Verbänden besser: Sie haben keine Konkurrenz zu fürchten, außer jene von anderen Sportarten oder Events.

Die unterschiedlichen Domänen der Herren der Ökonomie und des Sports treffen sich im Stadion und in den Massenmedien. Sie verstehen sich in ihrem jeweils »idealistischen Denkstil« und einer »Harmonie der Täuschung«. So formuliert es Stephan Schulmeister über den Neoliberalismus und betont, dass mit diesem Denkstil die Fähigkeit verloren gegangen sei, »der Gestalt Widersprechendes wahrzunehmen« – ein anderer Ausdruck für den gängigen Fassadenschwindel und das übliche Schönreden von IOC, Fifa, Uefa und anderen Verbänden.

Der Neoliberalismus sei, so Schulmeister, »die erfolgreichste Ideologie der Gegenaufklärung. Er führt die Menschen in die von Immanuel Kant zitierte selbstverschuldete Unmündigkeit – in dem Fall die Marktreligiosität«. Dabei helfen die Sportartikelindustrie, das immense mediale Sportangebot und vor allem Dutzende Sportkanäle im Fernsehen, mit einer Art Stadion-Religiosität die Unmündigkeit zu verschleiern und akzeptieren zu lassen. Zudem hat die langzeitige Herrschaft der Mont-Pèlerin-Dogmen über die ökonomische Entwicklung Einfluss auf Denken, Sprache und Verhalten genommen, indem einer Nutzenmaximierung das Wort geredet und eine Solidarisierung hintangestellt wird.

In gängigen Phrasen blitzen diese Einstellungen auf, die unter der Herrschaft des Denkstils oft als »alternativlos« behauptet werden: »Eigenverantwortung«, »Ich-AG«, »Wettbewerbsfähigkeit«. Angela Merkel sprach von einer »marktkonformen Demokratie«; Guido Westerwelle forderte, »Leistung muss sich wieder lohnen«. Im Sportbetrieb wird »eine Leistung abgerufen«, als müsse man sie nur aus dem Lager holen; ein Athlet oder ein Team hat nicht Erfolg, sondern »sich gut verkauft«. Es wird »Gas gegeben«, ein gutes Spiel »abgeliefert«, es werden »die Hausaufgaben gemacht«, »Nadelstiche gesetzt«. Fernsehkommentatoren benennen den Marktwert der Teams; von einem Kicker sagen sie nicht, er spiele bei Liverpool, sondern: »er verdient sein Geld an der Anfield Road«. Ein Verteidiger oder Angreifer »bearbeitet« eine Seite des Feldes, er »verarbeitet« einen Pass; eine Athletin hat »im Training gut gearbeitet und sich nun mit einem Sieg belohnt«. Und Werbung heißt hier nicht Werbung, sondern »Produktplatzierung«.

»Wiesel-Wörter« nannte Friedrich August von Hayek 1979 in seinem Aufsatz *Wissenschaft und Sozialismus* jene Wörter, die einen Ausdruck »jedes Inhalts und jeder Bedeutung berauben«. Und er schließt: »das Wiesel-Wort par excellence ist das Wort sozial«. Als der Aufsatz erschien, hatten indes Hayek und die Neoliberalen schon ihre eigenen Wiesel-Wörter, vor allem »Freiheit«, wirkmächtig in Position gebracht.

Die für eine gesellschaftliche Dynamik nötige Solidarisierung verspricht die Arena. Wegen des starken Rückganges eines kollektiv erlebten Alltags florieren diverse Arten von Fanformationen, während sich die Akteure auf dem Spielfeld zunehmend von ihrem Publikum entfernen. Zwar müssen sie fortwährend den Eindruck fördern, als wären sie in Kommunikation, ja Kommunion mit den Tribünen – dass Teams und Stars nach dem Wettbewerb ihren Fans applaudieren, ist mittlerweile üblich. Dies aber ist eben in den populärsten und finanzträchtigen Sportarten vorrangig kein Plus, sondern ein Muss. Es gehört zur Gesamtinszenierung des Events.

Wer wirklich das Sagen hat, war zum wiederholten Mal ersichtlich, als Ende August 2018 die Gespräche zwischen dem Deutschen Fußball-Bund sowie der Deutschen Fußball-Liga einerseits und den Fanvertretern andererseits wegen der heftig übertriebenen Ökonomisierung abgebrochen wurden. Die »Ultras«, von Soziologen als bedeutendste Jugendkultur des Landes bezeichnet, hatten gegen die Selbstherrlichkeit der Verbandsfürsten und vor allem gegen die Montagspiele demonstriert, die am Werktag sogar in der Drittliga mitunter hunderte Kilometer Anreise zu einem Auswärtsmatch erforderten.

Laut *Süddeutscher Zeitung* vom 21. August heißt es in der Aussendung des Fanbündnisses bezeichnenderweise, der DFB und die DFL seien sich der »Konsequenzen dieser mangelnden Wertschätzung der Basis in den Stadien« offenbar nicht bewusst: »Stattdessen manifestierte sich viel mehr der Eindruck, dass der Fußballsport noch weiter seiner sozialen und kulturellen Wurzeln beraubt werden soll, um ihn auf dem Altar der Profitgier« zu opfern. Die dafür verantwortlichen und davon profitierenden Verbände hätten sich »vom Publikum durch jahrelange Gutsherrenhaltung entfernt«; wie Fifa und Uefa würden DFB und DFL den Fernsehsendern stets mehr Livespiele verkaufen wollen.

Umhüllt sind sie vom Signal der Markthörigkeit. Eine lange Werbeschleife versieht die Ware Match mit der Marke »präsentiert von« und mit einer stets länger werdenden Sponsoren-Liste. Zuvor, in der Pause, danach – fortwährend wird das Geschehen vom Geplauder der Experten aufgewärmt, die für ihre aufgeklebten Logos zum Teil von denselben Firmen bezahlt werden wie die Sportler.

Der Konflikt mit den Ultras zeigt: Die vom DFB so oft beschworene Achtung für Amateurkicker und Fans müssen jene immer wieder einfordern. Ab 2021/22 wird es keine Montagsspiele mehr geben.

VERBANDSUNTERTAN

Nähe wird in Medien simuliert, die man »sozial« nennt. Die digitalen Räume der Idole spiegeln eine Öffnung vor, während die gesellschaftliche Abschottung und die finanzielle Abgehobenheit rapide zunehmen. Cristiano Ronaldo hat auf Facebook 120 Millionen Fans; von den zehn am meisten besuchten Twitter-Konten in Deutschland beruhen sieben auf Erfolg im Fußball. An der Spitze stand im Sommer 2017 Mesut Özil mit 17 Millionen Followern.

Ein Jahr später löste Özil nach dem frühzeitigen Scheitern der Nationalmannschaft bei der Weltmeisterschaft eine bundesweite Debatte über Rassismus aus.

Er und sein Kollege İlkay Gündoğan hatten Mitte Mai 2018, kurz vor den türkischen Wahlen, dem Autokraten Recep Tayyip Erdoğan, der mit seinen Kriegen gegen die eigene, kurdische Bevölkerung keinesfalls für die im Sportbetrieb behaupteten Werte Fairness und Respekt stehen kann, je eines ihrer Trikots überreicht. Von der Homepage der Kicker aus fanden Fotos des Auftritts rasante Verbreitung, worauf das Bekenntnis zur Nationalelf und zu Deutschland in Zweifel gezogen wurde. Im Hagel der Kritik und rassistischer Beschimpfungen äußerte sich Gündoğan, der sein Trikot »Mit großem Respekt für meinen Präsidenten« signiert hatte, mit der üblichen Phrase von der Politikferne des Sports: »Es war nicht unsere Absicht mit diesem Bild ein politisches Statement abzugeben.«

Özil schwieg. Die Fans seien enttäuscht, »weil sie eine Antwort erwarten«, erklärte ausgerechnet DFB-Präsident Reinhard Grindel. Für besondere Integrationsbemühungen ist er nicht bekannt, als CDU-Abgeordneter hatte er 2004 im Bundestag erklärt: »Multikulti ist in Wahrheit Kuddelmuddel.«

Der Verband stellte sich nicht wirklich hinter seine Spieler, DFB-Manager Oliver Bierhoff ließ Özil gar als Sündenbock für das WM-Aus dastehen. Schließlich trat Mesut Özil aus der Nationalelf zurück, indem er »Rassismus und mangelnden Respekt« kritisierte. Bundestrainer Jogi Löw zeigte sich von Özils Verhalten enttäuscht.

In der Causa agierten der Verband und seine Granden als Fürsten. Von oben herab gaben sie ihre Einschätzungen und Forderungen kund, schickten die beiden Kicker zum Bundespräsidenten, um mit Fotos aus dem Feudalambiente von Schloss Bellevue die öffentliche Stimmung zu beruhigen. »Die Monopolstellung von Vereinen/Verbänden ist geradezu das Kennzeichen für deren überragende Machtstellung«; damit seien »Möglichkeiten der Druckausübung auf Sportler« verbunden, schreibt der Jurist Andreas Thomasser.

Das Verhalten des Stars hingegen ist das eines neoliberalen Subjekts, geleitet von Marktwert und Rückzug ins Ego. Özil, der wohl dreißigmal so viel verdient wie die Bundeskanzlerin und monatlich zweihundertmal das Gehalt einer Lehrerin einnimmt, zeigte seinerseits wenig Respekt vor der spanischen Bevölkerung und betrog sie, als er bei Real Madrid spielte, um die fällige Steuer. Das neoliberale Menschenbild mit seiner Geringschätzung einer Solidarität fördert den Egozentrismus. Der Superstar sieht sich als Leistungsträger, dessen Preis allein der Markt bestimmt. Dem Gemeinwesen glaubt er nichts schuldig zu sein.

Nun weiß man von Mesut Özil, dass er Zinédine Zidane als großes Vorbild sieht. In den französischen Vororten, der Banlieu, aus der dieser kommt, lautete eine wesentliche Parole

»L'argent c'est rien, mais le respect c'est tout« – das Geld sei nichts, der Respekt alles.

Der »Respekt«-Diskurs, dessen sich Özil befleißigt, tendiert im reichen Europa zu einer Standard-Autoimmunisierung von Migranten in prekärer sozialer Lage, die mitunter auch berechtigte kritische Worte als »Respektlosigkeit« abtun. Von einer prekären Lage kann freilich bei einem millionenschweren Sportstar keine Rede sein.

»Respekt« ist eine moralische Kategorie. Im Neoliberalismus, von dessen System sowohl der DFB als auch die Spieler profitieren, ist derartiges nicht vorgesehen.

Die großen neoliberalen Schlagwörter passen dem globalen Sport-Betrieb gut, der sich so von staatlichem Einfluss abhebt: Liberalisierung, Freiheit von demokratischer Regulierung, Privatisierung. Dies erlaubt es den Verbänden, allen voran IOC, Fifa und Uefa, in den Gastgeberländern ihrer Veranstaltungen die Arena samt Umkreis als exterritoriales Gebiet nach eigenem Gutdünken zu beherrschen, ohne ihren Respekt vor der einheimischen Bevölkerung durch Steuerzahlungen konkret ausdrücken zu müssen. Zusätzlich festigen sie ihre Feudalmacht, indem sie ihren Subjekten, den Sportlern und Athletinnen, entsprechende Freiheiten nicht gewähren: Diese dürfen sich weder politisch äußern, noch für ihre eigenen Sponsoren werben.

So sagte Peter Schröcksnadel, der Langzeitpräsident des Österreichischen Skiverbands, vor den Winterspielen von Sotschi der Tageszeitung *Der Standard* am 3. Januar 2014 in üblicher Sportfürstenmanier, ob in Russland Menschenrechte verletzt werden, vermöge er nicht zu beurteilen; jedoch würde er »keinem Sportler raten, sich politisch zu äußern.« Um an Olympischen Spielen teilnehmen zu können, müssen sie sich nach Regel 40 der IOC-Charta verpflichten, die eigene Person, den eigenen Namen oder das eigene Bild nicht für Reklamezwecke zu benützen: »Except as permitted by the IOC Executive Board, no competitor, team official or other team personnel who participates in the Olympic Games may allow his person, name, picture or sports performances to be used for advertising purposes during the Olympic Games.«

Über diese Regel 40 hat das deutsche Bundeskartellamt einer Beschwerde wegen Missbrauchs einer marktbeherrschenden Stellung gegen das IOC und den Deutschen Olympischen Sportbund stattgegeben: Eigenwerbung ist unter bestimmten Kriterien erlaubt – nur nach deutschem Recht, nur für Deutsche. Die EU-Kommission sieht dies immerhin als Präzedenzfall und dürfte ein Verfahren gegen die Olympier einleiten. Weiterhin wird dies wohl wenig bewirken. Denn den Herren der Ringe und des runden Leders steht ihr Monopol mit den Finanzzuwendungen der Top-Sponsoren näher als ein liberaler Wettbewerb. Bei der WM 2018 verdonnerte gar die Fifa den kroatischen Verband zu einer Strafe von 60 000 Euro, weil Spieler Trinkflaschen benutzt hatten, die nicht von einem Partnerkonzern des Weltverbands stammten.

Die Monopolstellung der Verbände ist offenbar rechtlich nicht unproblematisch, wie Juristen betonen, etwa Severin Glaser und Ursula Pirko 2010 in der Österreichischen *Zeitschrift für Kartellrecht:* Nach Artikel 102, Absatz 1 des »Vertrags über die Arbeitsweise der Europäischen Union« sei die »missbräuchliche Ausnutzung« einer beherrschenden Stellung mit dem Gemeinsamen Markt unvereinbar und verboten. Während Arbeitnehmer, Konsumenten und Mieter gegenüber ihren Vertragspartnern grundsätzlich geschützt seien, »so scheint beim Sportler in Bezug auf Sportverbände das Gegenteil der Fall zu sein«, betont Andreas Thomasser in seinem Buch über den »Verbandsuntertan«, den er als Opfer des Lehrbeispiels sieht, wie sich »oligarchische (Spezial)Interessen über Jahre hinweg im Staat, in der Politik und in den Medien« durchzusetzen vermochten.

So gibt es zwar heute in vielen Sportarten mehr Möglichkeiten der Förderung als vor Jahrzehnten, das prinzipielle Untertanenverhältnis besteht jedoch nach wie vor. Am 8. Februar 2020 betonte Christian Taylor, der zweifache Olympiasieger im Dreisprung, in der Zeitung *Der Standard,* »dass Athleten praktisch gar nicht mitbestimmen können, wohin sich ihr Sport bewegt«. Der Weltverband beurteile die Disziplinen der Leichtathletik je nach Publikumswirksamkeit und Fernsehtauglichkeit; einige habe er nun unfairerweise aus dem Programm seiner wichtigsten und finanzträchtigsten Meetingserie, der Diamond League, gestrichen. Dabei hätten sich die Herrschaften von World Athletics (wie die International Association of Athletics Federations, IAAF, seit 2019 heißt) auf eine geheim gehaltene Popularitätsumfrage berufen und auf die Meinung der Betroffenen nicht geachtet. Es sei eben die Norm, »dass sich Athleten auf ihre Performance konzentrieren sollen und den Rest, die Organisation, die Politik, in andere Hände legen sollen«. Zwar gebe es eine Athletenkommission, aber: »Wer unter dem Dach des Verbandes sitzt, muss stillhalten, damit er nicht rausgekickt wird.«

Aus Protest gründete Taylor mit anderen Stars The Athletics Association.

KOMMERZIALISIERUNG, VERSPORTLICHUNG, POPULISMUS

Der weltweite Sportbetrieb ist heute ein System, das viele Aspekte eines Neofeudalismus mit wesentlichen Grundsätzen des Neoliberalismus verknüpft. Es hat zu Strukturen, Verhaltensweisen und Vorgängen geführt, die nicht nur an sich bedenklich sind, sondern sich auch gesamtgesellschaftlich ungünstig auswirken. Insbesondere im Fußball werden gigantische Gewinne privatisiert und die Kosten sozialisiert. Und das Publikum bejubelt paradoxerweise Prozesse der Profitmaximierung, denen es am Arbeitsplatz zum Teil selbst ausgeliefert ist.

Die ab etwa 1970 betriebene exzessive Kommerzialisierung und Mediatisierung des Sports konnte sich auf eine allgemeine Entwicklung in den reichen Ländern stützen, die die Gesellschaften stark veränderte. In einer Mischung aus einer

Aufbruchsstimmung und einer im »Ölpreisschock« spürbar zu Tage tretenden Krise bewirkte die Strategie »mehr Markt, mehr Wettbewerb, weniger Umverteilung« einen grundlegenden Strukturwandel – in einer Zeit, in der der Anteil körperlicher Arbeit zurückging und für viele Menschen die Freizeit zunahm. Die Globalisierung wurde quasi zum Naturgesetz erklärt, die intensive Technisierung (auch in den Privathaushalten) stützte den Ausbau der Medien und ihrer Marketingmöglichkeiten. Ein generationeller Wertewandel äußerte sich in neuen sozialen Bewegungen. Zugleich mit dem Ruf nach Freiheit und individueller Selbstverwirklichung ertönte der Ruf nach Eigenverantwortung und Leistungsfähigkeit: In Japan und dann in den USA begannen Konzerne ihre Belegschaft zum Fitnesstraining anzuhalten.

In seinem Buch *Das Zeitalter der Fitness* schreibt Jürgen Martschukat, »ein genauerer Blick in die Geschichte seit den 1970er Jahren hilft, die Vehemenz, die Fitness in unserer unmittelbaren Gegenwart entfaltet, besser zu greifen.« Die stetig zunehmende Welle der Körperertüchtigung verbreiterte die Publikumsbasis, sodass sich Amateur- und Profibetrieb gegenseitig aufschaukeln konnten und der Sport gesellschaftlich mehr und mehr Platz einnahm – die Sportartikelindustrie stieg dadurch weltweit zu einer der stärksten Wachstumsbranchen auf. Da im neoliberalen Sinn Menschen »in jeder Lebenslage als Marktakteure in Wettbewerbssituationen« gelten, sind sie angehalten, »in sich selbst zu investieren, um immer und überall den eigenen ›Portfoliowert‹ zu erhöhen«, betont Martschukat. Die Fitness fungiere als Scharnier zwischen Lebensführung und Gesundheit, sie sei der Eigenverantwortung der Einzelnen übertragen. Die körperliche Form bezeuge die Fähigkeit, »in einer freiheitlichen Wettbewerbsgesellschaft zu funktionieren und deren Entwicklung zuträglich zu sein«. Die Anerkennung als Bürger erwachse »aus dem Erfolg des Einzelnen als Investor seiner selbst und aus der Maximierung des eigenen Humankapitals«.

Im Gegensatz zu den Abermillionen Menschen, die einfach wandern oder joggen, mit Freunden ein Tennisdoppel spielen, auf einer Wiese kicken oder eine Skipiste hinunterfahren, wirkt der globale Profisport, den wir hier in erster Linie betrachten, wie eine große Blase. Sie vermag vermutlich so lange zu funktionieren, wie sie die Verbindung zum Bereich der Amateure – wörtlich: zu den Liebhabern des Sports – nicht ganz gekappt hat.

Sport, das ist zunächst nicht die Welt der Verbände, sondern die Bewegung von unzähligen begeisterten Adepten, etwa 25 Prozent der Bevölkerungen in den Ländern des reichen globalen Nordens. Die Meisten von ihnen finden die Hochleistungen der erfolgreichen Athletinnen und Athleten faszinierend. Diese tatsächlich starke Faszination hält den Profibetrieb am Laufen, lässt trotz aller Skandale das Interesse an Fußball, Olympia, Tour de France, Leichtathletik-WM nicht wesentlich sinken.»IOC, Fifa und Uefa streifen den Profit aus dem Handel mit Sportlerträumen ein«, schreibt Johann Skocek.

Aber selbst im Breitensport nehmen die Rankings überhand. Dauernd gilt es, die eigene Leistung zu messen; mittels Fitness-App, Schrittzähler, Handgelenksensoren zeichnen immer mehr Menschen rund um die Uhr die eigenen Bewegungs- und Körperwerte auf. Self-Tracking, wörtlich »Selbstüberwachung«, heißt der Trend. Der neoliberal geprägte Denkstil meint alles in Ranglisten und Wertigkeiten fassen zu können, auch Bildung und Ausbildung. Sie sind jedoch gewiss nicht mit ähnlichen Parametern in den Griff zu bekommen wie ökonomische Vorgänge.

Der Idealtyp des neoliberalen Selbst sei der Ausdauerläufer, schreibt Jürgen Martschukat: »Er ist Teil einer Kultur und Bewegung, fühlt sich dabei aber unabhängig und selbstbestimmt.« Ausgelöst und verstärkt haben den Trend in den siebziger Jahren die »Trimm-dich«-Kampagne des Deutschen Sportbundes und die Bundeszentrale für gesundheitliche Aufklärung mit dem Motto »Essen und trimmen, beides muss stimmen«, in Österreich die »Fit-mach-mit«-Bewegung. In der Schweiz wurde 1968 der erste »Vitaparcours« am Zürich-

berg, unweit der heutigen Fifa-Zentrale, angelegt; fünf Jahre
später standen hundert solcher Trainingspfade. Es kamen die
Aerobic-Welle, die Workout-Fernsehsendungen in den achtziger Jahren, heute die elektrischen Muskelstimulationen, das
Functional Training und Cross Fit, seit etwa 1975 die stets zunehmende Beteiligung an Städtemarathons. Laut Martschukat eine konsequente Eskalation: Von äußerlichen Korsetts
habe sich der Mensch mühsam befreit, nur um sich nun das
innere Korsett der körperlichen Fitness anzulegen, unterstützt
von der Werbung. Mit »Slogans wie ›Be a better human‹ oder
›There's a better version of you out there‹ verspricht sie etwas
und fordert zugleich auf, an sich zu arbeiten, um ein besserer
Mensch zu werden.«

Die Maximierung der Körperfläche lässt sich ebenfalls im
Sport gehäuft ersehen. Dass die Haut nun so vielen Menschen
als Bildfläche dient, wurde zunächst von Athleten und der Vermarktung ihres Körpers angeregt. Tätowierungen – eine reiche kulturelle Tradition – kamen vor gut zwanzig Jahren bei
Sportlern in Mode, nachdem Fußballer wie David Beckham
den Trend angestoßen hatten. Ganz im Sinne einer neoliberalen Ich-AG hatte er seinen Körper zum Marketinginstrument
gestylt.

Die Versportlichung greift ökonomisch und sozial, sie benützt und fördert Jugendlichkeitswahn und Fitnessmanie.
Davon kann man sich in einem »Studio«, wie die Ertüchti-
gungsräume heute heißen, als wären sie Stätten geistiger Wei-
terbildung, überzeugen.

Im Saal riecht es nach Sport. Die Fotos an den Wänden zeigen Muskulöse und Körpergestylte lächelnd und konzentriert bei Kraftübungen. Frauen und Männer, junge und weniger junge, radeln und steppen im Stand. In großen Spiegeln
können sie sich ein Bild ihrer athletischen Performance machen. Sie schwitzen, sie trocknen sich ab, ihre Handtücher
hängen sie auf das Gestänge der schwarz und silbern glitzern-
den Maschinen. Deren Konsolen zeigen ihnen zurückgelegte
Kilometer, trainierte Zeit, Kalorienverbrauch, Pulsfrequenz

und fordern sie gelegentlich auf, den Rhythmus zu halten, die Wattzahl zu erhöhen. Im Surren der Ergometer ist das Schnaufen und Keuchen kaum zu hören. Geredet wird nicht, man betreibt eine ernste Sache. Wer schlank in Slim-Fit-Anzüge passen will und gerade nicht im Freien rennen kann, gibt sich dem Laufband hin.

Im anderen Saal stöhnen die Youngsters. Sie tragen breite Ledergürtel um die Taille, der Oberkörper ist ein Trapez mit ausladenden Schultern, die Baseballkappe sitzt verkehrt herum, darüber hält die Schiene zwei große Kopfhörer. An den Fitnessgeräten pushen die jungen Starken das Wachstum von Bizeps, Trizeps und anderen Muskelpaketen. Ein paar ältere Herrschaften schaffen gerade ein Drittel der Gewichte, sie drücken und stemmen und ziehen nonchalant bis verbissen.

Alle trinken sie zwischendurch aus Plastikflaschen. Laut Statistik nehmen einige von ihnen Mittel zu sich, die als illegales Doping gelten. Die »Operation viribus« der Polizei hat im Juli 2019 europaweit drastisch vor Augen geführt, welch enorme Quantitäten in kleinen Vereinen und Fitnessstudios konsumiert werden.

Doping dient der Selbstoptimierung. Sie ist ein Ausdruck des Körperkults und des Bestrebens, das Altern hintanzuhalten, die sich in den siebziger Jahren zu einer breiten Bewegung zu bilden begannen – zur gleichen Zeit, in der die Mont Pèlerin Society entscheidend an Einfluss gewann und der Selbstoptimierung applaudierte. Heute ist das Muskeltraining ein großer Renner in den sogenannten Sozialen Medien, eine Unmenge an gestählten Vorbildern stellt für jede und jeden den perfekten Körper in Aussicht. Man müsse sich nur auf die Suche nach dem besseren Ich begeben. Selbstverständlich hilft dabei eine breite Produktpalette, Trends bringen Umsatz.

Die Selbstoptimierung ist zum sozialen Druckmittel geworden, sie bewirkt eine zunehmende Individualisierung. Im Fitnessstudio trainiert der Einzelne für sich, unter der Baseballkappe, abgeschirmt durch Kopfhörer. Zwischendurch schaut er auf sein Smartphone und simuliert soziales Leben.

Jugendlichkeitswahn trifft sich mit Fitnessmanie. Jung und fit, das stellt heute ein unschlagbares Image dar, über das Sportstars jedenfalls öffentlichkeitswirksam verfügen. Jugendlichkeit triumphiert in der Werbung und sogar im Literaturbetrieb, wo kaum ein Verlag nicht mit der jüngsten Autorin zu glänzen sucht. Wenn um den Körper ein derartiger Kult getrieben wird und die Optimierung des Selbst sich nicht auf den Geist, sondern auf den Körper bezieht, helfen im Alter nur dicke Haut oder mediale Abstinenz, Schönheitsoperationen oder Sport und nochmals Sport, der das Ego an den Körper bindet.

Das Fitnessstudio ist der konzentrierte Ort dieser Bindung. Es verspricht, dass fortwährende (anderweitig keinen praktischen Nutzen generierende) Anstrengung eine Optimierung bewirke. Derartige Programme im Internet stellen eine »body transformation« in Aussicht und belegen Erfolge mit Vorher-Nachher-Fotos: Vorher war ich nicht auf der Höhe, Fitness hat mich zu einem neuen Menschen gemacht.

Der Markt floriert, die Fitnessindustrie erwirtschaftet jährlich weltweit einen Umsatz von 94 Milliarden Dollar, in Deutschland 5,3 Milliarden Euro. 2003 zählten hier die Studios 4,38 Millionen Mitglieder, heute sind es fast dreimal so viele. Zwei Drittel trainieren mehrmals wöchentlich ein bis zwei Stunden. Auch in der Schweiz hält der Boom an, tausendzweihundert Center stehen, wie Experten erklären, »in einem erbitterten Kampf um die Kunden«. Jeder achte Eidgenosse gehört einem Club an. In Österreich ist die Dichte geringer, hier bringen immerhin mehr als eine Million Menschen 554 Millionen Euro.

Vor allem in den reichen Ländern der Welt greift zudem eine Infantilisierung um sich. Sie äußert sich in politischen Auftritten, allgemein in Betroffenheitseuphorie und Moralphrasen, nicht zuletzt in der zunehmenden Bedeutung von Sport und Spiel. Es ist kein Zufall, dass Komiker in hohe Staatsfunktionen gelangen oder dass der reiche Onkel in Amerika auch wegen seines einfachen Unterhaltungswerts gewählt wird.

Die derart gepflogenen Verhaltensweisen funktionieren mittels Emotionalisierung, mittels Geschichten und deren Verwischung der Grenzen von Fakten und Fiktion. Die Vorliebe für ein Computerspiel wie *Fifa* basiert ebenfalls darauf: Es lässt sich die Illusion erleben, ein Match selbst zu gestalten. Das Abheben ins Virtuelle entfernt vom Boden der Tatsachen. Und so sah sich der Cheftrainer des FC Southampton genötigt, seinen Kickern, die mitunter bis spätnachts vor den Geräten saßen, im Teamhotel die Computerspiele zu untersagen.

Die weitreichende mediale Versportlichung fördert sowohl nationalistische Gefühlsausbrüche als auch eine Spaßgesellschaft. Beides arbeitet dem Populismus in die Hände. Zugleich gehen Lesekultur und kritisch-analytische Fähigkeiten zurück, die gewiss durch Dauersport im Fernsehen nicht gestützt werden. Zwischen 2012 und 2017 ist in Deutschland das Lesepublikum, das Bücher kauft, um 6,4 Millionen Menschen geschrumpft. Die junge Generation bleibt Büchern fern, sie hat sich ins Internet verzogen, in Simulation, Verkürzung, additives Denken. Die neueste Pisa-Studie zeichnet ein Bild des zunehmenden Analphabetismus; laut einer Umfrage meinen fünfunddreißig Prozent der Jugendlichen, Lesen sei Zeitverschwendung.

Wenn eine Gesellschaft die Darstellung komplexer Verhältnisse erschwert, läuft sie auf das Schwarz/Weiß-Denken, somit auf Polarisierung hinaus.

Wir erleben eine weitreichende Infantilisierung bei gleichzeitiger Brutalisierung gesellschaftlicher Verhältnisse, schreibt Robert Pfaller in seinem Buch *Erwachsenensprache*.

Immer deutlicher halten die Medien den intellektuellen Ball flach. Ihre Programme bestehen größtenteils aus Sport, Krimi, Fantasy – deren starke Verbreitung ausgerechnet zeitgleich mit dem Siegeszug des Neoliberalismus eingesetzt hat. Der Sport sorgt für Ablenkung, dient als Ventil, formt Gemeinschaft in Einfachheit, steigert Emotionen. Er tendiert ins Kultische, und Kult erschwert Kritik. Seine Rituale sind leicht erkennbar, verbindlich und förderlich für Massenphänomene.

Erfolgreicher Populismus ist der Triumph der Simplifizierung.

Allein durch seine Grundanordnung treibt der medial präsente Sport ein »Wir« gegen »die Anderen« an. Die gerne behauptete Autonomie, der »Eigensinn« des Sports, der ja »nur ein Spiel« sei, und die Betonung des Vorranges »sportpraktischen Geschehens« bleiben der Wunsch einer Vorstellung, die die Arena gerne der Gesellschaft enthoben sehen möchte.

Dem ist nicht so. In seinem Buch *Sport, Power and Culture* schreibt John Hargreaves 1986, die Geschichte des Sports müsse »systematisch in Verbindung mit den wichtigsten Entwicklungsphasen des Industriekapitalismus gesehen werden«.

2 KOMMERZSIEG
IN POLITIK UND SPORT

POTENZIAL

Die Mont Pèlerin Society existierte seit einem Jahr, als 1948 in London die ersten Olympischen Sommerspiele nach Weltkriegsende stattfanden. Die BBC sendete für die achtzigtausend Fernsehgeräte im Land, umgerechnet 5 000 Dollar kosteten sie die Rechte.

Zur gleichen Zeit entstanden zwei Firmen in der mittelfränkischen Kleinstadt Herzogenaurach, in Luftlinie kaum zwanzig Kilometer von Nürnberg, nachdem die Brüder Adi und Rudi Dassler ihr gemeinsames Unternehmen aufgelöst hatten. Der internationale Erfolg ihrer Sportschuhe hatte mit den Sommerspielen 1928 in Amsterdam und vor allem 1936 in Berlin eingesetzt, wo sie zahlreiche Sieger ausgerüstet und so jeweils einen gewichtigen Absatzschub verzeichnet hatten. Nunmehr arbeiteten sie, als Adidas und Puma, getrennt und gegeneinander. Sie stützten sich auf ihre Markenzeichen, die in den sechziger Jahren große Bekanntheit erlangten, und auf die Werbung mit Stars. Adidas, das nach wie vor Jesse Owens als Vorbild für Käufer ausstellte, schaffte dies besser, da Adi Dassler intensivere Kontakte pflegte. Er hatte mit Bundestrainer Sepp Herberger Zugang zur Nationalelf gefunden und die Weltmeister von 1954 beim »Wunder von Bern« mit rutschfestem Schuhwerk versehen; Rudi hingegen hatte zuvor für Puma

Springer Fachmedien Wiesbaden GmbH , ein Teil von Springer Nature 2021
K. Zeyringer, *Schwarzbuch Sport*,
https://doi.org/10.1007/978-3-658-32100-0_2

eine »finanzielle Zusammenarbeit« mit dem deutschen Fußballteam verweigert.

1960 übertrug das Fernsehen die Sommerspiele – und damit erstmals ein globales Sportereignis – live: aus Rom in achtzehn europäische Länder, in die USA, nach Kanada und Japan; insgesamt mehr als hundert Stunden, am längsten sah man Wettbewerbe der Leichtathletik. CBS zahlte dem italienischen Organisationskomitee 660 000 Dollar. Das IOC, das die Rechte noch nicht selbst veräußerte, litt unter finanziellen Problemen und verlangte seinen Anteil. Die Exekutivkommission tagte vor Ort, zeigte sich damals bescheiden und genehmigte sich fünf Prozent der Medieneinnahmen, garantiert jedenfalls ein Minimum von 50 000 Dollar.

Beim Großevent in der »Zweiten Hauptstadt der Antike«, wie Pierre de Coubertin Rom genannt hatte, agierten auch die Sportartikelfirmen: mit Geldkuverts. Wie zuvor 1956 bei den medial wenig verbreiteten Spielen von Melbourne betrieb der Sohn des Adidas-Gründers seine Strategie der offensiven Kommerzialisierung, des Eingriffs durch Zahlungen unter der Hand. Offiziell hieß dies »Kontakt- und Markenpflege«, inoffiziell war es das »System Horst Dassler«. Zuvor hatten Athleten ihre Ausrüstung gratis erhalten; 1960 bekam Armin Hary, der Goldene im 100-Meter-Lauf, eine erkleckliche Summe dafür, dass er mit einer bestimmten Marke antrat. Der deutsche Sprintstar hatte in den USA die fortgeschrittene Kommerzialisierung des Sports kennengelernt, vor dem Finale wechselte er von Adidas zu Puma, bei der Siegerehrung trug er wieder Adidas-Schuhe.

Zugleich erlebten damals in Rom Arena und Umfeld unter den fünf Ringen ein breit angelegtes Sponsoring vieler Firmen, wenn es auch die Olympier zu verdecken trachteten. Dennoch vermochten die Unterstützer – von Nudelerzeugern bis zu Schreibmaschinenmarken – ihre Logos so zu platzieren, dass sie in Fernsehen und Presse nicht zu übersehen waren.

Das große Geschäft stand vor Augen. Folglich drängten in

den Jahren, in denen auch der Neoliberalismus seine Einfluss-
sphären ausweitete, Konzerne in den Sport.

Bei den Winterspielen von Grenoble waren 1968 fünfundvierzig Unternehmen der Sportartikelindustrie akkreditiert.
Angesichts dieser Präsenz wetterte der oberste Olympier Avery
Brundage, ein millionenreicher Bauunternehmer aus Chicago,
sowohl gegen die Firmen als auch gegen die von ihnen enga-
gierten Skistars. Schändlich würden sie den Amateurparagra-
phen umgehen, indem ihre Ausrüster sie teuer bezahlten, vor
allem seitdem der Internationale Skiverband FIS im Jahr zuvor den Weltcup eingeführt hatte. Der Wintersport sei »zum
Big Business verkommen«.

Und als im Oktober 1970 die Exekutivkommission des IOC
im Château de Vidy in Lausanne zusammentrat, legte Brundage zur Abschreckung ein Reklameblatt vor. Darauf war das
»Racing-Team« der Firma Kneissl abgebildet, wie in einer
Mandorla groß in der Mitte der »Weltbeste« Karl Schranz. Es
sei inakzeptabel, waren sich die Herren einig, wie dieser Skifahrer gleich hinter der Ziellinie stets schleunigst das Logo auf
seinen Brettern reklameträchtig zur Kamera strecke.

Vier Tage vor Beginn der nächsten Winterspiele, die im Februar 1972 im japanischen Sapporo stattfanden, schloss das
IOC auf Betreiben von Brundage den österreichischen Ab-
fahrtslauf-Favoriten wegen verbotener Werbung aus. Schranz
habe »der Jugend der Welt ein schlechtes Beispiel gegeben«.
Als Beweis für sein Vergehen legten die Olympier ein Foto vor,
das ihn bei einem sommerlichen Fußballspiel im Trikot einer
Kaffeefirma zeigte. Die Funktionäre der FIS sollen angesichts
der Geringfügigkeit des inkriminierten Vergehens schallend
gelacht haben. In Wien aber protestierten fast hunderttausend Menschen, im Land war es bis dato der größte Massen-
aufmarsch seit Ende des Zweiten Weltkriegs.

Die olympische Bewegung hielt in dieser Zeit des medialen sowie ökonomischen Wandels am Amateurismus als Glaubenssatz fest. In ihrer elitären Weltsicht behauptete sie, ein
Phänomen der Moderne zu betreiben, indem sie sich auf die

Antike berief (in deren Olympia allerdings durchaus Berufs-
athleten angetreten waren). Pierre de Coubertin hatte ge-
schrieben, im Sport vermöge man eine »Ökonomie des Handelns« zu erreichen, wie sie die Männer – Frauen wollte der
Gründer-Baron nur am Rande der Arena sehen – im modernen Leben benötigten. Nicht um Profitdenken gehe es, sondern um Körperertüchtigung.

Von ein paar Ausnahmen und insbesondere von den Ligen
in den USA abgesehen, war der Sport in jener Zeit allerdings
noch recht amateurhaft organisiert. Einige der heutigen Pu-
blikumsmagneten wie Biathlon fanden fast unter Ausschluss
der Öffentlichkeit statt, die aktuelle Bandbreite der Disziplinen war nicht gegeben. Die populären Großveranstaltungen
erschienen als einzelne Höhepunkte der Saison; gerade waren erst manche Verbände dabei, zusammenhängende Wett-
bewerbsserien zu planen, um Zuschauer und Sponsoren
dauerhaft zu binden.

Zugleich mit der Fernsehära, parallel zum rapiden Anstei-
gen der Anzahl von TV-Geräten in den Haushalten, ging der
globale Sportbetrieb in den rundum kommerzialisierten Mo-
dus über. Er begann sich offen und intensiv dem Professionalismus zuzuwenden, sodass durch Werbung, Medienrechte
und Merchandising immer höhere Geldsummen in die Kassen
kamen.

Es entstanden Serien von Wettkämpfen, deren Gesamt-
ergebnisse die Weltbesten der Disziplinen ermittelten – kein
Feld für Amateure. 1963, lange nach den meisten europäischen
Ländern, akzeptierte der Deutsche Fußball-Bund offiziell
den Professionalismus und etablierte die Bundesliga; Trikot-
werbung erlaubte er 1973, kurz vor der WM im eigenen Land.
1965 bildete der Internationale Radverband je eine Föderation
für Amateure und Profis; bei der Tour de France starteten seit
1962 nicht mehr Nationalmannschaften, sondern Teams unter dem Namen von Sponsoren. Ebenfalls 1962 begründeten
die Ruderer ihre Weltmeisterschaften; 1966 spielte man erstmals den Weltpokal im Basketball aus, und die Herren des Ski-

zirkus fixierten die Regeln ihres Weltcups; ab 1968 waren die Tennisturniere des Grand Slam für Berufsspieler »offen«; im folgenden Jahr startete der Weltcup der Straßenradrennen; 1973 lanciert der Schwimmverband seine Weltmeisterschaft. In den USA stieg American Football zur wichtigsten Sportart auf: 1970 unterzeichnete die National Football League NFL einen Vertrag mit dem Medienriesen ABC, der erstmals eine regelmäßige Präsenz in der Hauptsendezeit des Fernsehens garantierte.

In dieser Zeit hatten Marketingleute das enorme ökonomische Potenzial erkannt, das die Stadien infolge der rapiden Zunahme des Breitensports und der Modernisierung des Fernsehens bieten würden. Als die Eurovision 1966 die Ruderweltmeisterschaften ausstrahlte, die im jugoslawischen, heute slowenischen Bled stattfanden, platzierte eine Schweizer Agentur Werbetransparente am Ufer im Feld der Kameras. Präsident Tito hatte sie gegen Bezahlung genehmigt.

Die Olympischen Spiele 1968 und die Fußball-WM 1970, beide in Mexico, waren die ersten Großveranstaltungen, die in Farbe übertragen wurden. Dass die Spiele erstmals in ein »Entwicklungsland« vergeben worden waren, hatte wohl geopolitische Gründe. Da jedoch die IOC-Sitzung 1963 in Baden-Baden schon mit einem einzigen Wahlgang ebenso eindeutig wie überraschend gegen den Favoriten Detroit entschieden hatte und da das Logo von Mexico 68 frappant dem Drei-Streifen-Signal von Adidas ähnelte, hatte es für die Vergabe wohl eine Rolle gespielt, dass sich der Sportkonzern Absatzmärkte in Lateinamerika auftun wollte.

Für die TV-Rechte von Mexico 68 kamen fast zehn Millionen Dollar in die Kassen der Fünf-Ringe-Bewegung. Der Verkauf von Farbgeräten zog in Deutschland vier Jahre später im Hinblick auf die Spiele von München stark an.

Hier tagte vom 21. bis 24. August 1972 das Internationale Olympische Komitee im Maximilianeum, dem Sitz des Bayrischen Parlaments. Diese 73. Session leitete Avery Brundage, der meinte, seine seit zwanzig Jahren während Präsidentschaft mit diesen Sommerspielen als Höhepunkt abschließen zu können. Zu seinem Nachfolger wurde der irische Lord Killanin gewählt. Dann sprach Brundage, nunmehr Ehrenpräsident auf Lebenszeit, über sein Verständnis des Olympismus, den er in Gefahr sah. Die Kommerzialisierung, wie sie in München betrieben werde, sei erbärmlich. Im Olympischen Dorf werbe man doch tatsächlich für Schuhe und verkaufe sie gar vor Ort. Zudem habe er einer deutschen Zeitung entnommen, die Firmen würden sich darum streiten, mit welcher Marke der letzte Fackelträger ins Stadion einlaufe. Selbstverständlich, sagte Brundage, müsse seine gesamte Bekleidung in neutralem Weiß erstrahlen. Das Protokoll vermerkt: »*Commercialisation in Munich. The situation in Munich was deplored, and greater care must be taken in the future.*«

Der scheidende Präsident verstand sich als Bewahrer des Amateurdogmas im Sinne von Baron Coubertin und im Geiste der alten Elitevorstellung. Im Kalten Krieg begünstigte er den Fassadenschwindel, indem er die »Staatsamateure« der Ostblockländer ohne weiteres akzeptierte; die Profis hingegen nannte er »dressierte Affen«. Auch politisch war er nicht zimperlich: Gegen Olympia in Nazideutschland hatte er nichts einzuwenden gehabt und 1968 nannten ihn afroamerikanische Athleten wegen seines Rassismus »Slavery Brundage«. Bei seiner oft und oft wiederholten Anklage der Kommerzialisierung übersah er offenbar geflissentlich, dass Adidas in München als »Offizieller Ausrüster für die Spiele der XX. Olympiade« auftreten durfte.

Kommerziell sollte es freilich 1972 keineswegs nur um Schuhe gehen. Horst Dassler kontaktierte Mark Spitz, den siebenfachen Goldmedaillengewinner im Schwimmen, und begann mit dessen Image als Reklamewelle eine Badebekleidung zu entwickeln. Schon bei der Schwimm-WM 1973 trugen zwei Drittel der Konkurrenten Adidas; Produktpaletten für alle möglichen Sportarten folgten.

In den siebziger Jahren expandierte der Freizeitmarkt enorm, da nun in den reichen Ländern des globalen Nordens

die Kaufkraft der Mittelschicht deutlich anstieg und der körperlichen Fitness größere Aufmerksamkeit zukam. So hatte
der Deutsche Sportbund im Vorfeld der Spiele von München
die »Trimm dich«-Bewegung begründet, und die Vereine verzeichneten einen Ansturm neuer Mitglieder. Unter diesen Bedingungen erreichte, wie es in der 2018 publizierten Adidas-
Geschichte heißt, »der Kampf um Spitzensportler zunehmend
härtere Dimensionen«. Das bedeutet: Immer höhere Summen
wurden bezahlt, immer dicker waren die unter der Hand wei-
tergereichten Geldkuverts, da neue Konkurrenten, vor allem
Nike, im erbitterten Wettstreit um die besten Athleten und
Sportlerinnen den Markt anheizten. Gemeinsam mit der Intensivierung der Wettkämpfe und der Mediatisierung führte dies zu einer Verstärkung des Starkults, der wiederum die
Werbung antrieb und die Honorare hochfuhr.

Die Spiralen der umfassend gesteigerten Vermarktung des
Sports begannen sich schneller in finanzielle Höhen zu drehen.

Der große Werbeträger von Adidas war in Deutschland die
Starelf von Bayern München. Die Verflechtungen mit Politik
und Medien hat Hans Woller für seine Biographie Gerd Mül-
lers recherchiert: In der Zeit, als die neoliberale Kommerzialisierung intensiv einsetzte, seien »Machenschaften jenseits der
Legalität« an der Tagesordnung und politisch gedeckt gewesen.
Insbesondere die CSU unter Franz-Josef Strauß hängte sich an
die Erfolge der dreifachen Europacupsieger, der Europameis-
ter 1972 und Weltmeister 1974 an.

Der DFB hatte mit der Einführung des Profifußballs enge
Regeln aufgestellt. Die Bayern benötigten für ihr Ensemble von
Weltklassekickern viel Geld und mussten sie, um sie im Club
zu halten, gehörig unter der Hand bezahlen. Freundschafts-
matches im Ausland brachten die nötigen Finanzen, auf der
Rückreise wurde zusätzliches Honorar in Briefumschlägen
verteilt, das dann an der Steuerbehörde vorbeigelotst werden
konnte. An Bord befand sich oft der Staatssekretär im bayrischen Innenministerium, der auf dem Münchner Flughafen
zu den Zöllnern sagte: »Ich bin der Staatssekretär und das ist

der FC Bayern – also lasst uns durchgehen.« Auch der Finanz-minister war bei Schwierigkeiten mit Steuerbehörden behilf-lich, konkret laut Woller: »Schwarzgeldzahlungen und Steuer-hinterziehung unter den Augen der CSU und der bayerischen Staatsregierung, die sich eine prächtige politische Dividende aus ihrer Nähe zum Fußball versprachen und deshalb [...] nicht nur schwiegen, sondern [...] systematisch Vorschub leisteten.« In diesem System machten auch die Medien mit, »die Journa-listen übertrafen sich in Hofberichterstattung«.

Was er bei seinen Recherchen gefunden habe, sagt Hans Woller, sei die Spitze eines Eisbergs. Es gelte »nicht nur für den FC Bayern, sondern – glaube ich – für die gesamte Bundesliga im Übergang vom Amateur- zum Profifußball.«

Uli Hoeneß hat als Spieler diese Machenschaften miterlebt. Nach seiner Karriere reüssierte er als Manager des FC Bayern, 2009 wurde er zum Vereinspräsidenten gewählt. Fünf Jahre später verurteilte ihn das Gericht wegen Steuerhinterziehung zu dreieinhalb Jahren Haft.

AUSWEITUNG

Wie später das IOC mit dem Olympischen Museum in Lausan-ne, so präsentierte Adidas den Erfolg im vordergründig kul-turellen, in erster Linie propagandistischen Rahmen seines Gedächtnisortes: 1970 eröffnete die Firma im neuen Verwal-tungsgebäude ihr Museum, in dem sie Schuhe von Stars wie Armin Hary oder Cassius Clay (Mohammad Ali), beide Olym-piasieger in Rom, ausstellte.

Mit der fortschreitenden Internationalisierung des Unter-nehmens ging eine stärkere Einflussnahme bei den größten Verbänden einher, folglich eine Strategie der Einladungen und der Finanzgeschenke. Horst Dassler pflegte unter anderem, wie es die Firmengeschichte beschönigend formuliert, »enge Kontakte zur Fifa«. Sie ermöglichten es, dass Adidas für die

Fußball-WM 1970 seinen »Telestar« exklusiv als offiziellen Ball des Turniers lieferte – ein in seinem Design ebenso leicht zuordenbares Produkt wie das Logo der drei Streifen.

Ende der siebziger, Anfang der achtziger Jahre erfolgte dann der direkte Zugriff auf das Marketing der Großereignisse. Nach einer ersten, in Monaco angesiedelten Firma gründeten Horst Dassler und die japanische Werbeagentur Dentsu 1982 gemeinsam die International Sports Culture and Leisure (ISL), die mit Verbänden, mit IOC und Fifa Verträge über die exklusive Vermarktung abschloss. Im selben Jahr begannen französische Behörden gegen Dassler wegen »verdächtiger Finanzierungspraktiken« zu ermitteln.

Die ISL entwickelte 1985 »The Olympic Programme« TOP für Sponsoren. Die Agentur profitierte von günstigsten Bedingungen, schon 1988 vertrat sie weltweit fast alle Nationalen Olympischen Komitees. In Nordamerika war dafür der kanadische Vizepräsident des IOC zuständig: Zugleich mit dem Vorsitz der olympischen »New Sources of Financing Commission« repräsentierte er also die Firma, die eben neue Finanzquellen erschließen sollte. Eine für die Sportwelt bezeichnende Kumulierung, sodass die eine Hand Aufträge an die andere Hand vergibt.

Was dabei passieren konnte, zeigte die Insolvenz von ISL. Laut Schweizer Gerichtsunterlagen zahlte die Agentur allein zwischen 1989 und 2001 Bestechungsgelder in der Höhe von 140 Millionen Franken aus, mindestens eineinhalb Millionen an den Fifa-Präsidenten João Havelange, noch mehr an dessen Schwiegersohn, der an der Spitze des brasilianischen Verbandes stand.

Inzwischen war der Neoliberalismus nobilitiert und von Ronald Reagan sowie Margaret Thatcher politisch umgesetzt worden; mit ihren Wahlsiegen gelangten Mitglieder der MPS, der Mont Pèlerin Society, in Regierungsämter. Zuvor war der wissenschaftliche Erfolg eingetreten: 1974 hatte Friedrich August von Hayek den Nobelpreis erhalten, 1976 Milton Friedman. Danach beherrschten die Neoliberalen das Nobelkomitee derart, dass sie sich über fünfundzwanzig Jahre praktisch die Preise gegenseitig zuerkannten.

Zur Zeit der Amateurismus-Reden von Avery Brundage betrieb die Universität seiner Heimatstadt Chicago schon lange eine Partnerschaft mit der katholischen Universität von Chile, vor allem in den Wirtschaftswissenschaften. Das Institut von Milton Friedman nahm zahlreiche Studenten aus Santiago auf; als sie nach Hause zurückkehrten, hatten sie die Lektion des Friedmanschen Neoliberalismus aufgesogen. 1963 waren zwölf der dreizehn Vollzeitstellen an der Uni in Santiago von Chicago-Absolventen besetzt. Sie, die einheimischen »Chicago Boys«, hatten mit Unterstützung des extremkatholischen Opus Dei das Terrain bereitet, als Friedman 1975 dem Militärdiktator Augusto Pinochet seine Aufwartung machte, um ein Exerzierfeld für seine Theorie zu bestellen. »Schocktherapie oder der Patient stirbt«, soll der neoliberale Vordenker erklärt haben.

Infolge des Marktabsolutismus und auf Kosten von Menschenrechten ging in Chile die Inflation zurück, während der Durchschnittslohn sank und der Anteil der Bevölkerung unter der Armutsgrenze von 20 auf 44 Prozent anstieg. Das *Wall Street Journal* empfahl 1980 dem Präsidentschaftskandidaten Ronald Reagan, »diese Jungs« in die USA zu holen, um auch da eine Schocktherapie zu lancieren.

Zur gleichen Zeit schritt die Ausweitung des Sportbetriebs voran. 1974 lief der Berlin-Marathon mit 244 Beteiligten an, zwölf Jahre später waren es mehr als zehntausend. 1975 wurde erstmals eine Cricket-Weltmeisterschaft ausgetragen; im selben Jahr schloss der Deutsche Leichtathletikverband um zwanzigtausend DM einen Werbevertrag mit Adidas ab. 1977 starteten der Weltcup der Leichtathletik und jener der Rennrodler; 1978 stand die erste Dart-WM auf dem internationalen Veranstaltungskalender, 1979 der Weltcup der Skispringer, 1981 jener der Skilangläufer; ebenfalls 1981 erlaubte der europäische Fußballverband Werbung auf den Trikots. 1983 hatten auch die Bobfahrer ihren Weltcup, und vor allem sah man die erste Leichtathletik-WM, die sich zum fünftgrößten globalen Sportereignis entwickelte. 1987 folgte der Rugby World Cup, 1990 jener im Rudern, 1996 die vom Medienmogul Rupert Murdoch angeregte Super League im Rugby.

Die Werbewirtschaft und die Marketing-Gegengeschäfte folgten der Tendenz. Allein von 1983 bis 1985 stiegen die Zuwendungen des Sportsponsorings in der BRD von 50 Millionen DM auf 150 Millionen, nach anderen Schätzungen gar auf 300 Millionen.

1980, am Ende von Lord Killanins Präsidentschaft, gab das IOC, offiziell eine gemeinnützige Organisation, an Vermögenswerten zwei Millionen Franken an; zehn Jahre später waren es über 105 Millionen. Die Fernsehrechte spielten mehr und mehr ein, da ließ sich schwer erklären, dass die Athleten für ein Butterbrot starten sollten. Die Kehrtwendung zu Profisport und Kommerz vollführte Juan Antonio Samaranch. Er hatte in der Franco-Diktatur als Staatssekretär für Sport fungiert und stand im Nahverhältnis zum Opus Dei, das reaktionäre gesellschaftspolitische Konzepte mit dem Neoliberalismus verknüpfte.

Den Beschluss für den Professionalismus fasste der 11. Olympische Kongress, der 1981 in Baden-Baden zusammentrat: Leistung müsse sich auch materiell lohnen, in allen Disziplinen wolle man die Besten der Welt am Start sehen.

Der Tagungsort ließ neuerlich eine Nähe zum Geschäft erahnen. Die badische Kurstadt kam der Firma Adidas gelegen, die sich gewichtig im Elsass niedergelassen hatte und im Hintergrund die Fäden zog. Mit Hilfe des Konzernchefs Horst Dassler und seiner »sportpolitischen Abteilung« war Samaranch an die Spitze der Fünf-Ringe-Bewegung gelangt, indem sie für die nötigen Stimmen gesorgt hatten. Verdeckte Vergünstigungen, etwa bei Wahlen, gehört zu den Anreizmitteln der »unsichtbaren Hand« neoliberaler Marktwirtschaft.

Bei der Besetzung der Spitzenposition im Weltfußballverband hatte Dasslers sportpolitische Abteilung ebenfalls die Hände im Spiel gehabt: 1974 hatte die Fifa den korrupten Brasilianer João Havelange zu ihrem Präsidenten gewählt. Beide Herren des Sports, Samaranch und Havelange, die jahrzehntelang gemeinsam im IOC saßen, schufen sich geradezu absolutistische Machtpositionen und undurchsichtige Finanzimperien. Sie übernahmen und festigten ausgerechnet in jener Zeit ihre Funktionen, als der Neoliberalismus politisch durchstartete.

So erscheint es nicht besonders verwunderlich, dass Staaten, die weiten Teilen des Marktes freie Hand lassen, wesentliche Hoheitsrechte an private Organisationen wie die Sportverbände abgeben. Und dass der neoliberale Denkstil den Staat ohnehin zurückdrängt, vermag den Ansatz einer Erklärung zu liefern, warum sich Medien und Öffentlichkeit kaum mit der doch höchst bemerkenswerten Abgabe von Hoheitsrechten und der Zulassung von Extraterritorialität bei großen Sportevents beschäftigen.

1983 wurde Horst Dassler »für seine vielfältige Aktion«, wie es euphemistisch hieß, mit dem Olympischen Orden belohnt. Ob nicht eigentlich Adidas das IOC führe, fragten sich damals kritische Stimmen.

Später einsehbare Protokolle der Stasi (der Konzern unterhielt beste Beziehungen in die DDR, deren Athleten er ausrüstete) weisen darauf hin. Unter dem Decknamen »Möwe« berichtete der hohe Sportfunktionär Karl-Heinz Wehr am 14. Juni 1989, die »sportpolitische Gruppe Adidas« sei dabei, den Präsidenten eines Nationalen Olympischen Komitees in die »freigewordene Position« der Exekutivkommission »zu schieben«. Auch der Präsident der Internationalen Boxföderation AIBA – ein mit fünfzigtausend Dollar jährlich bezahlter »Consulent« von Adidas – sei derart inthronisiert worden, schrieb Wehr, der selbst zum Generalsekretär der Boxer aufstieg. Ein anderes Mal vermeldete »Möwe«, wegen der Krankheit des IOC-Präsidenten habe die Adidas-Gruppe lange »über den zu wählenden Nachfolger von Samaranch diskutiert«. Es gebe, fasste der Stasi-Mitarbeiter Mitte der achtziger Jahre zusammen, keine Beratung eines Gremiums der Olympier, »bei der nicht Horst Dassler oder die von ihm beauftragten Firmenmitglieder anwesend sind«.

Thomas Bach, der heute an der Spitze des IOC steht, war 1981 von Samaranch in die neue Athletenkommission berufen worden, vier Jahre später heuerte er als Promotion-Direktor bei Adidas an. Auch Sepp Blatter saß beim Sportartikelkonzern im Büro; Fifa-Generalsekretär wurde er, als der auf diesem Posten tätige Funktionär nicht ins Konzept von Horst Dassler passte.

»There's no such thing as society«, lautet ein oft und oft zitierter Ausspruch von Premierministerin Margaret Thatcher. Ihre Regierung in Großbritannien und jene von Ronald Reagan in den USA installierten in den achtziger Jahren einen neoliberalen Fundamentalismus, den sie vehement als alternativlos ausriefen und damit jeder Kritik zu entheben suchten.

Den Wahlkampf der 1979 an die Macht gelangten »Eisernen Lady« bewarb die Agentur von Maurice Saatchi; er hatte die London School of Economics absolviert, in der Hayeks Lehre dominierte. Von Margaret Thatcher sagte er im Rückblick, sie habe die »Siegerargumente unserer Zeit« entwickelt: freier Markt, niedrige Steuern, schmaler Staat, Individualität, Selbstbestimmung. Die dreimalige Wahlgewinnerin etablierte ihren hegemonialen Diskurs; sie stand insbesondere für den Kampf gegen den Sozialstaat und die Gewerkschaften, für die Abschaffung von Kontrollen des Kapitalverkehrs und für Privatisierungen.

Dass staatliche Monopole in die Hände von Unternehmern übergingen, entspricht der Position der großen Sportverbände: Sie betreiben ihr Monopol als Privatvereinigung, während sie sich die Vorteile einer Non-Profit-Organisation verschaffen.

Mit dem Monopol der Olympier hatte Margaret Thatcher bald nach ihrem Amtsantritt zu tun. Wie die USA sprach sie sich 1980 angesichts des sowjetischen Afghanistan-Krieges für einen Boykott der Sommerspiele von Moskau aus. Offiziell stellte sie den Sportlern die Teilnahme frei, aber eine solche Entscheidung obliegt grundsätzlich den Nationalen Olympischen Komitees (NOK). Der irische Lord Killanin fungierte als IOC-Präsident, er sah die US-Kampagne als Verletzung der Olympischen Charta. Bei der Sitzung der Exekutivkommission stellte er Mitte Februar die rhetorische Frage, warum die Amerikaner die Spiele stoppen sollten, während sie weiterhin mit der Sowjetunion Handelsverträge über mehrere Millionen Dollar abschlössen. Bei seinem Gespräch mit Jimmy Carter am 16. Mai schob er das olympische Credo vor, dass es sich ja nicht um die Spiele Moskaus oder der Sowjetunion handle, sondern um jene des IOC. Von seinem Engagement bei Lloyd's sprach er nicht – der Fernsehsender NBC hatte sich bei dieser Firma gegen Olympia-Verluste versichert.

Killanins Einfluss im NOK war von gewichtiger Bedeutung: Die Briten fuhren zu den Spielen nach Moskau, obwohl Margaret Thatcher Athleten wie dem Schotten Allan Wells aus Downing Street 10 ein halbes Dutzend Briefe zusenden hatte lassen, um sie zur Absage zu bewegen. Wells, der dann in Moskau überraschend den 100-Meter-Sprint gewann, fand in einem dieser Kuverts das schauerliche Bild eines getöteten Mädchens vor, dazu den Text: »Das machen Russen.«

In den Breitensport griff Thatcher 1981 mit der vorgeblichen Freiheit der »Regulation 909« ein: Sie räumte den Schulen das Recht ein, Grundstücke zu veräußern, die sie nicht zu brauchen meinten. Innerhalb eines Jahrzehnts wurden geschätzt fünftausend Fußballfelder verkauft, die meist Gewerbegeländen, Einkaufszentren oder Wohnkomplexen wichen.

Welche sozialen Auswirkungen ihre Politik zumindest indirekt zeitigte, war in Stadien und Städten erkennbar: Thatchers Regierungszeit war der Höhepunkt des Hooliganismus. Beim Endspiel des Europacups führten 1985 im Brüsseler Heysel-Stadion die von Liverpool-Anhängern ausgehenden Gewalttätigkeiten dazu, dass 39 Fans von Juventus Turin erdrückt starben. Im April 1989 kamen durch eine Massenpanik im Sheffielder Hillsborough 96 Liverpool-Anhänger zu Tode. Regierung und Polizei gaben den Hooligans die Schuld. Erst 2012 wurden der Öffentlichkeit die genauen Umstände mitgeteilt; nun erfuhr man, dass tatsächlich ein Versagen der Behörden und unterlassene Hilfeleistung für die Katastrophe verantwortlich gewesen waren. Thatcher aber hatte die Sanktionen des europäischen Verbands gegen englische Clubs sowie Fans gutgeheißen und 1989 im »Football Spectators Act« restriktive Maßnahmen beschlossen.

Dabei war es ihre eigene Politik, die wesentliche Voraussetzungen für den Hooliganismus schuf. Die Finanzstrategie der Thatcher-Regierung bewirkte eine Rezession, der Kurs des Pfunds stieg an, die Kredite wurden teurer. Vor allem der jüngeren Generation gingen dadurch und insbesondere durch die Privatisierungen hunderttausende Arbeitsplätze verloren, zugleich fielen gewichtige Vorteile des Sozialstaates weg. Dies bewirkte Unverständnis, Wut, Orientierungs- und Perspektivenlosigkeit. Sie äußerten sich als gewalttätige Gruppendynamik in den Stadien und ihrem Umfeld.

US-Präsident Ronald Reagan und Margaret Thatcher waren einander in Freundschaft und in neoliberaler Politik verbunden. Der soziale Kahlschlag dort und da wurde von den folgenden Regierungen, von Bill Clinton und Tony Blair, fortgesetzt, in Deutschland schließlich von Gerhard Schröder durchgeführt – alle von Mont-Pèlerin-Leuten beraten.

Reagan trat 1981 sein Amt an; bei weiten Teilen seiner Wirtschaftspolitik, die bald als »Reaganomics« firmierte, stützte er sich auf die Chicago School. Einige ihrer renommiertesten akademischen Vertreter brachte er in die strategisch wichtigen Bundesberufungsgerichte, sodass ihre Lehren zunehmend als Entscheidungsgrundlage dienten. Jürgen Reul fasst zusammen: »Die Chicago School hat somit unter Reagan den Rang einer ›Staatsphilosophie‹ erreicht.«

Die Deregulierung war einer der Hauptpunkte seines Wahlkampfprogramms. Die Kartellrechte wurden gelockert, »investitionshemmende« Vorschriften gestrichen, die Gewerkschaften in ihren Möglichkeiten eingeschränkt. Eine der frühen Entscheidungen von Reagan leitete 155 Milliarden Dollar aus dem Sozialbudget in den Rüstungsetat um. Es folgte eine massive Steuersenkung, insbesondere für Unternehmen und Spitzenverdiener, die nun nicht 70 Prozent, sondern nur noch 33 Prozent abzugeben hatten.

Die Inflationsrate und die Arbeitslosenquote stiegen, die Polarisierung zwischen Arm und Reich nahm zu – auch die Bestechlichkeit: Bis Ende 1986 waren mehr als hundert Mitglieder der Reagan-Administration wegen Korruption zurückgetreten oder angeklagt. Zur gleichen Zeit erreichten die Gehälter und Zulagen von Managern schier unglaubliche Höhen. Der Markt bewirke dies eben, lautete die gängige Legitimierung. 1987 erhielt einer der Investmentbanker von seinem Unternehmen 550 Millionen Dollar, bald darauf musste er wegen Finanzbetrugs ins Gefängnis.

Eine derartige Gier und eine ähnliche Respektlosigkeit gegenüber der Allgemeinheit erlaubten sich später in Europa Fußballstars, als sie Millionen einnahmen, ohne entsprechend Steuern zahlen zu wollen. Bis heute führt jedoch die behauptete große Verantwortung oder wichtige Vorbildfunktion selten zu tatsächlichen persönlichen Konsequenzen: ebenfalls eine Folge neoliberaler Haltung.

UMVERTEILUNG

In den Regierungszeiten von Thatcher und Reagan begann die Umverteilungslogik nicht nur das Denken der Einflussreichen und »schleichend unsere Charakterstrukturen« zu verändern, wie Stephan Schulmeister zusammenfasst. In den Jahrzehnten zuvor habe die Realwirtschaft und damit mehr Rücksicht aufeinander geherrscht. Das nunmehr dominierende Spiel der Finanzmärkte verlaufe nach dem Prinzip: Je mehr mein Partner verliert, desto mehr gewinne ich. So kennt man es vom Sport. Da allerdings ist Fairness eine Verhaltensvorgabe, die bisweilen sogar tatsächlich Anwendung findet.

Thatcherismus und Reaganomics bestärkten – vor allem mit den Privatisierungen – die Geldmenschen in der Meinung, alles sei käuflich. Auch Olympia.

1984 fanden die Sommerspiele in Los Angeles statt. Für das IOC unter Juan Antonio Samaranch brachten sie zwar einen Rückschlag, da diesmal die meisten Ostblockländer boykottierten, stellten jedoch eine weitere Etappe zur Kommerzialisierung dar, denn im Gegensatz zu früheren Gastgebern erzielten die kalifornischen Veranstalter Gewinne. Im Februar hatte Samaranch bei der Abschlusszeremonie der Winterspiele in Sarajevo erklärt, in Zukunft werde man »offene Spiele« erleben. Vier Jahre später verkündete er im kanadischen Calgary: »Das IOC vertritt die völlige Freizügigkeit für alle Sportler.« Worauf die neue Offenheit eine gehörige Ausweitung der Programme bis zum Gigantismus brachte, vor allem mit Disziplinen, die ebenso zeitgeistig wie fernsehtauglich dem Jugendlichkeitskult und dem Eventcharakter entgegenkamen.

In Los Angeles siegte der Kommerz. Gegen Bezahlung konnte man am Fackellauf teilnehmen. Da ein Boss der berüchtigt gewalttätigen Hells Angels die Flamme trug, protestierten die Griechen gegen diese Pervertierung von Olympia – die Feuerstaffel hatten allerdings 1936 die Nazis eingeführt. Die Flamme gehöre dem IOC, ließ Samaranch wissen. Und Ronald Reagan erklärte, der Fackel-Kauf zeuge vom neuen Patriotismus, »der unser Land überschwemmt«. Zu Beginn der Spiele sprach er die Eröffnungsworte, zuvor hatte kein amtierender US-Präsident je Olympia im eigenen Land mit seiner Anwesenheit beehrt.

Die Überschneidungen der Sphären von Politik und Sport zeigten sich auch bei Adidas. Nach dem frühen Tod von Horst Dassler und in heikler Geschäftslage suchte die Familie einen Käufer, 1990 stieg der französische Finanzjongleur Bernard Tapie in den Konzern ein. Zuvor hatte er eine Reihe von konkursbedrohten Unternehmen um einen symbolischen Franc erworben und vor allem durch soziale Einschnitte saniert; auf dieselbe Weise war er 1986 in den Besitz des Fußballclubs Olympique de Marseille gelangt. Für Tapie verhandelte immerhin auch Laurent Fabius, der Ex-Premierminister, mit der Familie Dassler. Der »Bekanntheitsgrad« von Tapie überzeugte sie, er sei ja praktisch »ein Ziehsohn von Mitterrand«. Die Übernahme, erklärte der nunmehrige Mehrheitseigentümer in seiner vollmundigen Art, sehe er »als Akt der Völkerverständigung, der Europa stärke«. Ebenso symbolgewichtig und medienstrategisch wählte Adidas den Termin, an dem die Transaktion im Juli 1990 publik gemacht wurde: Zwei Tage vor dem WM-Finale Deutschland gegen Argentinien war eine gesteigerte Aufmerksamkeit garantiert.

Auch bei Adidas sah Tapie wesentliche Einschnitte vor. Durch die Konkurrenz von Nike und Reebok war die Firma in Schwierigkeiten geraten, wegen der hohen Kosten in Deutschland und Frankreich sollte ein Teil der Produktion ins billige Asien ausgelagert werden. Als François Mitterrand im April 1992 Tapie zum Minister machte, geschah dies unter der Bedingung, dass er seine unternehmerische Tätigkeit aufgebe, folglich Adidas wieder veräußere.

Ende Mai 1993 gewann Olympique de Marseille die erstmals ausgespielte Champions League. Bald stellten Ermittler jedoch fest, dass der Sieg in einem Match der französischen Meisterschaft, sechs Tage vor dem europäischen Endspiel, mit Bestechungsgeldern gekauft worden war. Das Gericht verurteilte Bernard Tapie zu zwei Jahren Gefängnis, davon acht Monate unbedingt.

Als Robert Louis-Dreyfus im Februar 1993 Adidas erwarb, kauften die Brüder Saatchi, die Wahlwerber für Margaret Thatcher, Anteile. Louis-Dreyfus hatte die Agentur Saatchi & Saatchi geleitet, mit ihr wollte er eine Reform der Markenpolitik des Sportartikelgiganten in Angriff nehmen: Die »Marke adidas« sei »ein Herzstück des Sports« und die von Adi Dassler begründete Tradition ein »unerlässlicher Bestandteil der Zukunft«, lautete nunmehr die (wie es hochtrabend hieß:) »Philosophie« der Unternehmensführung. Mit entsprechenden Kampagnen schaffte es Louis-Dreyfus bald, ein jugend-

liches Image zu kreieren und damit eine deutliche Steigerung von Absatz und Gewinn zu erzielen. Im November 1995
ging Adidas bei einem Umsatz von 3,5 Milliarden DM an die
Börse.

Ein halbes Jahr später übernahm Silvio Berlusconi nach einem kurzen Intermezzo zum zweiten Mal die italienische Mi-
nisterpräsidentschaft – geradezu in Verkörperung der Verbindung von Politik, Wirtschaft, Medien und Sport.

Vor allem im Bau- und Medienwesen hatte er Milliarden
verdient; Anfang 1994 setzte er Unternehmen und Mitarbeiter
zur Gründung seiner Partei ein, die Auswahl der Kandidaten
wurde von einer Werbefirma geleitet. Den Namen übernahm
er von den Anfeuerungsrufen der Sportfans, besonders in den
Fußballstadien: So war ein über viele Jahrzehnte geübter Nationalismus in Massenformation angesprochen. Das populis-
tische Kalkül ging auf, Ende März erhielt Forza Italia bei den
Parlamentswahlen zwanzig Prozent der Stimmen.

Der Fußball hatte wesentlich zu Berlusconis Aufstieg als
Fernsehmogul beigetragen. Als 1980 in Uruguay das Mundia-
lito, eine Mini-WM zum fünfzigsten Jubiläum der Weltmeisterschaften, ausgetragen worden war, hatte der staatliche TV-
Sender Rai die Spiele nicht übertragen wollen und schließlich
akzeptieren müssen, dass Berlusconis Canale 5 eingesprungen
war. Der gewichtigste Unterstützer für den Erfolg seines kommerziellen Fernsehens war der ebenfalls aus Mailand stammende, hochkorrupte sozialdemokratische Ministerpräsident
Bettino Craxi, dessen Mediengesetzgebung Berlusconi begünstigte. Mit Craxis Hilfe erwarb er 1986 den AC Milan. Präsident des italienischen Senats war damals Amintore Fanfani,
Mitglied der Mont Pèlerin Society.

Den Verein führte Berlusconi zwanzig Jahre lang als Präsident und Unternehmer. Das K.O.-System des Europacups
der Meister fand er nicht wirtschaftsgerecht, da er für die großen Clubs, die ja in der ersten Runde ausscheiden könnten, zu
unsicher sei. Mit der Erstellung eines Konzeptes für eine Euro-
liga beauftragte er 1988 eine Werbeagentur – es war Saatchi &

Saatchi. Zehn Jahre später machte er Adidas zum Ausrüster des AC Milan.

Als Ministerpräsident betrieb Silvio Berlusconi mit seiner Interessenspolitik in eigener Sache eine Aushöhlung der Demokratie. Im neoliberalen Sinn wollte er den Staat in Minimalversion, führte er Privatisierungen durch. Die Verbindung zu entsprechenden Think Tanks hielt Antonio Martino. Er fungierte von 1988 bis 1990 als Präsident der Mont Pèlerin Society, im ersten Kabinett Berlusconi als Außenminister, in der zweiten sowie der dritten Regierung Berlusconi als Verteidigungsminister. Und für die Nähe zu den Olympiern sorgte die Skilangläuferin Manuela Di Centa, zweifache Goldmedaillengewinnerin in Lillehammer, später IOC-Mitglied und Abgeordnete der Forza Italia.

Wegen Steuerbetrugs, Korruption und anderer Delikte wurde Silvio Berlusconi mehrmals zu Haftstrafen verurteilt.

Auch die mächtigen Herren, die sich im Gegensatz zu Thatcher, Reagan oder Berlusconi ein wenig weiter links, in der politischen Mitte, verortet sahen und sich sozial gaben, nahmen in den neunziger Jahre die vorgebliche Wohltat und Alternativlosigkeit des Neoliberalismus in ihr Programm auf – zu einer Zeit, als der Sportbetrieb ökonomisch extrem expandierte.

Der deutlichste programmatische Ausdruck war das »Schröder-Blair-Papier«, das 1999 unter dem Titel *Der Weg nach vorne für Europas Sozialdemokraten* erschien. Die Politik des deutschen Bundeskanzlers und des britischen Premierministers liberalisierte den Arbeitsmarkt, begünstigte Kapitalerträge gegenüber Arbeitseinkünften, bewirkte eine Steigerung der sozialen Ungleichheit. Beide betrieben mit Sport Politik.

Tony Blair setzte sich intensiv ein, um Olympia nach London zu holen. Dabei störte eine Studie seiner Experten, die 2002 auf zweihundertfünfzig Seiten nachwiesen, dass die Spiele – entgegen der propagierten Meinung – volkswirtschaftlich belanglos seien und dem Breitensport keine Impulse geben. »Olympics good for having a party but not much else, secret report warned ministers«, titelte die *Times* später, am

2. Dezember 2008. Blair hatte die für seine Ziele ungünstigen Erkenntnisse unter Verschluss gehalten.

Auch Gerhard Schröder machte sich mehrmals für eine heimische Olympiabewerbung stark; mit dem Bewerbungskomitee für die Fußball-WM 2006 reiste er »als Wahlhelfer« zur entscheidenden Fifa-Sitzung nach Zürich. Nach seinen Vorstellungen sollte während des Weltturniers eine zwanzig Millionen Euro kostende Imagekampagne »1. FC Deutschland 06« für den Wirtschaftsstandort werben. Die Opposition kritisierte sie als verdeckte Politikreklame, denn nur drei Monate nach dem Fußballfinale war die Bundestagswahl geplant (sie fand dann vorgezogen im September 2005 statt).

Als wirtschaftspolitischer Sprecher der SPD hatte Schröder im August 1995 für eine »ideologiefreie Wirtschaftspolitik« plädiert, mit dem rechten Flügel der Partei debattierte er über den Umbau des Sozialstaates. Ende Oktober 1998 wurde er zum Bundeskanzler gewählt. Zu seinem Berater bestellte er einen »Marktwirtschaftler«, der staatliche Interventionen grundsätzlich ablehnte; oft konsultierte Schröder den Vorstandsboss von Siemens, mit dem er Tennis spielte, und den Chef von VW. Der Personalvorstand des Autokonzerns, Peter Hartz, erstellte das Konzept zum massiven Sozialabbau, das 2003 ein wesentliches Element von Schröders »Agenda 2010« bildete – später wurde Hartz wegen Untreue und Begünstigung zu zwei Jahren Gefängnis auf Bewährung und zu einer hohen Geldstrafe verurteilt. Großen Einfluss auf die Schröder-Regierung übte zudem die Bertelsmann-Stiftung aus, die praktisch als deutsche Vertretung der Mont Pèlerin Society fungiert und schließlich auch der CDU Angela Merkels einen neoliberalen Kurs schmackhaft machte.

An den Titel der »Agenda 2010« fühlt man sich angesichts des Reformprogramms erinnert, das Thomas Bach dem IOC 2014 als »Agenda 2020« vorlegte und dabei geradezu religiös den Gründervater beschwor: Pierre de Coubertin sei zugegen, er »begleitet uns in diesen Tagen mit großer Sympathie«. Der umfassenden Kommerzialisierung dürfte der Baron freilich ebenso wenig Sympathie entgegengebracht haben wie dem Entschluss, den Nationalen Olympischen Komitees Marketingseminare angedeihen zu lassen. Die Zeiten, als sich Avery Brundage über die Werbung für Schuhe oder Skier echauffierte, sind seit langem endgültig vorbei.

Die fünf Ringe stehen nunmehr für Macht und Finanzen.

GELDMASCHINE

»Heutzutage spielt Geld gegen Fußball. Geld hat schon gewonnen«, sagt der frühere Spitzenspieler und Trainer Ivica Osim. Es kicken nicht elf Freunde im Profiteam, sondern elf Geschäftsleute. Die Finanzspirale führt stets zu mehr und noch mehr, keineswegs nur im Fußball. Im Juli 2019 gaben die Clubs der nordamerikanischen Basketball-Liga NBA zu Beginn der Transferzeit in wenigen Stunden drei Milliarden Dollar für Vereinswechsel und Vertragsverlängerungen aus.

Der Sport vermag im neoliberal dominierten Umfeld als Geldmaschine zu funktionieren. Für sein Sponsoring wurden Mitte der siebziger Jahre weltweit etwa fünf Millionen Dollar aufgewendet, 2006 waren es vierzig Milliarden: innerhalb von dreißig Jahren eine achttausendfache Erhöhung. Dies war das enorme Potenzial, das Horst Dassler, Samaranch und Havelange gesehen und genutzt hatten.

Die großen Events bewegen weltweit ein breites Publikum, ab den achtziger Jahren zog Olympia jeweils zwei bis drei Milliarden Menschen in seinen Bann. Die Masse, die vorhersehbare Wiederkehr und das bekannte Ritual sind für Unternehmen gewichtige Trümpfe ihrer Werbung. Die Spiele und die Fußball-WM sind global die sichtbarsten positiven Spektakel, solange kein Skandal das Image trübt.

Stellenwert und Funktion des Sports in der Gesellschaft verdeutlichen die Relationen. Während er 1994 vierundsechzig Prozent der Sponsorengelder der deutschen Wirtschaft bekam, entfielen auf die Kultur nur vierzehn Prozent. Seither ist der Unterschied stets gewachsen. Moderner Sport sei »capitalism at play«, schreibt Tony Collins und verweist besonders auf das Konzept der Public-Private-Partnerships, kurz PPP, die meist zum Nachteil der Allgemeinheit ausgehen. PPP stamme aus dem Neoliberalismus von Thatcher und Reagan; es bestimme seit den Sommerspielen 1992, die Juan Antonio Samaranch in seiner Heimatstadt Barcelona feiern konnte, die olympische Organisation. Damals kassierte das IOC für die Fernsehrechte 54 Millionen Dollar, von Coca Cola 60 Millionen für »werbebegleitende Maßnahmen«. 1996 wies der gemeinnützige Verein IOC ein Vermögen von 225 Millionen Dollar aus.

Wie der sportliche vom wirtschaftlichen Aspekt überholt wird, zeigte in diesen Jahren nicht nur die auf die Bedürfnisse des Fernsehens ausgerichtete Programmgestaltung. Als etwa die Medien und auch die Veranstalter 1988 in Calgary den schlechtesten Skispringer Michael Edwards als »Eddy the Eagle« feierten, vermittelten sie ihn als olympisches Subjekt nach neoliberalen Vorstellungen: Sie lenkten das Augenmerk auf die »Beschäftigungsfähigkeit« und Vermarktbarkeit der Person abseits der Wettbewerbe.

Am deutlichsten wirkt die Oberhoheit des Marktes im Fußballbetrieb, ersichtlich etwa am immer häufiger praktizierten Leasing von Kickern, die wie Gebrauchsgegenstände vermietet werden. Man erwirbt junge Talente, verleiht sie – mitunter kreuz und quer durch Europa – und spekuliert mit einer Wertsteigerung. So gab der FC Chelsea 2018 an, vierzig Leihspieler zu besitzen, manche trugen nie das Trikot der »Blues«. Einen Nigerianer hat der Club innerhalb von vier Jahren in die Türkei, nach Holland, in die zweite englische Liga und nach Spanien verschickt.

Barcelona 1992 war eine Hohe Messe olympischer Sportkommerzialisierung. Das rief nicht nur Begeisterung hervor: Bei der »28-Milliarden-Dollar-Show« habe man einen »Wettstreit der Sponsoren« erlebte, kritisierte *Der Spiegel*. Eine »neue Abhängigkeit« sei eindrucksvoll demonstriert worden: »Wann

und wo die Stars aufzutreten hatten, bestimmten die Vertrags-
partner, allen voran die Sportartikelfirmen.«

Im Blitzlicht der Medien verkörperten die Supermänner
der US-Basketball-Liga das Ende des Amateurismus. Die Spieler des »Dream Teams«, an ihrer Spitze der »Most Valuable
Player« Michael Jordan, verdienten in Summe weit über dreißig Millionen Dollar im Jahr. Mit ihrer Goldenen jubelten sie
auf dem Siegerpodest, denn Olympia brachte ihnen einen bislang unerreichbaren Mehrwert. Ihr Coach wendete den Einsatz letztlich wieder ins Ökonomische: »Alle wollen vierzig
Minuten spielen, vierzig Würfe machen und vierzig Millionen
verdienen.« Geschönt in ihrer schweizerischen Tradition des
Liberalismus verstand das die *Neue Zürcher Zeitung,* deren lei-
tender Wirtschaftsredakteur Mitglied der Mont Pèlerin Society war, und lobte den »neuen Idealismus«: Die Großverdie-
ner, auch jene im Tennis, könnten es sich leisten, »aus purem
Spaß« an den Start zu gehen.

In der Folge begannen die Herren der fünf Ringe den Markt
genauer zu beobachten. 1998 ließen sie eine Studie durchführen,
um ihre Marke zu definieren, zu promoten und »den Sponsoren eine bessere Investition« zu bieten. Da das Image Olympias
in der öffentlichen Wahrnehmung – bei der Kundschaft – stark
mit moralischem Anspruch und Integrität verbunden ist, galt
es die symbolischen, ethischen Werte hervorzuheben und den
Kommerz hinter diesen Kulissen zu verdecken. Interessanterweise schraubten die Mächtigen im IOC proportional zur Höhe
der Einnahmen auch intern die Transparenz zurück. Im Stu-
dienzentrum, das in Lausanne beim Olympischen Museum
idyllisch im Park mit Blick auf den See liegt, sind unter besten
Bedingungen die Sitzungsprotokolle einsehbar: Wie zuvor geben sie am Anfang der Präsidentschaft Samaranch die Debatten in der Exekutivkommission recht ausführlich mit den einzelnen Wortmeldungen wieder; das geschieht nach und nach
weniger, bis es nur noch bei Tagesordnungspunkten, Entscheidungen und immer mehr gegenseitigem Schulterklopfen sowie bei Eigenlobreden bleibt.

Welches die tatsächlichen Prioritäten sind, zeigte sich beispielhaft ausgerechnet anhand des Nachwuchses bei den ersten Winter-Jugendspielen 2012 in Innsbruck. Die Olympier betonten wiederholt, wie wichtig die pädagogischen Ziele des Kultur- und Bildungsprogrammes seien, und boten etwa einen Kochkurs für gesunde Ernährung an. Währenddessen traf sich IOC-Präsident Jacques Rogge mit McDonald's im neu eröffneten Lokal, um die »Zusammenarbeit« bis 2020 zu verlängern. Dass die ungesunde Hochkalorienkost mit Hilfe der Marke Olympia beim jungen Zielpublikum werbewirksam anschlägt, brachte dem IOC laut Schätzungen zweihundert Millionen Dollar ein.

Der große Sportbetrieb ist zum großen Markt geworden. Offenbar soll er, wie dies die neoliberalen Theoretiker für den Kapitalismus behaupten, ständig wachsen: neue Wettbewerbe, mehr Teams bei der Fußball-WM, mehr Geld im Umlauf, Privatisierung der Events durch Verkauf an Pay-TV-Sender.

Für die Weltmeisterschaft 1998 erhielt die Fifa 89 Millionen Euro, vier Jahre später schon 875 Millionen; ähnliche Steigerungen verzeichneten die stärksten Ligen in Europa. Die Rechte für die WM 2002 und 2006 hatte der Medienkonzern Kirch von der, mit Adidas und der Fifa verbundenen Marketinggesellschaft ISL erworben. Als Kirch ankündigte, man würde die Matches nur im Bezahlfernsehen senden, folgten heftige Proteste gegen die »Fußball-Diebe«. Mittlerweile scheinen sich Publikum und Öffentlichkeit daran gewöhnt zu haben, dass viele Events wie die meisten Spiele der Champions League nur noch gegen zusätzliche Bezahlung ins Haus kommen.

Wenn der russische Konzern Gazprom, für den Gerhard Schröder nach seiner politischen Karriere tätig wurde, als Sponsor der großen Fußball-Wettbewerbe und von Schalke 04 auf den Bildschirmen erscheint, sind Beziehungen von Politik, Wirtschaft und Sport ersichtlich. Zudem kommt ein anderer Aspekt in den Sinn: Ein langfristiger Konnex zwischen Privatisierungen und Sportbetrieb findet sich im Zusammenbruch des Sowjetreichs angelegt. In der Übergangszeit vermochten entschlossene Männer am richtigen Ort schnell Staatsunternehmen unter ihre Kontrolle zu bringen. So erstand in den Ländern des ehemaligen Ostblocks eine schmale Schicht von milliardenschweren Oligarchen. Nach der Konsolidierung ihrer Position suchten sie Möglichkeiten für Investitionen und die Zurschaustellung ihres ökonomischen sowie sozialen Ranges. Im Sport fanden sie günstige Bedingungen.

Von 2012 bis 2016 erhielt das IOC mehr als eine Milliarde Dollar von seinen TOP-Sponsoren; dazu kamen vier Milliarden für TV-Verträge: Tendenz steigend. Der Fifa sind hingegen wegen des Image-Einbruchs durch die Korruptionsskandale ein paar Firmen abhandengekommen, dafür sprangen chinesische Unternehmen ein. Bei der Weltmeisterschaft 2018 waren immerhin altbekannte Wirtschaftspartner in der »Premium Kategorie« dabei: Adidas, Coca Cola, Gazprom, Hyundai, Qatar Airways, Visa. »Die WM bringt unsere größte Sichtbarkeit für die Marke – das ist immer noch so«, sagte der Adidas-Chef.

Immerhin genießen die Konzerne in der Extraterritorialität des Stadions und seines Umkreises ein Monopol. Ein Marktwettbewerb findet in der Ökonomie der Arena nicht statt. Damit nicht genug: Nun fordern die Sportveranstalter sogar eine Ausweitung ihrer Exklusivrechte, sodass private Fotos und Filme unter diese Copyright-Bestimmungen fallen würden.

Die Verbände organisieren ständig mehr und umfangreichere Wettbewerbe, um ihre Einnahmen aus Sponsoring, Werbung und Fernsehrechten zu steigern. Die Gier lässt nicht nach, und die Apostel der Ökonomie huldigen ohnehin dem Credo des Wachstums.

»Die Zitrone Fußball wird ausgepresst«, titelte die Wiener Tageszeitung *Der Standard* über die Einführung der europäischen Nations League, die der Liverpool-Coach Jürgen Klopp als »unnötigsten Wettbewerb« bezeichnete. Der DFB-Teammanager Oliver Bierhoff vermutet zu Recht einen ökonomischen Rundumschlag: Die Uefa »muss noch mal Geld erwirtschaften und macht deshalb den Wettbewerb«. Die Übertragungsrechte sollen zwei Milliarden Euro bringen. Andere

Sportarten fühlen sich von dem Procedere durchaus angeregt und betreiben ebenfalls eine Inflation ihrer Spiele. Auch die World League der Volleyballer wurde in eine umfangreichere Nations League umgewandelt, die World League der Hockeyspieler in eine Pro League, dazu kommen nun Qualifikationsmatches für Olympia.

Die Herren des runden Leders haben es geschafft, dass nunmehr zwischen Welt- und Europameisterschaft kein Jahr ohne großen Wettbewerb der Nationalteams bleibt. Den Spielern, die ohnehin an ihre Grenzen gehen, wird kein Verschnaufen gegönnt. Und wenn das Schönreden von einer »Länderspielpause« spricht, ist damit für die Kicker beileibe kein erholsames Innehalten gemeint. Dem Publikum aber lässt sich die Dauerdosis offenbar nur verabreichen, wenn die Veranstaltungen ein stetes Wachstum der Inszenierungen, jeweils neue Superlative der Choreographien und immer mehr Spektakel bieten, zudem omnipräsent scheinen. In unseren Breiten ist einer Fußballweltmeisterschaft kaum zu entkommen, solange die eigene Mannschaft im Turnier ist. Kein Laden ohne Fußballecke mit Fahnen und Fanprodukten, Panini-Alben und Schals in Nationalfarben; keine Zeitung ohne Sonderbeilage, keine Rundfunkanstalt ohne Sondersendung, kaum eine Gaststätte ohne Riesenleinwand, kaum ein Platz ohne Public Viewing.

Umfassend abgelenkte Aufmerksamkeit vermag unpopuläre politische Maßnahmen zu verdecken. Als das »Sommermärchen« der Heim-WM 2006 die meisten Deutschen in den Bann zog, verabschiedete der Bundestag sensible Gesetze. Im Juni 2018 steigerte er die Parteienfinanzierung; in den Tagen der Fußball-Weltmeisterschaft im eigenen Land hob die russische Regierung das Pensionsalter und die Mehrwertsteuer an.

Der Weg zur umfassenden Kommerzialisierung passt genau ins neoliberale Programm. In den reichen Gesellschaften des globalen Nordens ist Konsum der wesentliche Anreiz zum Glück.

Ab den neunziger Jahren befassten sich Soziologen verstärkt mit dem Sport – eben als die großen Verbände sichtbar zu Konzernen wurden und zugleich Korruptionsskandale (etwa die von Salt Lake City mit Schmiergeld gekauften Winterspiele 2002) an die Öffentlichkeit gelangten. In der Folge von Pierre Bourdieus Analysen ließ sich erkennen, dass die »Autonomisierung« des Sports mit der symbolischen Gewalt der Verbände, insbesondere der internationalen wie IOC oder Fifa, betrieben wird. »Autonomisierung« aber meint das Phänomen der Rezeption, dass sowohl die Organisatoren und Vermittler als auch die Sponsoren und das Publikum ein unabhängiges Feld abseits des Alltags sehen wollen.

Eine fälschliche Annahme, wie wir gezeigt haben. Tatsächlich funktioniert der Sportbetrieb in Verbindung mit Strategien zur Erlangung von Macht, von symbolischem und finanziellem Kapital, besonders intensiv im Zusammenhang mit Neoliberalismus und Populismus.

Wir unterliegen einer wirtschaftlichen Durchdringung aller Bereiche, bis zur Freizeitgestaltung und zu den Freundschaften. Der Sport trägt in vielerlei Hinsicht – als Ventil, als Kulissenschwindel, als Nationalismusantrieb, als Kommerzfaktor – wesentlich zum System bei, das seit Mitte der 1970er Jahre durch eine Folge politischer Entscheidungen im Sinne der Mont Pèlerin Society entstand. Sie wirkten umfassend, da sie medial als »alternativlos« ausgerufen wurden. So vermochte man, wie Thomas Gebauer und Ilija Trojanow zusammenfassen, der »Entfesselung des Kapitalismus die Aura ökonomischer Zwangsläufigkeit zu geben«. Dazu brauchte es nicht die Freizügigkeit von und für Menschen, sondern die Liberalisierung des Waren- und Kapitalverkehrs.

Zwar erleben wir oft einen Elan der Solidarisierung. Aber die Stiftungen der Superreichen wie Bill Gates erinnern an die Wohltätigkeiten der Fürsten, während das System der Herrschaften unangetastet bleibt. Mit dem gemeinnützigen Mantel kleiden sich auch die großen Sportverbände. So geben IOC und Fifa wohl an, den überwiegenden Anteil ihres Geldes ohnehin dem Sport und seinen Adepten zukommen zu lassen. Aber wenn sie zehn Prozent einbehalten, sind dies immerhin mehrere hundert Millionen Euro. Was damit geschieht und was die Nationalverbände oder die Nationalen Olympischen Komitees mit den ihnen zugeteilten Finanzen anstellen können, ließ sich in den letzten Jahren anhand der zahlreichen Korruptionsskandale ersehen.

In jüngster Zeit setzen sich in reichen Demokratien immer öfter extreme Populisten durch, die »aufzuräumen« behaupten und Oligarchen in die Kassen spielen – die Börsen reagieren jeweils mit einer Hausse. Zudem wird deutlich, dass die meisten Konzerne ihre Verantwortung für Gesellschaft und Umwelt nur als Reklamelippenbekenntnis äußern, während sie einzig auf Profit sowie Steuervermeidung um jeden Preis aus sind. Es entsteht der fatale Eindruck, als sei der Kapitalismus neoliberaler Prägung in die Hauptphase grenzenloser Gier eingetreten.

Ein Signal dafür erscheint angesichts der Zusammenhänge zwischen Sportbetrieb, Politik und Wirtschaft die Vielzahl der aktuell kommunizierten Vorhaben, noch mehr große Events in den ohnehin schon überfüllten Spielplan zu pressen, bis alle medialen Räume besetzt, alle ökonomisch ausgereizt sind.

Die Uefa, die gerade erst die Nationenliga eingeführt hat, kündigt einen dritten europäischen Clubwettbewerb an. Zur Durchsetzung seiner Privatisierungspläne mit der Fifa will Gianni Infantino unbedingt eine Vereinsweltmeisterschaft und eine globale Nations League. Laut Football Leaks verhandelten elf europäische Topclubs, die wie ein Kartell und zugleich geheimbündlerisch vorgehen, über eine Super League, die die Reichen endgültig immer reicher machen soll. Ohne Blatt vor dem Mund werden für diese Projekte kaum sportliche Gründe, sondern hohe Milliardeneinnahmen verkündet. Welche Auswirkungen allerdings die übervollen Spielpläne jetzt schon haben, zeigt ein Beispiel: Mitte Dezember 2019 trat Liverpool mit der zweiten Elf, ohne Trainer Jürgen Klopp am Spielfeld, im englischen Ligapokal gegen Aston Villa an, denn das Starteam und Klopp weilten schon in Katar, wo sie am folgenden Tag das Halbfinale der Klub-WM austrugen.

Und das IOC, das sich seit Jahrzehnten mit dem Vorwurf der Gigantomanie konfrontiert sieht, hat wohl offiziell Einschränkungen und eine Höchstanzahl an Wettbewerben bekanntgegeben, hält sich jedoch nicht an die eigenen Vorgaben der »Agenda 2020«. Vor allem der jüngeren Kundschaft bieten die Olympier und ihre Partnerkonzerne künftig eine zeitgeistige Arena mit Streetball, BMX-Freestyle, Mixed-Team im Shorttrack und Freestyle-Skiing. Für die Sommerspiele 2020 in Tokio haben sie insgesamt 339 Wettkämpfe geplant (33 mehr als vier Jahre zuvor), darunter drei neue »Events« im Schwimmen; für die Winterspiele 2022 in Peking stehen sieben neue im Programm.

Der Neoliberalismus siegt. In den europäischen Fußballligen und den Uefa-Wettbewerben erhalten jene Clubs deutlich mehr Anteile vom großen Geld, die mit ihren enormen Budgets fortwährend dominieren. Wer siegt, wird reicher; wer reich ist, siegt leichter. Auch im Tennis geht die Spanne weiter auf. »Der Unterschied zwischen dem Sieger und jemandem, der in der ersten Runde verliert, ist zu groß geworden«, bedauert Roger Federer Ende August 2019, da der Gewinner des US-Open 3,85 Millionen Dollar erhielt, die Spieler im Viertelfinale nur ein Achtel davon. Für Junge werde es schwierig, sich ein Leben als Profi leisten zu können.

Die großen Sportverbände setzen diesen Zuständen der angeblich unsichtbaren Hand des Marktes mit ihren Monopolen eins drauf: Wie die Weltkonzerne, die ihr Recht auf Rendite gegen Länder und Menschenrechte durchboxen, stellen sie sich über die Staaten und sichern sich vertraglich ihre Spielstätten samt Umfeld als exterritoriale Zone eigenen Rechts. Sie betreiben den Zirkus des Kapitalismus in seiner Parallelwelt mit eigenen Regeln und einer Simulation von Ethik. Im Menschenrechtsbeirat der Fifa – der die Umsetzung der UNO-Leitlinien für Wirtschaft und Menschenrechte im Weltverband, besonders bei seinen Veranstaltungen beratend beobachten soll – sitzen jeweils ein Vertreter von Adidas und Coca Cola.

Olympia, ein »Kulturerbe der Menschheit«, gehört nicht

der Menschheit, sondern einem Schweizer Verein. Besser lässt sich der gängige Neoliberalismus mit seiner Privatisierungsmanie bei gleichzeitiger Sozialisierung der Kosten kaum illustrieren.

3 GEOPOLITIK DER ARENA: DER SPORT DER MACHT, DIE MACHT DES SPORTS UND DER PROFIT DER NON-PROFIT-ORGANISATIONEN

DREHSCHEIBE SCHWEIZ

In der Altstadt von Bern, auf dem Plateau über der Schlaufe der Aare, befindet sich das Bundeshaus der Schweiz. Das monumentale, von einer Kuppel gekrönte Gebäude im neoromantischen Stil zeugt vom Gewicht der demokratischen Eidgenossenschaft. In der ersten Etage liegt ein Saal mit hohen Arkaden auf drei Seiten, über denen wichtige Jahreszahlen der Verfassungsgeschichte stehen, gegen Norden gehen drei mit Stickereien verzierte Bogenfenster auf den Bundesplatz. Unter einem gewaltigen Kronleuchter tagt der Ständerat, die kleine Kammer mit den Vertretern der Kantone, früher » Stände « genannt.

Am Wort ist Alex Kuprecht aus Schwyz, der sich in den Medien selbst als » Sprachrohr der Versicherungswirtschaft « bezeichnet. Er ist Abgeordneter der konservativen, wirtschaftsliberalen Volkspartei, sie tritt für eine Eindämmung der Zuwanderung ein und ist unter dem Einfluss von Christoph Blocher, einem der reichsten Männer des Landes, populistisch weit nach rechts gerückt.

Man schreibt den 10. März 2009. Der Sport findet sich wieder einmal auf dem politischen Parkett verhandelt. Ein konkreter Beleg, dass nicht stimmt, was viele seiner Betreiber zum eigenen Vorteil behaupten: Sie weisen dem Sport eine Autonomie zu, die gesellschaftlich gar nicht möglich ist. Die Debatte ist, wie alle in den eidgenössischen Kammern, auf der Webseite des Parlaments nachlesbar dokumentiert.

Er sei im Organisationskomitee des Kantonalturnfests tätig gewesen, berichtet Kuprecht, die zahlreichen Teilnehmer hätten bei bester Stimmung ihre Körper ertüchtigt. Wie stark sich die Bevölkerung mit der Veranstaltung identifiziere, vermögen insgesamt siebzehntausend freiwillige Helferstunden zu bezeugen. Der Reingewinn betrage 300 000 Franken, davon müssten jedoch der Verband und die drei zuständigen Vereine viel an die Finanzbehörde abliefern, allein 35 000 Franken Mehrwertsteuer.

Vom Regionalen zielt der Abgeordnete ins Globale: Im Vergleich zu den internationalen Sportorganisationen müsse man sich »etwas verschaukelt vorkommen«, werde man doch für Erträge zur Amtskasse gebeten, die »grundsätzlich wieder dem Vereinszweck und der Nachwuchsbetreuung zugutekommen«. Hingegen seien Organisationen von internationaler Bedeutung mit Sitz in der Schweiz, »die Hunderte von Millionen oder gar über eine Milliarde Franken Reingewinn erzielen und heute als sogenannte kommerzielle Unternehmen betrachtet werden müssen«, von solchen Abgaben befreit. Das Bundesgesetz über die direkte Bundessteuer sehe in der Tat in Artikel 56 Buchstabe g eine derartige Ausnahme von der Steuerpflicht vor, jedoch nur wenn der Gewinn ausschließlich und unwiderruflich einem gemeinnützigen Zweck gewidmet sei. Dies, versichert Alex Kuprecht, sei doch für die Uefa, die Fifa und das IOC nicht der Fall.

Angesichts der zugänglichen Bilanzen hat er Recht, künftige Entwicklungen bestätigen seine Einschätzung. Sechs Jahre später verkündet der Weltfußballverband Reserven von anderthalb Milliarden Dollar. 2017 weist die europäische Association siebenhundert Millionen Euro »Rücklagen« aus; im selben Jahr sieht die Fifa für 2022 »Reserven« von 1,9 Milliarden vor. In ihrem Finanzbericht ist »Steuern und Abgaben« die kürzeste Rubrik, hier gibt er die Summen in Tausenden Dollar an, während er in allen anderen Bereichen in Millionen rechnet. Für Steuern wenden die Herren des runden Leders nicht einmal 0,1 Prozent der Reserven auf. Und die Olympier betonen zwar stets, neunzig Prozent ihrer Profite weiterzureichen, erklären jedoch nicht, warum eine gemeinnützige Institution fast siebenhundert Millionen Euro Rücklagen besitzen soll, wie dies die Herren der Ringe Ende 2013 veröffentlichten. Inwiefern es der Allgemeinheit nützlich sei, diese enormen Summen auf der eigenen hohen Kante eben der Allgemeinheit zu entziehen, vermag niemand plausibel zu begründen. Allerdings ist dies den Medien ohnehin kaum je eine Nachfrage wert.

Zwar legen die Sportfürsten Bilanzen vor, einen genauen Blick in ihre Bücher gewähren sie aber nur in den seltenen Fällen, in denen sie dazu gezwungen sind. Im Umfeld der neuerlichen Wahl Gianni Infantinos zum Fifa-Boss im Juni 2019 erwies sich, dass sogar die hauseigenen Prüfer keine Einsicht in die Millionenausgaben der vom Weltverband betriebenen – und medial als Nachweis der Gemeinnützigkeit hinausposaunten – Entwicklungshilfeprogramme erlangen. Offenbar zur Ruhigstellung erhalten die Prüfer exorbitant hohe Entlohnungen. Dennoch kündigte eine Audit-Expertin, weil sie ihre Kontrollaufgabe nicht erfüllen durfte, und auch der Compliance-Chef Ed Hanover nahm nach nur drei Jahren bei der Fifa seinen Abschied, »with mixed feelings«, wie er sagte.

»Verfolgen diese Organisationen tatsächlich primär die Gemeinnützigkeit?«, stellt der Abgeordnete Alex Kuprecht am 10. März 2009 dem Ständerat die rhetorische Frage, auf die seine Rede hinausläuft. Können diese »Geldmaschinen«, die »derartige Reingewinne machen, derart feudal residieren und ihre Exekutivmitglieder nur in den prunkvollsten Hotels absteigen lassen, noch als gemeinnützig eingestuft werden? Ist es gerecht, dass jede Unternehmung, die in der Schweiz Arbeitsplätze schafft, Lernende ausbildet und somit direkt einen Leistungsbeitrag zugunsten unserer gesamten Volkswirtschaft erbringt, ihren Gewinn teilweise mehrfach besteuern lassen muss, währenddem diese Organisationen davon befreit sind?«

Das IOC habe kürzlich einen Fernsehvertrag mit der Vereinigung der öffentlich-rechtlichen Sender Europas abgelehnt, die offenbar nicht bereit gewesen seien, fast eine Milliarde Dollar für die Übertragung der Spiele 2014 und 2016 zu berappen. »Derartige Forderungen sind dreist und haben alles andere als mit einem gemeinnützigen Zweck zu tun.« Er erinnere daran, sagt Kuprecht, dass die Uefa anlässlich der 2008 in der Schweiz und in Österreich durchgeführten Fußball-EM »sogar vom Bratwurststandbesitzer horrende Platzgebühren« verlangt, die Sicherheitskosten den Kantonen sowie dem Bund überlassen und den Reingewinn des Events eingesteckt habe: »Von etwas muss der zelebrierte Feudalismus ja schließlich auch bezahlt werden.«

Mit seinen Worten bringt der Abgeordnete aus Schwyz die Problematik der juridischen Grundlage der großen Sportverbände auf den Punkt, indem er deren System als das bezeichnet, was es tatsächlich ist.

Die Antwort fällt ebenfalls exemplarisch aus. Sie erfolgt vom Standpunkt des Neoliberalismus, den Rolf Büttiker vertritt, ohne die Volksnähe missen lassen zu wollen, schließlich habe er sich Unterlagen des Eidgenössischen Schwingfestes »näher angeschaut«. Der Solothurner Abgeordnete von der Freisinnig-Demokratischen Partei, deren Programm die Beseitigung von markthemmenden Regulierungen als wesentliche Forderung angibt, führt das ökonomische Credo ins Treffen. Es gehe um wirtschaftliche Vorteile, um Prestige und – natürlich – um Arbeitsplätze, insgesamt um einen »knallharten« Standortwettbewerb. »Wir sollten«, schließt er, »diesen Verbänden in der Schweiz einen guten Standort anbieten können.«

Das Wort vom Wettbewerb nimmt der nächste Sprecher auf, ein Vertreter der Volkspartei. Er sieht geradezu »einen Run auf solche Verbände, denn es ist ein Prestige, solche ›halbgöttlichen‹ Institutionen im eigenen Land beherbergen zu dürfen«. Andere Staaten würden diese Sitze gern willkommen heißen, angesichts der harten internationalen Konkurrenz dürfe die Schweiz »natürlich nicht mit leeren Händen dastehen«.

Deutlicher als in dieser Parlamentsdebatte wird die Sach-
lage selten benannt: Kuprecht spricht vom zelebrierten Feudalismus, sein Kollege von der Volkspartei kommt aufs Sakrale.
Die soziale Gebarung der Sportverbände ist ihnen beiden nicht
verborgen geblieben.

Daraufhin greift Rolf Schweiger von der Freisinnig-Demokratischen Fraktion wieder auf das Eigene zurück, indem er
Kuprechts Vergleich aufnimmt und dabei sogar das Jodeln als
Körperertüchtigung versteht: Der Amateursport, »der eben diese kantonalen Schwing- und Jodlerfeste betrifft«, sei unzwei-
felhaft gemeinnützig, müsse folglich von der Steuerbefreiung
profitieren. Andererseits sei es durchaus verständlich, dass
sich die Bosse von Fifa, Uefa und IOC »im Verhaltenskodex dem
anpassen, was Staatsleute und Medienleute eben auch tun«. So
kommt auch Schweiger auf Systemisches: die Verflechtung von
Sport, Politik und Medien hoch über den Niederungen der Allgemeinheit.

Das letzte Wort hat Bundespräsident Hans-Rudolf Merz
von der FDP, ein früherer Unternehmensberater, der nun in
seinem Amt als Finanzminister eisern das Bankgeheimnis
schützt. Die Sportverbände seien Holdings, sagt er, und solche wie das IOC bringen Geld. Hunderte Millionen Franken
würden durch diese Organisationen und ihr Umfeld generiert.
»Ich muss nicht lange studieren, um Ihnen zu sagen, dass es
Standorte wie die Vereinigten Arabischen Emirate, Singapur,
Hongkong gibt – Sie haben auch Bonn genannt –, die diese Verbände liebend gern bei sich hätten. Aber mit diesen Verbänden
würden Hunderte von Steuerpflichtigen aus der Schweiz ab-
wandern, und sie würden an anderen Orten sogar mit Subventionen empfangen. Diese Gefahr droht.« Die Steuerbefreiung,
lässt sich heraushören, sei letztlich ein gutes Geschäft.

Solche Debatten und solche Argumente waren – ohne dass
sich die Situation wesentlich geändert hätte – in den Berner Parlamentssälen oft und oft zu hören, im Bundeshaus jenes Staates, der die juridischen Grundlagen für den globalen
Sportbetrieb bereitstellt.

Mit der Globalisierung haben seine Betreiber den Machtfaktor des Sports erhöht und ihn zu einer weltweiten dyna-
mischen Wachstumskraft entwickelt. Sie nimmt nicht nur
Einfluss auf nationale sowie internationale politische Entscheidungen, sondern prägt auch den Lebensstil.

Die großen Organisationen wie IOC, Fifa, Uefa sind wichtige
Akteure der Umverteilung geworden, indem sie Geld an nationale Verbände weiterleiten. Allerdings unterliegt die Verwendung meist keiner eingehenden Kontrolle, intern dient ein Teil
dieser Finanzen nicht selten zur Stimmensicherung bei Wahlen für Führungspositionen. Die Macht der Sportfürsten beruht insbesondere auf ihren Verteilungsmöglichkeiten, geför-
dert durch das System »One country, one vote«. Unter dieser
Voraussetzung erscheint es allemal klug, im Gießkannenprin-
zip viele kleine Nationalverbände zu bedienen. Derart sicherte
Gianni Infantino seine Wiederwahl: gegen die großen europäischen Verbände, jedoch mit den Stimmen vieler Kleiner, denen
er mehr Möglichkeiten und mehr Geld in Aussicht stellte.

Die Strategie entspricht dem Neoliberalismus, indem sie die
Notwendigkeit ständigen Wachstums suggeriert: immer höhere Beträge, immer mehr Teilnehmer bei den Veranstaltungen,
immer mehr Wettbewerbe, immer stärkerer Eventcharakter, immer mehr Rekorde. Das Leistungs- und Überbietungs-
prinzip ist ein wesentlicher Motor des Publikumsinteresses.
Der im Sport wirksame Antrieb zur Optimierung, deutlich
ausgedrückt im olympischen Steigerungsmotto »citius, al-
tius, fortius« (schneller, höher, stärker) passt zum neoliberalen Glaubenssatz, dass Wachstum, notabene der Wirtschaft,
ein Naturgesetz sei.

Kein Naturgesetz, sondern systembedingt sind Verhaltensweisen und Vorgänge in jenen Institutionen, die die Großveranstaltungen organisieren. Die Feudalstruktur fördert wie im
Wirtschaftssystem unmoralische bis kriminelle Auswüchse
und Schönfärberei.

Seit Jahrzehnten zeugen Schweizer Parlamentsprotokolle
von entsprechenden Debatten, die eine Minderheit oft und oft

anstößt, worauf eine Mehrheit jeweils das bestehende Vereinsrecht für internationale Sportverbände verteidigt.

Wieder einmal mit der Fifa beschäftigte sich der Nationalrat, nachdem die sozialdemokratische Fraktion am 15. Juni 2011 kritisiert hatte, dass sich die »fragwürdigen Geschäftspraktiken« nicht mit dem »Gemeinnützigkeitsprinzip vertragen«. Diesmal ging es um fünfzig Millionen Franken Boni und um die hohen Löhne der Führungskräfte, zudem um eine – vor allem im Kontext der späteren Kriminalermittlungen – dubiose Schenkung der Fußballgranden: »Hält der Bundesrat eine Organisation für gemeinnützig, die der Interpol 20 Millionen Franken zukommen liess?« Kurz zuvor hatte auch Roland Rino Büchel, Abgeordneter der Volkspartei, beim Bundesrat angefragt, ob es denn mit dem Status von Interpol vereinbar sei, sich vierzig Prozent des Jahresbudgets »von einem Sportverband mit einem gerichtlich dokumentiert zweifelhaften Ruf« finanzieren zu lassen. Es handle sich immerhin um die größte private Schenkung, die Interpol je erhalten habe. Die Schweizer Regierung fand deren Unabhängigkeit nicht gefährdet.

Vier Jahre später, am 10. Juni 2015, stieß Büchel nach: »Nun hat Interpol sechs Verdächtige im Fifa-Korruptionsskandal zur Fahndung ausgeschrieben, darunter zwei ehemalige Vizepräsidenten. Ist die Unabhängigkeit von Interpol heute noch vollumfänglich gewährleistet?« Vom Bundesrat erhielt er die gleiche Antwort. Immerhin habe Interpol »die Zusammenarbeitsvereinbarung mit der Fifa suspendiert und die Verwendung der finanziellen Beiträge der Fifa gesperrt«.

Bei einer Debatte am 19. Juni 2014 hatte Büchel als Insider gesprochen, als früherer Mitarbeiter einer Marketingagentur, die milliardenschwere Rechte an Veranstaltungen von Fifa, Uefa und IOC gehalten hatte. Er erinnerte daran, wie viel die Schweiz bei der Fußball-Europameisterschaft für die Sicherheit aufwenden musste, während die Uefa »satte Gewinne machen konnte«. Das Parlament aber, das »der Gattung Sportfunktionäre« kein großes Vertrauen entgegenbringe, habe ohnehin massiv auf die Machenschaften der Sportinstitutionen reagiert, immerhin werte man Privatkorruption neuerdings als Delikt.

Daraufhin ein sozialdemokratischer Abgeordneter: »Die Fifa wird für die WM in Brasilien ungefähr 580 Millionen US-Dollar an ihre Mitgliedverbände ausschütten. Am Schluss landet das Geld auch bei den Vereinen. Sind für Sie der FC Chelsea, Real Madrid oder der FC Bayern München Charity-Organisationen?« Ob denn »Herr Abramowitsch«, der russische Oligarch und Besitzer des FC Chelsea, »in der Nähe der Sozialhilfebedürftigkeit anzusiedeln« sei und »von einer gemeinnützigen Organisation namens Fifa unterstützt werden« müsse. Die Antwort vereinte Satire und Zynismus: »Herr Abramowitsch ist jetzt, glaube ich, in London ansässig. Ich kenne die dortigen Sozialhilferegelungen nicht.«

Würde die Fifa als das eingeordnet, was sie tatsächlich sei, nämlich als ein »Multimilliardenkonzern der Unterhaltungsindustrie«, sagte schließlich ein Abgeordneter der sozialdemokratischen Fraktion, müsste sie das Sechzigfache an Steuern abliefern: »Es ist ausserhalb dieses Saales – und wenn wir ehrlich sind, müssen wir sagen: auch innerhalb dieses Saales – wirklich niemandem verständlich, warum die Fifa den gleichen rechtlichen Status besitzt wie ein Jodlerclub aus dem Berner Oberland.«

Wie immer in dieser Causa sah der Bundesrat, die eidgenössische Regierung, das Positive. Die Fußball-Weltmeisterschaften würden »in den jeweiligen Ländern positive Botschaften und Werte wie Fairplay, Kampf gegen Rassismus und Diskriminierung vermitteln sowie die soziale und kulturelle Integration fördern.« Den Tatsachen entspricht dies nicht. In Brasilien etwa lebt es sich nach der WM nicht integrativer und keineswegs weniger gewaltbedroht. Ganz im Gegenteil.

Entgegen der Vorstellungen von der Autonomie des Sports verwies eine Anfrage der sozialdemokratischen Fraktion an die Regierung am 16. Juni 2016 auf die gesellschaftliche Verantwortung: Die Politik dürfe sich »nicht länger aus der Regulierung der grossen Sportverbände raushalten«. Diese sei-

en weltpolitische Akteure geworden, daraus rechtfertige sich
»ein erhöhter Legitimationsbedarf gegenüber Öffentlichkeit
und Politik«. Den Antrag, neue Rechtsformen zu suchen, lehnte der Nationalrat am 15. März 2017 ab.

Regula Rytz von den Grünen befragte den eidgenössischen
Bundesrat am 13. März 2018 zu der kurz davor verabschiedeten
Resolution des Europarats, die eine externe Oberaufsicht über
internationale Verbände fordert, da eine Studie der liberalen
luxemburgischen Abgeordneten Anne Brasseur die »viel zu
engen Verflechtungen zwischen Sport, Politik und Geld« in aller Deutlichkeit gezeigt hatte. Es seien moderne Governance-
Richtlinien sowie die Respektierung von Menschen- und Ver-
fahrensrechten zu fordern. Ob die Regierung die Einrichtung
einer politischen Aufsichtsbehörde begrüße, schließlich stehe
die Schweiz als Standortland in der Verantwortung?

Der Bundesrat antwortete, er teile die Sorgen, die Eidgenossenschaft engagiere sich ja im Rahmen der Ipacs, der International Partnership against Corruption in Sport. Den Bericht
von Frau Brasseur teile er aber »nicht in allen Belangen«, die
Einführung einer staatlichen Aufsicht über Sportverbände er-
achte er als problematisch. Die Anstrengungen zur Stärkung
der Integrität des Sports, welche die Schweiz in den vergangenen Jahren unternommen habe, würden auf internationaler Ebene Anerkennung finden: »Dazu gehören insbesondere
die Einführung eines Straftatbestandes bei Privatbestechung,
die Unterstellung von Führungspersonen von globalen Sportverbänden unter den Status von politisch exponierten Personen nach Geldwäschereigesetz sowie die Massnahmen gegen
Wettkampfmanipulation«.

Die eidgenössischen Parlaments- und Regierungsbeschlüs-
se lassen erkennen, warum sich so viele Sportverbände wie
auch andere internationale Organisationen ausgerechnet in
der Schweiz angesiedelt haben. Es liegt nicht nur an Neutra-
lität und Bankenwesen, sondern auch an juridischen Bedingungen, die wiederum auf dem Boden der Kultur- und Sozial-
geschichte des eidgenössischen Gemeinwesens entstanden.

Die Schweiz gilt Historikern wie Jakob Tanner als »das große Experimentierfeld des Liberalismus«, wo in republikanischer Regierungsform »Politik als Konkordanzritual« betrieben werde. Seit der Aufklärung verstehe man hier die staatsbürgerliche Freiheit als Basis der Handelsfreiheit, sei der Gemeinsinn an günstige wirtschaftliche Bedingungen geknüpft. Folglich ergebe sich – anders als etwa in Deutschland – individuelle Freiheit nicht aus einer scharfen Unterscheidung zwischen Staat und Gesellschaft.

In dieser Hinsicht nahm die moderne Schweiz nach ihrem Entstehen im Jahre 1848 einen eigenen Weg. Hier schien es nicht nötig, den Liberalismus zur bürgerlichen Emanzipation vom Feudalismus einzusetzen; vielmehr meinte man, die Demokratie brauche eine »gewisse Form der Aristokratie«. Ein dermaßen geförderter Elitismus kommt durchaus dem hierarchischen System der Sportverbände entgegen.

Die Handelsfreiheit nach helvetischem Verständnis trug wesentlich dazu bei, dass das Land zur »Supermacht der Finanzwelt« aufstieg. Jakob Tanner betont, dass die Wertschöpfung aus den Finanzdienstleistungen von 1945 bis Mitte der sechziger Jahre auf ein Zehntel des Sozialprodukts anstieg. Der Erfolg der Banken blieb jedoch beileibe nicht ohne Schattenseiten: »Die Liste der *politically exposed persons,* die in der Schweiz ein Bankkonto unterhielten, las sich wie ein globales *Who's who* der Diktatoren«.

Kein ungünstiger Rahmen für Sportfürsten, denen die behauptete Gemeinnützigkeit Vorteile verschafft, die mit ihrer Rentabilität für die Eidgenossenschaft gerechtfertigt, kaum jedoch einer Kontrolle unterzogen werden. So können Verbände wie die Uefa einen Status behaupten, obwohl sie ihr vorgeblich gemeinnütziges Geld auch an Wirtschaftsunternehmen weiterleiten: für ihre Champions-League-Teilnahme bis zum Achtelfinale erhielten 2018/19 etwa die Aktiengesellschaft Bayern München und die auf den Cayman Islands registrierte Holding Manchester United je rund 35 Millionen, Sieger FC Liverpool, im Besitz eines US-Unternehmens, 80 Millionen.

Zudem hat sich die Schweizer Justiz nur recht langsam, wenn nicht widerwillig in Bewegung gesetzt. Die Festnahmen der hochrangigen Fifa-Männer brauchten 2015 einen internationalen Anstoß; 2019 wurden enge Verbindungen zwischen eidgenössischen Rechtsvertretern und Weltfußballverband publik. Gianni Infantino hatte dem Oberstaatsanwalt des Wallis bis zu zwanzigtausend Euro teure Geschenke zukommen lassen. Die Verbandsmittel erklärte er als Privatangelegenheit; eine derartige Umwidmung und solche Präsente widersprechen den Statuten. Sogar Michael Lauber, der Chef der Bundesanwaltschaft, verabredete sich mehrmals mit dem Fifa-Boss, ohne die nötige Distanz zu wahren und ohne die vorgeschriebene Protokollierung vorzunehmen. Dies sei im Sinne der komplexen Fifa-Verfahren geschehen, rechtfertigte sich der Jurist später, und zwar »gemäß dem Beschleunigungsgebot«.

Zu einem Treffen im April 2016 ließ sich Infantino im Privatjet des Emirs von Katar nach Zürich bringen, geschätzter Gegenwert 120 000 Dollar. Aus Russland hatte er sich in den Golfstaat begeben, den Flug nach Moskau hatte der dortige Sportminister berappt, die Weiterreise der Gazprom-Konzern. Zunächst wollte sich weder Fifa-Präsident noch Bundesstaatsanwalt an die Zusammenkünfte, eine davon in einem Berner Hotel im Besitz von Katar, in einer Zeit erinnern, in der gegen die Fifa zahlreiche Ermittlungen liefen – bis öffentliche Kritik laut wurde und das Aufsichtsorgan der Berner Rechtsbehörde diese Treffen mit einem Verfahrensbeteiligten scharf verurteilte. In dieses Sittenbild passen Michael Laubers Kontakte. Wie die *Süddeutsche Zeitung* berichtete, verfügt er über beste Beziehungen zum russischen Kollegen und traf 2018 Katars Generalstaatsanwalt zwecks »Optimierung der Zusammenarbeit beider Strafverfolgungsbehörden«. Am 24. September 2019 kommentierte das Münchner Blatt trocken: »Der Optimierung der Ermittlungen rund um Katars mögliche Stimmenkäufe war das bisher nicht zuträglich.«

Mittlerweile sind nur zwei von den zweiundzwanzig Mitgliedern des Fifa-Vorstands, der für die WM-Vergabe an Katar gewählt hatte, nicht mit der Justiz in Berührung gekommen. Was ein Kronzeuge vor Gericht in New York glaubhaft eindeutig ausgesagt hat und nun schon die Spatzen von den helvetischen Dächern pfeifen, dass nämlich Katar das Weltturnier gekauft habe, gilt der eidgenössischen Behörde nicht als Anlass zu beschleunigten Ermittlungen. Von einem internen Verfahren der Fifa ganz zu schweigen.

Hans-Joachim Eckert, der frühere Vorsitzende der Fifa-Ethikkommission, sagte im Mai 2019 der *Süddeutschen,* das Verhalten Infantinos und seiner Partner sei typisch bei Korruption: »Man greift auf vertraute Freundschaften zurück, füttert wichtige Personen an, Einladungen zu Essen, kostenlose Tickets für Flüge, Spiele, Hotels.« Das führe in die Erpressbarkeit: »Da reicht schon, wenn man damit droht, dass man die geheimen Treffen in die Öffentlichkeit bringt.«

In den gegen Infantino anhängigen Fällen bewegt sich die Schweizer Bundesanwaltschaft so auffallend langsam, dass sie dem laut Artikel 5 der eidgenössischen Strafprozessordnung vorgeschriebenen Beschleunigungsgebot offensichtlich nicht nachzukommen gewillt ist.

Die Frage der Profite von Sportverbänden als Non-Profit-Organisationen stellt sich nicht nur in der Schweiz, sondern – in weniger drastischer Form – auch in anderen Ländern für nationale Verbände.

So kommt der Deutsche Fußball-Bund in den Genuss eines jährlichen Steuernachlasses von etwa zwanzig Millionen Euro. Einen Gutteil des Geldes gibt er für die Kapitalgesellschaften der Proficlubs, für die Nationalmannschaft und deren Betreuerstab aus. Charity-Organisationen sind das nicht.

Außerdem verweisen einige Juristen auf ein Problem, das die freiheitliche Schweiz in ihrem Parlament noch nie debattiert hat: die Freiheit der Athletinnen und Athleten.

In seinem Buch *Staat und Sportverband* analysiert Andreas Thomasser 2015 die rechtliche Stellung des Vereinsmitglieds »als Staatsbürger oder Verbandsuntertan«, wie der Untertitel lautet. Zwar beziehen sich viele Aspekte auf die österreichische Rechtslage, aber auch internationale und andere nationale, besonders schweizerische Regelungen sind bedacht. Die EU-Kommission verweise 2007 in ihrem *Weißbuch Sport* nur zweimal auf den Schutz moralischer und materieller Interessen von Athletinnen und Athleten, dafür gute vierzig Mal auf die Sonderstellung des Sports und der Verbände. Obwohl die EU ausdrücklich deren Autonomie berücksichtige und deren (auch wirtschaftlichen) Interessen weit entgegenkomme, gelte »keine allgemeine Ausnahme von der Anwendung des EU-Rechts«.

Ein zentraler Satz des Juristen lautet: »Die Anmaßung von Vereinen, staatsgleich als Rechtssetzer aufzutreten, findet keine Deckung in der [österreichischen] Rechtsordnung«, der Staat dürfe seine Regelungsmacht nicht zugunsten nichtstaatlicher Akteure verlieren – dies betrifft auch die Gastgeberverträge von IOC, Fifa und Uefa. Die Monopolstellung von Verbänden sei geradezu das Kennzeichen für deren überragende Machtstellung; damit seien »Möglichkeiten der Druckausübung auf Sportler, Wettkampfveranstalter, Funktionäre, Zulieferer, Sponsoren und überdies Medien verbunden.« Kleine Gruppen von »Schlüsselfunktionären« würden als »Normsetzer für Tausende Sportler« agieren; die Schiedskommissionen seien juridisch in Zweifel zu ziehen, da sie die Gefahr des »Richters in eigener Sache« bergen.

In dieselbe Kerbe schlagen Simon Osterwalder und Martin Kaiser für die Schweiz in ihrem Aufsatz *Vom Rechtsstaat zum Richtersport?* und meinen, es bestünde mit dem internationalen Sportgerichtshof CAS eine Art »Privatsportjustiz«. Den Athleten werde »nachdrücklich eingeredet, sie müssten die Verbandsnormen (also das ›Sportrecht‹) auf Punkt und Beistrich befolgen«. Dahinter stehe, »dass das Sportrecht eines Repressionsapparates bedarf«. Die Unterwerfung gehe in der Regel »so weit, dass für die alternative Anrufung staatlicher Gerichte durch Sportler als Satzungsverstoß eine disziplinarische Bestrafung vorgesehen« sei.

Grundsätzlich, betont Thomasser, sei »ein Staatsbürger mit dem Eintritt in das Normenregime eines Vereines (im Fall des Vorliegens eines verbandlichen Gewaltverhältnisses) gewisser Schutzstandards des staatlichen Rechtskreises entkleidet«. Davon leitet der Jurist die Forderung ab, der Staat müsse per Gesetzgebung das Verhältnis zwischen Verbänden und Mitgliedern normieren, »zudem zur Eindämmung verbandlicher Gewaltverhältnisse die Gewährung von Fördergeldern grundlegend überdenken«.

Zunehmend knüpfen allerdings Regierungen ihre Unterstützung mit öffentlichen Mitteln an konkrete Leistungsziele, ohne Verbandsstrukturen in Frage stellen zu wollen. So geht es etwa dem zuständigen Ministerium in der deutschen Debatte über das »Spitzenförderungskonzept« eben nicht in erster Linie um eine grundsätzliche Förderung, sondern um die Forderung des Medaillengewinns. Siege steigern die eigene Bedeutung, stellen das Publikum zufrieden, stärken das Gemeinschaftsgefühl und das internationale Image.

MACHTFAKTOR, SPORTSWASHING

Den Wirtschafts- und Machtfaktor Sport finden beileibe nicht nur die Schweizer höchst beachtenswert. Die Geopolitik der Arena hat gehörig an Bedeutung für Machtinteressen gewonnen. Angesichts des globalen Milliardengeschäfts und des publikumswirksamen Prestigehandels suchen Staatenlenker in allen Teilen der Welt die Sportevents für sich zu nutzen. Deren niederschwelligen medialen Fähigkeiten, sowohl Massen zu mobilisieren und patriotische Aufschwünge zu bewirken, als auch konsumanregende Bilder zu verbreiten und Imagepflege zu stützen, spielen Politikern und Wirtschaftsbossen in die Hände. Leicht vermögen sie sie in diesem Bereich reinzuwaschen, denn die üblichen Phrasen verweisen auf humanitäre Ziele: Körperertüchtigung, Gesundheit, Unterhaltung,

Zusammenhalt, Heldentum, Völkerverständigung, Friede. Die Mischung aus diesen Elementen bietet insbesondere für autoritäre Machthaber einen starken Anreiz. Mit dem Event wollen sie ihr Image aufpeppen. »Sportswashing« nennt man dies neuerdings.

Die reichen arabischen Adelsdiktaturen in der Golfregion bedienen sich seiner, Putins Russland ist ebenso aktiv wie Trumps USA, und Brasilien bekommt nun die Folgen der Finanz- und Sozialdesaster von Fußball-WM sowie Olympia zu spüren.

Immer stärker drängt China auf dieses Feld. Das dortige Fernsehen bezahlt der englischen Premier League mehr als zweihundert Millionen Euro pro Saison; wenn jedoch aus einem Club unliebsame politische Äußerungen kommen, setzt es eine Übertragung einfach ab. 2021 veranstaltet die Fifa die Klub-WM in China, ein auf 24 Teams aufgestocktes Turnier. In der Ausschreibung für die Rechte fordert der Weltfußballverband dazu auf, neue Klubformate zu entwickeln. Kurz: Nicht die Sportfunktionäre, sondern »Investoren aus dem globalen Kapitalmarkt sollen den Fußball von Morgen entwerfen«, kritisiert die *Süddeutsche Zeitung* am 24. Dezember 2019 die Pläne von Gianni Infantino. Ein weiterer Beleg, dass Geld das runde Leder regiert.

Und vier Jahre, bevor sich die Megacity Peking als olympisches Winterspieldorf gibt, erklärte Staatschef Xi Jinping, im Land zähle man momentan fünf Millionen Skifahrer – 2030 sollen es dreihundert Millionen sein. Dazu passt, dass die Vergabe der Fünf-Ringe-Events zuletzt insbesondere unter der Ägide stand, in Asien Absatzmärkte zu erschließen.

»Neue Horizonte«, so lautete das von einem amerikanischen Marketingexperten kreierte Motto der Winterspiele 2018 im südkoreanischen Pyeongchang. In Bezug auf günstige sportliche Bedingungen für die Wettbewerbe konnte es nicht gemeint sein. Dieses Olympia, sodann Tokio 2020 und Peking 2022 zeigen an, auf welche Weltgegend die kommerziellen Strategien der nächsten Jahre ausgerichtet sind: jene

der Clubs in publikumsträchtigen Ligen und der Top-Sponsoren, der Sportindustrie und des IOC selbst. Sportliche Gründe sprachen nicht für die Vergaben. In Tokio ist es Ende Juli,
Anfang August immer zu heiß und Peking ist nicht gerade ein
Wintersportort.

Bezeichnend erscheint es, wie eine Allianz von Wirtschaft
und Politik für Pyeongchang wirkte und sich dabei von den
ethischen Behauptungen der Olympier so weit entfernte, dass
ein kriminelles Vergehen ohne Konsequenzen blieb. Der gewichtigste Betreiber war Kun Hee Lee, IOC-Mitglied und Chef
von Samsung, der reichste Mann des Landes. Steuerhinterziehung in großem Umfang hatte ihm drei Jahre Gefängnis mit
Bewährung eingebracht; die Olympier hatten ihn ausgeschlossen – um kurz danach den begnadigten Betrüger wieder auf-
zunehmen: Der Staatspräsident hatte im Fernsehen erklärt,
man vermöge sich nicht gegen die Forderungen von Wirtschaft
und Sport zu stellen, denn Kun Hee Lee sei von entscheidender
Bedeutung für die Bewerbung von Pyeongchang.

Kurz vor Beginn der Winterspiele öffnete dann der nord-
koreanische Diktator das Tor der Beziehungen zum Süden und
ließ seine Sportler, Athletinnen und Funktionäre mitmachen.
Sehr zur Freude des IOC, das seine völkerverbindende Mission
gelingen sah.

Bei der Vergabe von Großevents spielen im Hintergrund jedenfalls ökonomische Interessen eine Rolle, immer mischt die
Politik mit. Einige Tage vor der Entscheidung für die Vergabe
der Sommerspiele 2012 war der damalige englische Premier-
minister Tony Blair angereist, um mit einzelnen IOC-Mitgliedern Gespräche zu führen; der französische Staatspräsident
Jacques Chirac hingegen traf im vorletzten Moment ein und
gab einen großen Empfang. Den Zuschlag erhielt London.

Für Olympia bewegen sich die Mächtigsten. Ohne Lobbying
und Allianzen ist auch auf dem Weltterrain des Sports wenig
zu erreichen.

Als Rio de Janeiro die Sommerspiele 2016 zugesprochen erhielt, glich das Kongresszentrum von Kopenhagen einem po-

litischen Treffpunkt. Mit ihrer Anwesenheit legten die Präsidenten der USA und Brasiliens, der japanische Premier und der spanische König ihr symbolisches Kapital in die Waagschale. Trotz der Unterstützung von Barack Obama schied Chicago bereits vor dem letzten Wahlgang aus. Nach dem Jubel der brasilianischen Delegation, die Samba tanzte und Fahnen schwenkte, sprach Präsident Lula: »Heute ist ein heiliger Tag für mich.« Die Fußball-WM 2014 hatte er gar weinend begrüßt, später rief sie wegen des Verhaltens des Weltverbandes im Lande heftigste Proteste hervor. Seine Nachfolgerin Dilma Rousseff wagte es kaum, sich mit dem Fifa-Chef Sepp Blatter, der auch im IOC saß, auf der Ehrentribüne zu zeigen. Die beiden Großevents mit ihren verheerenden finanziellen sowie sozialen Auswirkungen, besonders für den Pleite gegangenen Bundesstaat Rio de Janeiro, trugen zum ökonomischen Abstieg Brasiliens und zur heftigen politischen Spaltung bis zur Wahl Jair Bolsonaros bei.

Für Olympia in Sotschi und die Fußball-WM setzte Wladimir Putin viele Milliarden und sein politisches Gewicht ein, um die unbegrenzten Fähigkeiten einer Weltmacht vorzuführen – das Olympische Feuer ließ er während des Fackellaufs gar in den Weltraum fliegen. Sie seien nun wieder eine Weltmacht, betonten hochrangige Politiker in Moskau und bejubelten »die internationale Anerkennung des neuen Russland«. Die Schlussfeier in Sotschi fand am 23. Februar 2014 statt, IOC-Präsident Thomas Bach sprach von großartigen Spielen und ihrer Friedensmission, nicht aber von den Menschenrechtsverletzungen. Am selben Morgen erklärte Putin, die Krim müsse von der Ukraine zu Russland »zurückgeholt« werden, und setzte seine Truppen in Bewegung. Vier Tage später übernahm eine schwer bewaffnete russische Einheit die Kontrolle über das Regionalparlament der Halbinsel.

Um die Sommerspiele 2024 nach Paris zu bekommen, trat Präsident Emmanuel Macron werbewirksam auf. Bei der Kandidatur für die Fußball-WM 2026 griff Donald Trump offen zum politischen Druckmittel: »Es wäre eine Schande, wenn

Länder, die wir ständig unterstützen, gegen unsere Bewerbung Lobbyarbeit leisten. Warum sollten wir diese Länder unterstützen, wenn sie uns nicht unterstützen (auch bei den Vereinten Nationen)«, twitterte er.

Die Menschenrechtslage in den reichen Erdölstaaten der Golfregion, in Russland und in China hat sich in den letzten Jahren kaum gebessert, nach den Sommerspielen von Peking laut Human Rights Watch hier sogar verschlechtert. Die Olympier hatten das Gegenteil versprochen: Ihr Großevent vor den Augen der Weltöffentlichkeit werde sich günstig im Regime – das Wort »Diktatur« wollten sie nicht in den Mund nehmen – auswirken.

Neuerdings wollte sogar die ansonsten sozial engagierte Frankfurter Eintracht ihr Fußballteam nach Ende der ohnehin anstrengenden Saison auf Werbetour ins Reich der Mitte schicken. Die dortigen Clubs werben seit einigen Jahren mit enormen Gehältern Spieler aus Europa und Südamerika ab, in ihrer auf recht durchschnittlichem Niveau kickenden Liga zahlen sie den Stars doppelt so hohe Gehälter wie die englische Premier League. Die politische Führung Chinas hat das Ziel ausgegeben, bis spätestens 2050 mit dem Nationalteam den Weltmeistertitel zu erringen. Um dies zu erreichen, sind fünfzigtausend Fußballschulen im ganzen Land geplant.

Im Zusammenhang politischer Machtstrategien sind Förderungen immer Forderungen. Dass man sie – von Regelwerken unbeeindruckt – kalt lächelnd illegal und betrügerisch umzusetzen gewillt ist, zeigt das Beispiel des russischen Staatsdopings, vor allem bei den Winterspielen von Sotschi und vermutlich bei der Fußball-WM im eigenen Land.

Sportpolitik ist auch für einige Staaten der Golfregion längst ein strategisches Mittel ihrer internationalen Beziehungen. Sie gingen zunächst den Weg über die Verbände. So brachte es Scheich Ahmad Al-Fahad Al-Sabah zum einflussreichsten Mann im Hintergrund des Weltsports, in Kuwait hatte er neben anderen Funktionen jene des Öl- und des Propagandaministers bekleidet. Ohne ihn wäre wohl Thomas Bach, der den Aufsichtsrat eines deutschen Unternehmens im Besitz von Kuwaitis und die deutsch-arabische Handelskammer geleitet hatte, nicht zum IOC-Präsidenten gewählt worden.

Die Aufmerksamkeit der Sportwelt begann sich dieser Weltgegend intensiver zuzuwenden, nachdem Katar die Fußball-WM 2022 ergattert hatte – Uli Stielicke meinte, sie sei symbolisch der ganzen Region zugesprochen worden.

Im kleinen Wüstenstaat am Persischen Golf fand die Weltmeisterschaft der Handballer statt, mit einem vor allem aus Europa zusammengekauften Team stieß Katar bis ins Finale vor. Nach demselben Prinzip ging man in der Leichtathletik vor und bürgerte Sportler aus Afrika ein; immerhin wurde ein Einheimischer Weltmeister im Hochsprung. Offenbar verstehen die Katari den Sport neoliberal als Markt, auf dem alles, auch ein Athlet für nationale Siege käuflich ist. Große Tennis- und Golfveranstaltungen wurden geholt, seit Beginn des Jahrhunderts trug man im Land Events in zwanzig Sportarten aus, und die »Aspire-Akademie« gilt als Aushängeschild der Nachwuchspflege, als Symbol für den Fortschritt.

Selbstverständlich drängt der Staat, in dem knapp drei Millionen Menschen wohnen, davon nur 300 000 Katari, in die Funktionärsebene. Helmut Digel, deutsches Mitglied im Council des Internationalen Leichtathletikverbands IAFF, schreibt, der Emir habe für diese Instanz einen Scheich ausgesucht, dem die Sportart völlig fremd gewesen sei, sodann »die notwendigen Mittel investiert, um seine Wahl zu sichern«. In der Folge vermochte der Scheich Golden-League-Meetings und die Hallenweltmeisterschaft in seine Heimat zu holen, ja trotz der klimatischen Bedingungen sogar die Freiluft-WM, indem er fünfzig Millionen Dollar an Sponsorenverträgen versprach. Als sie im Frühherbst 2019 in Katars Hauptstadt Doha stattfand, erreichten die Temperaturen bei enormer Luftfeuchtigkeit heiße vierzig Grad im Schatten. Während die UNO in New York für den Klimaschutz zu mobilisieren versuchte, ließen die Kataris ihr Stadion mit vierzigtausend Plätzen auf 26 Grad herunterkühlen: Aus riesigen Düsen blies mächtig die

Luft; die oberen Ränge waren verhängt, um die leeren Plätze im Fernsehen nicht zu zeigen. Die Teams organisierten »Kühlketten« von der Gefriertruhe im Hotel bis ins Stadion, indem sie spezielle Kühlkleidung verwendeten, dann im 20 Grad kalten »Aufwärmbereich« – der Ausdruck klingt in diesem Fall zynisch – Pflaster zur Thermoregulation auf die Haut klebten. Die Geher mussten in Doha ihre 50 Kilometer zwischen 23 Uhr 30 und vier Uhr früh zurücklegen, die Marathon-Rennen starteten um Mitternacht. Kaum weniger heiß als tagsüber war es für die Läuferinnen auf der nächtlichen Strecke, einer breiten Schnellstraße; Publikum war dort nicht zugegen. Achtundzwanzig Starterinnen gaben diesen gespenstisch wirkenden Marathon auf. Man sah Athletinnen auf Tragen mit Infusionen im Arm, andere kauerten völlig erschöpft am Straßenrand. Eine entkräftete Italienerin musste im Rollstuhl weggeführt werden. »Man kommt voller Energie her, hat sich monatelang gut vorbereitet, aber es ist einfach unmöglich, hier zu laufen«, sagte sie später. »Es war schrecklich. Mein Herz hat gerast, ich habe mich noch nie so schlecht gefühlt.« Am Ende leuchtete die langsamste Siegerinnenzeit der WM-Geschichte auf der Anzeigetafel, beim Zieleinlauf waren die Stadionränge leer, beim Interview klappte die Gewinnerin zusammen. Unbewusst setzte sie das sichtbare Zeichen, dass die Auswahl der Veranstaltungsorte nicht nach den athletischen Bedürfnissen erfolgt. Auch die Umweltverträglichkeit spielt keine Rolle.

Die nächste Weltmeisterschaft findet 2021 in Eugene, Oregon, statt. Sie wurde ebenfalls noch unter der IAFF-Präsidentschaft des hochkorrupten Lamine Diack vergeben, ohne offizielles Bewerbungsverfahren, »aus wirtschaftlichen Gründen«. Das kleine Eugene ist die Heimat des Sportartikelgiganten Nike.

Sowohl die Herren des Leichtathletikverbandes IAAF als auch jene der Fifa und des IOC behaupten, der »Globalisierung des Sports« zu dienen. Sie betreiben jedoch einen ökologischen Wahnsinn und eine Zumutung für die Athleten und Athletinnen, die vor schütterer Publikumskulisse gewaltige Temperaturwechsel verkraften müssen. »Das ist respektlos gegenüber den Athleten«, sagte ein Marathonläufer. »Die Funktionäre vergeben die WM hierhin, jetzt sitzen sie in kühlen Räumen oder schlafen.« Sebastian Coe, der IAAF-Präsident, hatte zuvor eine »sehr, sehr gute WM in Doha« versprochen. Die Leichtathletik sei als Weltsport für alle da und müsste sich auch neue Märkte erschließen. Der Sportfürst nahm sich kein Blatt vor den Mund: Es geht nicht um den Sport, sondern ums Geschäft, ausgesprochen mit dem Zauberwort des Neoliberalismus, dem Markt. Und während die Ränge in der Arena schütter besetzt waren, wiederholten hochrangige Olympier das Marktmantra. Die Sportler aber, die das Event bieten, mussten den mangelnden Respekt spürbar wahrnehmen. Ihre Ehrenrunden wirkten lächerlich, vor den stummen Tribünen erschienen sie als leeres Ritual.

Auf die gleiche Art wie in der Leichtathletik sei laut Helmut Digel die Vertretung des Landes in den Führungsgremien aller wesentlichen Verbände sichergestellt worden. Mit dieser Strategie sei Katar »zu einer Weltmacht des Sports« aufgestiegen. Es richtete im Badminton die Asienmeisterschaft aus; im Gewichtheben, Handball, Kunstturnen, im Straßenradrennen, im Squash, im Tischtennis die Weltmeisterschaft und im Snooker jene der Amateure, dazu jährlich ein Golf-Masters-Turnier und einen Motor-Grand-Prix; 2023 wird es die Schwimm-WM veranstalten.

Im Fußball floss das Erdölgeld aus Golfstaaten, die Menschenrechte mit Füßen treten, zu Paris Saint-Germain und Manchester City, die gekauft und gegen die Regeln des Fair Play – als Sponsorzahlungen getarnt – finanziert wurden: zunächst ohne tatsächliche Sanktionen seitens des europäischen Verbandes. Im Gegenteil, Nasser al-Kelaifi, der Präsident von PSG und zugleich Chef des Staatsfonds in Katar sowie des Fernsehsenders BeIN Sports, der im arabischen Raum die Rechte an den Spielen der Uefa-Klubwettbewerbe hält, rückte als Vertreter der mächtigen European Club Association in das zwanzigköpfige Exekutivkomitee der Uefa auf. Und so nimmt es nicht Wunder, dass Fifa-Präsident Infantino dringend eine

Aufstockung der WM auf 48 Teams schon in Katar durchführen wollte und dass seine Pläne der praktischen Privatisierung des Weltfußballs über die saudische Hauptstadt Riad – und über Ostasien – liefen.

Im Mai 2019 machte die Uefa immerhin Anstalten, ihre eigenen Regeln des Financial Fairplay ernst zu nehmen. Aus ihrem Sitz in Nyon am Genfer See verlautete, Manchester City drohe der Ausschluss aus der Champions League, da die Geldflüsse aus Abu Dhabi weit über das Erlaubte hinausgingen, wie ein interner Mailverkehr des Clubs offenlegte. Besitzer des englischen Meisters ist die Abu Dhabi United Group for Development and Investment (ADUG) von Scheich Mansour. Wie deren Finanzspritzen (für Transferausgaben von mehr als einer Milliarde Euro innert zehn Jahren) in den Club fließen, wollte der Finanzchef von City wissen. Der Direktor antwortete, der genaue Weg des Geldes könne nicht gezeigt werden, der Scheich habe den offiziellen Sponsoren aus Abu Dhabi als »Partner Funding« Zuschüsse zur Erhöhung ihrer Beiträge gegeben. Eben diese verdeckte Geldvermehrung untersagt die Regelung der Uefa.

Das hohe Budget ermöglichte dem Club die Zusammenstellung eines Teams, das in der Lage war, die englische Liga zu gewinnen. »Wir können machen, was wir wollen«, erteilte ein Vorstand dem Financial Fair Play eine Absage.

Dass Besitzverhältnis und Finanzierung sich gesellschaftlich auswirken können, zeigt der Fall von Matthew Hedges. Der britische Student war in den Vereinigten Arabischen Emiraten wegen vorgeblicher Spionage zu lebenslänglicher Haft verurteilt worden. Der Prozess hatte fünf Minuten gedauert. Englische Beobachter äußerten heftige Kritik am Verfahren, während Fans von Manchester City der Emirati-Justiz ihr Vertrauen aussprachen und den Fall so debattierten, als handle es sich um eine unwesentliche Abseitsentscheidung oder eine harte Rote Karte: »sportswashing in action«, nannte dies *The Guardian* am 24. November 2018. Und über Menschenrechtsverletzungen vor Ort schrieb Amnesty International: »The

UAE's enormous investment in Manchester City is one of football's most brazen attempts to ›sportswash‹ a country's deeply tarnished image«.

Im Februar 2020 schloss die Uefa Manchester City für zwei Jahre von den europäischen Wettbewerben aus und verhängte dreißig Millionen Euro Strafe. Der Verein kündigte postwendend an, beim Internationalen Sportgerichtshof Einspruch einzulegen. Paris Saint-Germain wurde einstweilen nicht belangt: Sein Präsident sitzt ja im Exekutivkomitee der Uefa.

Da aus den Golfstaaten zudem viel Geld in kulturelle Einrichtungen wie eine prächtige Zweigstelle des Louvre fließt, ersteht der Eindruck, es würden die beiden großen Unterhaltungszweige der »Alten Welt«, der populärste und der bürgerlichste, vereinnahmt.

Dazu passt, dass Juventus Turin gegen AC Milan Mitte Januar 2019 den italienischen Ligapokal im King-Abdullah-Stadion in Dschidda ausspielte – wo Frauen ausnahmsweise ohne männliche Begleitung auf die Tribüne durften, aber nur in einen abgegrenzten Bereich – und die beiden Clubs dafür sieben Millionen Euro erhielten. Zwar rief dies in Europa Proteste wegen Saudi-Arabiens Politik hervor, besonders nach der vermutlich vom Kronprinzen angeordneten Ermordung eines kritischen Journalisten, aber der italienische Botschafter sprach sich für das Match aus: Es gehe um Fragen des internationalen Gleichgewichts.

Ausgerechnet in dem Vorort Riads, in dem der ultrakonservative Wahabismus entstanden war, kämpften dann im Dezember Schwergewichtsboxer um den Welttitel – erstmals im Land, in dem die Sittenwächter zuvor ein derartiges Spektakel verboten hätten. Nun aber trachten die Saudis stärker in den Sportbetrieb einzusteigen, auch in Konkurrenz zum verhassten Nachbarn Katar.

EINE NEUE WELTKARTE

Tatsächlich geht es um eine neue Weltkarte des Sports. Die aufsteigende Supermacht und die finanziellen Supermächte beginnen sie zu zeichnen. Am Ende der 2009 im Schweizer Parlament stattgehabten Debatte nannte der eidgenössische Bundespräsident Hans-Rudolf Merz Standorte, die sich den großen Verbänden anbieten würden: »die Vereinigten Arabischen Emirate, Singapur, Hongkong«.

Im Kalten Krieg war die Geopolitik des Sports weitgehend auf den Ost-West-Konflikt ausgerichtet, danach auf einen Süd-Nord-Transfer, der Abertausende Sportler nach Europa oder in die USA brachte, nicht selten in einer modernen Art des Sklavenhandels. Nunmehr führen der schwelende Nord-Süd-Konflikt und gewichtige langfristige Veränderungen der globalen Mächtekonstellation zu einer Umorientierung des Sportbetriebs. Zum einen ist er in seiner internationalen Orientierung an der weltweiten Präsenz seiner Großereignisse und an der neoliberalen »Erschließung« aller Räume interessiert, zum anderen hält er sich trotz dauernder Schönfärberei wenig an ethische Kriterien.

Seine Betreiber verschließen die Augen wie Franz Beckenbauer, der in Katar keinen einzigen Arbeitssklaven gesehen haben will, oder sie behaupten die strikte Trennung der Felder Sport und Politik.

Vor autoritären Regimen schrecken sie nicht zurück. Deren Machthaber geben viel Staatsgeld aus und streifen den Prestigegewinn ein. Dass sie zudem die Überwachung der Untertanen vorantreiben, fällt kaum weiter auf, sie wird ja auch in Demokratien fleißig geübt. Für ein Match der Fußball-WM in Russland waren zwei Eintrittskarten nötig, eine von der Fifa und eine Fan-ID, die der russische Staat verlangte und für die dem »Ministerium für Digitale Entwicklung, Kommunikation und Medien« persönliche Daten mitgeteilt werden mussten.

Neu ist die sportliche Verbeugung vor der autoritären Macht nicht. Viele der friedensbewegten IOC-Mitglieder nahmen hohe Posten in Diktaturen und im Faschismus ein, Juan Antonio Samaranch im Franco-Regime. Unter den heutigen Ehrenmitgliedern der hehren Runde, in der neben den Ehrenwerten auch Betrüger sitzen, befinden sich ein alter KGB-Mann, ein Putschistengeneral aus der Elfenbeinküste, ein ägyptischer General aus der Mubarak-Zeit, ein Mann des syrischen Assad-Regimes und Herren aus dem arabischen Raum, die gewiss keine friedlichen Demokraten sind.

»Im Sport sind wir alle gleich«, rief Thomas Bach in seiner Eröffnungsrede in Pyeongchang. So gleich, dass er selbst im Olympischen Dorf gewohnt hätte, fühlt er sich offenbar nicht.

»Don't mix sports and politics«, lautet der oberste Maximen-Stehsatz von olympischen und anderen Verbandsherren, die sich so ihrer Unabhängigkeit und der Herrschaft über ihre Sportsubjekte, die Athleten und Athletinnen, zu versichern trachten. Gilt es doch in ihrer neofeudalen Runde, sich selbst an den Tisch der Mächtigen zu setzen und das »Kulturerbe der Menschheit« als eifersüchtig geschütztes Monopol gewinnbringend zu betreiben.

Am 4. Februar 2019 sprach der Schweizer Multifunktionär Gian Franco Kasper (seit mehr als zwanzig Jahren Präsident des Internationalen Skiverbandes FIS, langjähriges Mitglied des Exekutivausschusses der Welt-Anti-Doping-Agentur und nunmehr IOC-Ehrenmitglied) im Interview mit dem Zürcher *Tages-Anzeiger* die Präferenzen – insbesondere bezogen auf Olympische Winterspiele – offen aus. Mit Umweltschützern wolle er sich nicht herumstreiten, Volksbefragungen seien unnötig: »Es ist nun einmal so, dass es für uns in Diktaturen einfacher ist. Vom Geschäftlichen her sage ich: Ich will nur noch in Diktaturen gehen.«

4 VON ZWEI BÜRGERMEISTERN, DIE AUSZOGEN OLYMPIA FÜRCHTEN ZU LERNEN: EIN LEHRSTÜCK

ERSTER AKT: EINE IDEE UND UNGESAGTES

Die Fernsehübertragung ist zu Ende, die Prominenz weiß sich nun abseits der Kameras. Fern der Scheinwerfer sitzen die Herrschaften im VIP-Bereich oder in einem rustikal aufgeputzten Après-Ski-Tempel. Den Habitus, der sie von den Fans abhebt und zugleich egalitäre Nähe im Traditionsgewand behauptet, haben sie zur Schau gestellt, das symbolische Kapital eingefahren.

Wie sie es sensationell mehren könnten, fällt zwei lokalen Mächtigen ein. Die gelungene Veranstaltung mit den frenetischen Vierzigtausend am Rande der Piste und dem heimischen Triumph bringt sie auf eine größere Idee. Sie verspricht ihnen einen politischen Wettbewerbsvorteil der Sonderklasse: ideell das Image ethischen Engagements, eine Dividende der sportlichen Siege, ein paar Strahlen vom Glanz der weltberühmten Nachbarn auf der Tribüne; konkret eine ebenso hehre wie praktische Gelegenheit, ansonsten schwierig durchzusetzende und finanzierbare Infrastrukturen zu bekommen. Sie erinnern sich an den Bürgermeister von Innsbruck, der es in den siebziger Jahren als »Olympia-Luis« zum Kandidaten für die Bundespräsidentschaft gebracht hat.

Man schreibt den 23. Januar 2018. Im obersteirischen Schladming hat Marcel Hirscher den Weltcup-Nachtslalom gewonnen – angefeuert vom patriotischen Publikum, das dem

gefährlichsten Konkurrenten, dem Norweger Henrik Kristof-
fersen, harte Schneebälle in seinen zweiten Lauf geworfen
hatte. Der »Skination« Österreich bedeutet dieses Event so
viel, dass der »Kulturnation« ein paar Jahre zuvor in der Wiener Hofburg bei der Verleihung der Kunstpreise in Anwesenheit des Bundespräsidenten, zwischen der Ehrung für Musik
und jener für Literatur, vom Moderator mitgeteilt worden war,
wie es beim Nachtslalom nach dem ersten Durchgang stehe.

Umgekehrt war selbstverständlich im Skistadion keine
Rede von Kunst und Kultur. Es wäre Veranstaltern, Publikum
und Ehrengästen höchst befremdlich, ja geradezu surreal erschienen, hätte der Sprecher die Preisträger für Musik und Literatur verkündet. Der Habitus spielt vielmehr die Simulation
des Volkstümlichen vor, die heimische Prominenz trägt Salon-
tracht.

In der siegreich angeregten Stimmung besprechen Siegfried Nagl und Jürgen Winter, die Bürgermeister von Graz und
von Schladming, die nächste Wohltat für die Region und für
ihre eigene Laufbahn. Wie Nagl, der die Geschicke der Landeshauptstadt seit fünfzehn Jahren politisch lenkt, später erzählt,
sei von ihnen an diesem Abend die Idee konkretisiert worden:
Man müsse sich gemeinsam für die Austragung der Olympischen Winterspiele 2026 bewerben. Immerhin habe die Kleinstadt in den obersteirischen Bergen 2013 die Skiweltmeisterschaften grandios ausgerichtet. Da einerseits das IOC mit
seinem Weltevent wieder einmal unter günstigeren Bedingungen in »klassischen« Wintersportgebieten gastieren wolle und
andererseits Städte wie Innsbruck oder München nach negativen Volksbefragungen nicht mehr kandidieren, sehen die beiden Bürgermeister ihre Chance gekommen.

Schließlich dürfe man nicht tatenlos hinnehmen, dass Graz
als »größte Stadt Österreichs« – denn Wien sei ja ein Bundesland – international weniger Bekanntheit genieße als Innsbruck, verkündet Nagl. Da der Ruf der Tiroler auf den dort aus-
getragenen Winterspielen 1964 und 1976 beruhe, müsse man
nun selbst diese Großveranstaltung beherbergen. Ungesagt

bleibt: Neben den mondänen Schweizer Orten war Tirol schon
in den zwanziger Jahren die renommierteste Destination des
europäischen Wintertourismus. Und ungesagt bleiben wesentliche Fakten des hinkenden Vergleichs: Vor allem wegen der
Bauvorhaben für das Fünf-Ringe-Event war 1964 das Staats-
defizit so stark gestiegen, dass Österreich eine außerordentli-
che Dollaranleihe tätigen musste; zwölf Jahre später wurden
die vorgesehenen Kosten um ein Vielfaches überschritten und
in der Folge waren für die Erhaltung der Olympiastätten jährlich umgerechnet 4,5 Millionen Euro aufzuwenden.

Die beiden Bürgermeister zeigen sich überzeugt, dass sie
das Fünf-Ringe-Event in die Steiermark zu holen vermögen.
Die von IOC-Präsident Thomas Bach präsentierte »Agenda
2020« scheint ihnen eine ebenso günstige Voraussetzung wie
der Hinweis aus Lausanne, die Winterspiele sollten zurück zu
den Wurzeln. Die Entscheidungen für Sotschi, Pyeongchang
und Peking hatten auf die sportlichen Bedingungen und das
olympische Ambiente keine Rücksicht genommen.

ZWEITER AKT: EIN KONZEPT
UND HALBWAHRHEITEN

Tatkräftig schnell ist im Spätwinter 2018 in Graz und Schladming die Skizze eines Konzeptes erstellt und der Öffentlichkeit mitgeteilt. Als gemeinsames Ziel hebt es hervor, es gelte
»wieder den Sport und damit auch den ursprünglichen Gedanken in den Mittelpunkt zu stellen«. Man will auf bestehende
Sportstätten und auf langjährige Wettkampferfahrung zurückgreifen. Dazu muss allerdings der geographische Radius
in großem Bogen gezogen werden: Ski in Schladming; Nordi-
sche in Ramsau am Dachstein und im salzburgischen Bischofshofen; Snowboard und Freestyle am obersteirischen Kreisch-
berg; Hockey und Kunstlauf in den Eisstadien von Graz, Wien,
Klagenfurt; Biathlon im tirolerischen Hochfilzen. Bis Bayern

erweitert man den Kreis des Fünf-Ringe-Programms, mit Inzell plant man für den Eisschnelllauf, mit Schönau am Königssee für Rodeln, Bob und Skeleton.

Dieses aufgesplitterte Olympia, das vorgeblich kostengüns-
tig ohne Defizit zu veranstalten wäre, versehen die Betreiber
mit dem Slogan »Zurück zu den Werten und Wurzeln«.

Beides ist falsch. Die Behauptung soll wohl der Strategie des
IOC entsprechen, historisch stimmt sie nicht. Die ursprünglichen Werte der olympischen Bewegung, wie sie ihr Gründer Pierre de Coubertin formulierte, sehen vor, alle Athleten
an einem Ort zu versammeln, um ein gegenseitiges Kennen-
lernen und das Völkerverständnis zu fördern. Und die tatsächlichen Wurzeln des Wintersports liegen in Skandinavien, für
die Wettbewerbe auf dem Eis auch in den Niederlanden sowie
in Großbritannien. Dies anders zu sehen, gehört freilich zum
Habitus der »Skination« Österreich.

Demgemäß pochen die beiden Bürgermeister auf Erfahrungen und Leistungen: einundzwanzig Mal Nachtslalom, Alpine
Skiweltmeisterschaften 2013, Special Olympics 2017. Die Internetseite der Bewerbung und die Machbarkeitsstudie betonen, man wolle »auf das WM-Konzept zurückgreifen«.

Auf den einschlägigen Bericht des Österreichischen Rechnungshofes greifen die Bürgermeister nicht zurück. In den
bald intensiv einsetzenden Debatten über das winterolympi-
sche »Graz 2026« hören sie sichtlich ungern davon, da ihnen
ohnehin die drohende finanzielle Überlastung entgegengehal-
ten wird.

Die Analyse der Kontrollinstanz beginnt mit dem bezeich-
nenden Absatz: »Keiner der Beteiligten an der Vorbereitung
und Durchführung der 42. FIS Alpinen Ski Weltmeisterschaft
in Schladming 2013 – insbesondere das Land Steiermark, als
der mit 152,85 Mio. EUR bedeutendste Finanzmittelgeber –
hatte einen Gesamtüberblick über die dafür investierten Mittel von insgesamt 415,78 Mio. EUR, davon 247,75 Mio. EUR von
der öffentlichen Hand.«

Die Kritik des Rechnungshofes ist harsch und umfassend.

Es sei kein angemessenes Projektmanagement eingerichtet worden: Sieben Gremien hätten in vielen Bereichen unabhängig voneinander agiert, eine Koordination des Ganzen habe gefehlt, eine effiziente externe Kontrolle ebenfalls. Das öffentliche Geld sei auf der Basis der »mangelhaft dokumentierten Beurteilung der WM-Relevanz«, die der heimische Skiverband ÖSV pro domo verfasst hatte, geflossen. Außerdem sei es verabsäumt worden, mit dem ÖSV über eine finanzielle Beteiligung zu verhandeln. Scharf bemängeln die Prüfer die Gestaltung des »Hosting Contract«, der verfassungsrechtlich kritisch beurteilt worden war und dem Internationalen Skiverband FIS ein Entgelt zusprach. In der gültigen Version, die dem Rechnungshof vorliegt, ist die Summe (vermutlich etwa 40 Millionen Euro) geschwärzt. Eine bei großen Sportveranstaltungen keineswegs ungewöhnliche Intransparenz, da Verbände vor der Öffentlichkeit meist zu verdecken bemüht sind, welche Summen und Rechte sie sich garantieren lassen.

Auch die Umwegrentabilität beurteilt der Rechnungshof anders als die Event-Macher. Die angekündigte nachhaltige Auswirkung, insbesondere auf den Tourismus, vermöge man nach zwei Jahren nicht zu erkennen. Hingegen war sehr wohl festzustellen, wer von dieser WM profitiert hatte: finanziell besonders der Österreichische Skiverband und die FIS, ideell das Image der Herren des Sports und der Politik.

Diese wissen, das Steuervolk solle man besser nicht befragen, noch dazu in angespannter Finanzlage angesichts der hohen Verschuldung der Stadt und des Bundeslandes. Dass Demokratie im Zusammenhang mit Sportevents ungünstig sei, lehrt sie nicht nur das IOC und sein Präsident Thomas Bach. Für 2022 verzichteten gleich sieben Städte, einige nach einem Referendum, auf ihre Bewerbung: München, St. Moritz, Stockholm, Oslo, Lemberg, Krakau, Barcelona. Für 2026 waren Helsinki, Quebec, Graubünden, Innsbruck und das Aostatal schon von ihrer Kandidatur abgekommen. Als Hauptgründe nannten alle das zu erwartende Defizit und das schlechte Image der Herren der Ringe, denen in einigen Fällen gerade Ermittlungen, Prozesse und Verurteilungen ins Haus standen.

Die Olympier hatten die nächsten Winterspiele an Peking vergeben und müssen befürchten, im Fernsehen noch weniger anregende Bilder halbleerer Tribünen zu liefern als 2018 aus Pyeongchang. Über das geringe Publikumsinteresse äußerten sich dort beileibe nicht nur Skistars wie Marcel Hirscher enttäuscht, ja verärgert. Die Veranstalter hingegen brillierten im Schönrechnen und erklärten, sie hätten 84 Prozent der Tickets verkauft. Manche Zuschauer seien halt einfach nicht gekommen oder wegen der tiefen Temperaturen in den Wärmestuben gesessen. Der Sprecher des Organisationskomitees sah es philosophisch: »Wenn Plätze im Fernsehen als leer wahrgenommen werden, bedeutet das nicht, dass die Zuschauer nicht da gewesen sind.«

Einen bleibenden Eindruck dieser Winterspiele in Südkorea hinterließ Simon Ammann, 2002 und 2010 jeweils zweifacher Goldener. Wegen der TV-Programmierung und der Verzögerungen durch Windböen saß der Schweizer um Mitternacht bibbernd zehn Minuten auf dem Balken oben im eiskalten Anlauf der Schanze, um nach seinem Sprung im Auslauf nur einige Funktionäre vorzufinden. Zuvor waren die Ränge schütter besetzt, dann war das Publikum gegangen. Dass Olympia für die Athleten da sei, posaunen die Macher in die Medienöffentlichkeit. Als Beweis des Gegenteils reicht das Bild des frierenden Simon Ammann in der koreanischen Nacht.

Ob die größten Sportevents überhaupt noch in demokratischen Staaten stattfinden könnten, bezweifeln manche Kritiker. In Peking werden die Winterstars zwei Jahre nach der dortigen Einführung der totalen Überwachung in einem Ambiente antreten, in dem die Frage der Menschenrechte erneut bestenfalls als Lippenbekenntnis auf dem Programm steht.

Eine Volksbefragung brauche er nicht, befand der Bürgermeister von Graz. Sollte eine Initiative tatsächlich zehntausend Unterschriften gegen dieses Winterolympia sammeln, habe sich zwar laut Gemeindeordnung der Stadtrat damit zu befassen, aber er müsse dem Ansinnen ja nicht entsprechen.

Der ganzen Wahrheit fühlten sich die Bewerbungsbetreiber ebenso wenig verpflichtet. Der heimischen Öffentlichkeit boten sie Halbwahrheiten und gewagte Zahlenspiele. Das IOC stelle 925 Millionen Dollar bereit, erklärten sie – ohne zu erwähnen, dass etwa die Hälfte davon nicht einfach als finanzielle Stütze auf das Grazer Konto überwiesen werde. In ihrem Host City Contract versprechen die Herren der Ringe »geschätzt 925 Millionen Dollar«. Damit jedoch verrechnen sie Einnahmen aus dem Ticketverkauf, »nach eigenem Ermessen« einen Anteil an »Geld- und Sachleistungen« aus dem Sponsor-Programm und 425 Millionen aus den Medienrechten; dazu 190 Millionen als Gegenwert der Monopolarbeit des eigenen Fernsehsenders, 83 Millionen für ihre Expertise. Ihrerseits heben sie jedenfalls »Bewerbungsgebühren« von rund 2 Millionen ein; wofür genau, erscheint nicht einsichtig.

Die Unwahrheit verortete Siegfried Nagl im Umkehrschluss bei den Gegnern der Olympiakandidatur. Sie würden mit Lügen dieses für das heimische Image und die regionale Wirtschaft so segensreiche Projekt diskreditieren. Indem sie auf das zu erwartende Defizit verwiesen, konnten sie sich immerhin tatsächlich auf die Bilanzen der vergangenen Winterspiele stützen: Seit Jahrzehnten war kein Gastgeber ohne große finanzielle Einbußen geblieben.

DRITTER AKT: EINE MACHBARKEITSSTUDIE UND EIN RÜCKZUG

Eine um 180 000 Euro erstellte Machbarkeitsstudie feierten die beiden Bürgermeister, die mittlerweile geschaffene Bewerbergesellschaft und das Österreichische Olympische Komitee (ÖOC) in den regionalen Medien als Rückenwind. Man würde operativ ohne Steuergelder auskommen und ein Einnahmenplus erzielen, hieß es kategorisch. Die Chancen, dass die für die Kandidatur veranschlagten zehn Millionen nicht unnütz vergeudet seien und Graz den Zuschlag erhalte, würden äußerst günstig stehen. Auf die Frage, wie man es mit den problematischen Vorgaben des Host City Contracts halten wolle, zeigten sich die Bürgermeister selbstbewusst: Man werde eben dem IOC einen Vorschlag unterbreiten. Keine Antwort hingegen war ihnen der Einwand wert, warum denn der olympische Monopolist ohne Not von seinen Regelungen abgehen solle, sei er doch alleiniger Herr über den Fünf-Ringe-Markt.

Dann geschah Seltsames. Alsbald nachdem der steirische Landtag im Juli 2018 eine Volksabstimmung beschlossen und Zweifel an seiner Unterstützung des Projektes der beiden Bürgermeister angedeutet hatte, zog das ÖOC die Grazer Kandidatur zurück – wegen fehlender Unterstützung durch das Land. Offenbar eine paradoxe Intervention: Wozu sollten die Steuergelder benötigt werden, wenn man ja ohne diese Finanzen auszukommen versprach, wie die soeben mit stolzer Genugtuung präsentierte Machbarkeitsstudie behauptete?

»Wir wurden im Stich gelassen«, klagte der Grazer Bürgermeister, »das Land hat Olympia verbockt«. Und Monate später bedauerte ÖSV-Präsident Peter Schröcksnadel »den Steirern« hätte der Mut zu Olympia gefehlt.

Die Machbarkeitsstudie war bei lokalen Forschungseinrichtungen in Auftrag gegeben worden; einem neutralen Blick von außen trauten die beiden Bürgermeister wohl nicht.

Die großzügig bedruckten und ausgiebig bunt bebilderten hundertzwanzig Seiten vermitteln den Eindruck eines Schnellschusses. Einiges wirkt schludrig redigiert, vieles zusammenkopiert, das Wesentliche kaum wissenschaftlich argumentiert. Die meisten Abschnitte bieten ein Bewerbungsprogramm mit Slogans wie »Olympia findet Stadt«, das in einer Ankündigungs-Prosa der Superlative formuliert ist. Man baue auf einem »Vorzeigeprojekt« auf, verfüge über einen »idealen Standort«, liefere ein »Musterbeispiel« mit »besten Voraussetzungen«.

Die Sprache ist jene der Reklame und Produktplatzierung, das »smarte Modell« wirbt mit Übertreibung. Der Schladminger Nachtslalom, steht da, sei »weltweit bekannt«. Auch in China, Indien, Südafrika, Brasilien?

Die Autoren übernehmen von den Olympiern die gängige Eigenbehübschung. Sie stützen sich auf zehn Dokumente des IOC, beachten hingegen kein einziges von kritisch-analytischen Institutionen wie Transparency International oder von gegnerischen Positionen wie NOlympia. Den Statistiken früherer Ausrichter der Winterspiele vertrauen sie ohne weitere Überprüfung und ohne zu bedenken, dass auch das Schönrechnen eine olympische Disziplin ist. So legte etwa Vancouver 2010 eine ausgeglichene Bilanz vor, der Finanzminister von British Columbia hingegen beklagte ein Defizit von umgerechnet rund 713 Millionen Euro.

Die Grazer stützen sich auf Zahlen der früheren Bewerber München, Salzburg, Innsbruck und Sion, beziehen aber nicht die (für sie ungünstigen) von Annecy und Pyeongchang ein, die allein für ihre Kandidatur 28 bzw. 120 Millionen Euro aufwendeten. Entsprechend operieren die Berechnungen der Machbarkeitsstudie mit den offiziellen Angaben früherer Großveranstaltungen in den vorgesehenen Austragungsorten von »Graz 2026«, die Autoren gehen aber nicht darauf ein, wie viel Steuergeld allein für die Ski-WM in Schladming floss.

Will man Zweifel ausräumen, hilft die Behauptung. Sportverbände sind darin geübt. Der angekündigte »aktive Dialog« des IOC mit den Kandidatenstädten beschränkte sich in Graz tatsächlich auf den einmaligen Kurzbesuch einer kleinen Expertengruppe und auf ein paar Stunden von Juan Antonio Samaranch junior, dem Vizepräsidenten der Olympier, im Rathaus. In deren Zeitplan für die Bewerbung indes stehen von September 2017 bis März 2018 ein »Expert Support« und eine »Interactive Working Session on site«. Den Autoren der Machbarkeitsstudie wollte nicht auffallen, dass derartiges nicht wirklich stattgefunden hatte.

Die Berechnung der Finanzen wirkt, als sei sie vom gewünschten Ziel her durchgeführt. Ohne Begründung sind die Investitionen für die Sportstätten, die bis 2026 gewiss renoviert und adaptiert werden müssten, mit 40 bis 50 Millionen Euro auffallend niedrig angesetzt. Ein wichtiger Posten – die Kosten der Kandidatur, die jedenfalls anfallen und beim Scheitern als Verlust zu Buche stehen – fehlt überhaupt. Innsbruck veranschlagte 15 Millionen Euro, Graubünden 23 Millionen, St. Moritz hatte für 2022 die vorgesehenen 30 auf 60 Millionen Franken erhöhen müssen. Inwiefern und wie die steirischen Betreiber mit zehn Millionen auskommen wollten, führen sie nie genau aus. Ebenso wenig sind die Ausgaben für die Sicherheit nicht als Budgetposten einbezogen, zudem mit den fast beiläufig behaupteten 50 Millionen Euro für das Dutzend Austragungsorte jedenfalls viel zu niedrig angesetzt – Vancouver benötigte eine halbe Milliarde. Lapidar, jedoch ohne Einverständnis der Republik verkünden die Grazer: »Die Kosten der öffentlichen Sicherheit obliegen der Republik Österreich.« Auch in Deutschland, in Inzell und am Königssee?

Die Studie vermag nur deswegen eine ausgeglichene Bilanz zu behaupten, weil sie Steuergeld voraussetzt. Das bedeutet: Der Bevölkerung teilen die Betreiber mit, entgegen üblicher Kritik verursache Olympia dem Gemeinwesen gar keine Kosten – indem sie einen enormen Faktor einfach von vornherein dem Gemeinwesen zuschreiben.

Insgesamt bleibt im Dunkeln, worauf die meisten Angaben beruhen. Wie sollte die Studie nachprüfbar sein, wenn man zu Einnahmen und Ausgaben weder Berechnungen noch Erklärungen liest? Derart erscheinen alle Zahlen, auch jene der behaupteten Wertschöpfung und Steuereinnahmen, arbiträr.

Klar und deutlich hingegen sind die Untersuchungsergebnisse der Universität Oxford, deren Studie 2016 wissenschaftlich fundiert festhält: Mit durchschnittlich 156 Prozent verzeichneten alle Olympische Spiele seit 1960 die größten Kostenüberschreitungen aller »Megaprojekte«, kein einziges Mal blieben sie im Rahmen des vorgegebenen Budgets. Mitunter hätten die Organisatoren die Öffentlichkeit bewusst falsch informiert, und oft habe eigentlich niemand Genaueres zu sagen gewusst: »This is an interesting research result in its own right, because it means – incredible as it may sound – that for more than a third of the Games between 1960 and 2016 no one seems to know what the cost overrun was.« Es sind ähnliche Worte wie im Bericht des Österreichischen Rechnungshofes über die Ski-Weltmeisterschaft in Schladming.

Aus der Vergangenheit zu lernen, möge man meinen, sei doch eine Selbstverständlichkeit bei einem Milliarden-Event. Aber selten der Fall, staunen die Wirtschaftsforscher von der Universität Oxford, als hätten sie schon die Grazer Betreiber im Blick gehabt. Zwar führte das IOC Mitte der neunziger Jahre sein »Olympic Games Knowledge Management Programm« ein, seither beliefen sich aber die Überschreitungen immer noch auf durchschnittlich 51 Prozent. Das Fazit der britischen Studie klingt abschreckend: »Given the above results, for a city and nation to decide to stage the Olympic Games is to decide to take on one of the most costly and financially most risky of megaprojects that exists«.

Ist es verwunderlich, dass die Grazer Machbarkeitsstudie in ihren Tabellen von früheren Winterspielen einzig ausgeglichene Budgets anführt, die Oxforder Studie jedoch nicht einmal erwähnt?

Was den steirischen Betreibern für das in der Öffentlichkeit am heftigsten debattierte Thema, die Finanzen, galt, wendeten sie auch in anderen Bereichen an. Obwohl bei allen Olympischen Spielen die zuvor angenommenen Tourismuszahlen unterschritten wurden, erwarteten sie eine Vollauslastung, somit 1,28 Millionen Nächtigungen, sahen jedoch für den Transport kein Problem. Nach Schönau am Königssee braucht man von Graz mit öffentlichen Verkehrsmitteln fast sechs Stunden, nach Hochfilzen viereinhalb. Die Studie setzt wesentlich kürzere Zeiten an, indem sie mit fließendem Verkehr sowie konstanter Verteilung und mit dem Ausbau der Infrastruktur rechnet, insbesondere mit der neuen Bahnstrecke durch den Koralmtunnel. Laut Ministerium indes ist deren Eröffnung frühestens Ende 2026, zehn Monate nach den Winterspielen, vorgesehen.

Das Konzept der Zersplitterung bewirkt zweifellos Transportschwierigkeiten, die ihren ökologischen Niederschlag finden würden. Es verlangt zusätzliche Unterkünfte und Mediencenter, es geht von einem vorhersehbaren Hin und Her aus. Kann man aber wirklich annehmen, dass und wie Athletinnen oder Zuschauer zwischen den Austragungsorten pendeln? Wie kommt man darauf, dass ein Olympisches Dorfleben den »Werten und Wurzeln« entsprechen könnte, wenn einzig einige Wettbewerbe auf dem Eis der Landeshauptstadt stattfinden und anderswo »Residential Zones« eingerichtet sind? Nach Schladming, dem die Machbarkeitsstudie eine »Nähe zu Graz« attestiert, braucht man bei günstigen Verhältnissen zwei Stunden. Die Strecke gehört heute zu den am meisten befahrenen in Österreich, ihre Topographie würde einen Ausbau erschweren.

Nach dem Scheitern des Unternehmens Olympiabewerbung erklärte der Grazer Bürgermeister: »Die Machbarkeitsstudie der renommiertesten Wissenschaftseinrichtungen hat eine eindeutige Aussage ergeben. Olympische Winterspiele nach der Agenda 2020 des IOC sind kein finanzielles Risiko. Diese Studie ist wider besseres Wissen aus politischen Gründen angezweifelt und von einigen gar nicht gelesen worden.« Und das ÖOC ließ verlauten, es habe zwar diesmal mangels Unterstützung des Bundeslandes die Kandidatur zurückziehen müssen, die Vorarbeiten und die Studie hätten durchaus eine Basis für künftige Bewerbungen geschaffen. Die Fraktion der Grünen im steirischen Landtag konterte, es werfe ein Licht auf die geringe Seriosität der Autoren aus den »renommiertesten Wissenschaftseinrichtungen«, wenn die heimischen Olympier trotz der Prognose finanzieller Ausgeglichenheit das Projekt stoppen.

Von einem ganz wesentlichen Aspekt, dem zu unterzeichnenden Host City Contract, sprachen sie alle nicht.

VIERTER AKT: HOST CITY CONTRACT UND ABGABE STAATLICHER HOHEITSRECHTE

Die organisatorischen Fragen mögen diskutabel und lösbar erscheinen, nicht jedoch das politische Problem, das weder die Machbarkeitsstudie noch ein Bürgermeister zu bedenken bereit war: Der Monopolist bestimmt einseitig Regeln, die für eine Demokratie inakzeptabel sein müssten, da staatliche Hoheitsrechte ohne weiteres an einen Schweizer Verein abgegeben werden, der keiner demokratischen Legitimation verpflichtet ist und nicht gerade als Ausbund der Korrektheit gilt.

Am 2. Juli 2018 veröffentlichte das IOC den Vertrag für die Winterspiele 2026. Graz und das Österreichische Olympische Komitee hätten mit ihrer Unterschrift einiges zu gewährleisten gehabt, das nicht in ihrer Kompetenz liegt, schon gar nicht in Deutschland, im bayrischen Inzell und Schönau am Königssee. Der Host City Contract verlangt,

○ dass in den Austragungsorten und »in ihrer Nachbarschaft« ohne die vorherige schriftliche Zustimmung des IOC »keine Großveranstaltung, Konferenz oder andere Versammlung« stattfinden dürfe, die Auswirkungen auf die Spiele »oder deren Wahrnehmung in der Öffentlichkeit haben könnte, sei es während der Spiele oder während der vorangehenden und folgenden Woche«.

Dies bedeutet einen Maulkorberlass für die gesamte Gesellschaft, der nach Belieben ausgeweitet werden kann: Wenn die Winterspiele in Graz, Schladming, Bischofshofen, Hochfilzen... stattfinden, lässt sich »in ihrer Nachbarschaft« auf halb Österreich beziehen. So hätten die feudalen Herren von der olympischen Tafelrunde das Recht, nicht nur Demonstrationen zu untersagen, sondern sogar Parteitage, Kulturveranstaltungen oder wissenschaftliche Konferenzen, weil sie Publikum fernhalten würden, folglich »Auswirkungen auf die Spiele« hätten.

○ dass das IOC alle Medien- und Urheberrechte zur Vermarktung der Spiele besitzt (»das alleinige und ausschließliche
Recht, stehende und bewegte Bilder« zu genehmigen), und
das »ausschließliche Recht an audiovisuellen Aufnahmen
und Aufzeichnungen der Spiele«.

Die öffentliche Wahrnehmung wird so um die Vielfalt der Meinung und der Darstellung beschnitten. Die Herren der Ringe
sind die Herren des Bildmonopols; sie bestimmen selbst, was
sie der Gesellschaft zu zeigen geruhen. Andere Perspektiven,
andere Einstellungen, andere Momente können sie nach Belieben unterbinden.

○ dass die Anwendung des Arbeitsrechtes die vom IOC akkre-
ditierten Personen – dazu gehören die Marketingpartner –,
die »einschränkungslos« und ohne jegliche Gebühren ein-
reisen dürfen, »nicht behindert«.
○ dass die Olympier, zudem »jede vom IOC kontrollierte Einrichtung« sowie die Angestellten und Vertreter der Marketingpartner von allen direkten und indirekten Steuern frei-
gestellt sind, spätestens vier Jahre vor Beginn und ein Jahr
nach Beginn der Spiele. Wie viel dem Gemeinwesen dadurch an Abgaben entgeht, hat die Grazer Machbarkeitsstudie nicht einberechnet.

Gegebenenfalls wäre wohl zu prüfen gewesen, ob es nicht eine
Verfassungsklage nach sich ziehen müsste, wenn ein Bürgermeister und der Präsident des ÖOC, übrigens wie sein Vorgänger Chef eines Glücksspielkonzerns, wissentlich Gesetze aus-
hebeln.

Denn mit der Unterzeichnung dieser Vertragsklauseln verpflichten sich eine Stadtgemeinde (Graz) und ein Verein (das
ÖOC), die Aussetzung grundlegender demokratischer Rechte zu gewährleisten und dazu wesentliche Hoheitsrechte des
Staates Österreich – sowie gegebenenfalls der Bundesrepublik Deutschland – dem IOC abzutreten: Grenzkontrolle, Me-

dien-, Arbeits-, Steuer-, Versammlungs- und Demonstrations-
recht.

Um ihr Monopol ungestört zu betreiben, verlangt die vor-
geblich gemeinnützige Organisation eines Kulturerbes der
Menschheit gewichtige Einschränkungen der Freiheit wie in
Zeiten des Feudalismus und anderer autoritärer Systeme.

FÜNFTER AKT: FAZIT

Dass Mitte Oktober 2018 bei der IOC-Session in Buenos Aires
die Organisatoren von Pyeongchang sogar Gewinne verkündet
hatten, verbuchten künftige Bewerber für die Winterspiele offenbar nur als Beispiel des olympischen Schönrechnens: Die
Sorgen vor horrenden Kosten blieben bestehen. Vor allem aus
diesem Grund stimmten im November in Calgary 56,4 Prozent
gegen die Kandidatur ihrer Stadt, in der sie ohnehin schon mit
Steuererhöhungen konfrontiert waren.

Binnen einiger Monate hatten sich die Absagen gehäuft:
Innsbruck, Sapporo, Graz, Erzurum und Sion. Nur Stockholm
und Mailand mit Cortina d'Ampezzo blieben noch im Rennen,
beide allerdings lang ohne Garantien der öffentlichen Hand,
sodass ihre Bewerbungen wackelten. Sollte sich keine Gast-
geberstadt finden, wollte Buenos Aires mit Ushuaia an der
Südspitze Patagoniens einspringen, zog aber kurz darauf sein
Angebot wieder zurück. Zwischendurch war von Almaty die
Rede, und den Olympiern war es mulmig zumute, ob sie ihr
Mega-Event überhaupt an einen Veranstalter zu bringen und
ihre Milliarden-Deals zu erfüllen vermöchten.

Am 24. Juli 2019 traf das IOC seine Entscheidung. Mailand
wird die Winterspiele 2026 ausrichten. Zu dieser Wahl trug
wohl gewichtig bei, dass laut einer vom IOC selbst in Auftrag
gegebenen Studie über achtzig Prozent der Bevölkerung die
Kandidatur befürworteten, während es in Stockholm deutlich
weniger waren.

»Graz 2026« ist ein Lehrstück, wie mit dem Sportbetrieb verfahren, wie eine soziale Dynamik mittels emotionaler Aufbauschung der Arena und des Wir-Gefühls lanciert, wie mit Parallelrealitäten, Halbwahrheiten und Zahlen jongliert und die Demokratie unterlaufen wird.

Will man ein System unbedingt gutheißen, bleibt man am besten selbstreferentiell und zirkelschlüssig. Will man nicht wirklich kontrollieren, bleibt man am besten intern und lokal.

Für große Sportevents wirkt ein regionales bis internationales Netzwerk von Politik, Wirtschaft, Verbänden, Sportlern, unterstützt von Medien und von reichlich entlohnten Experten. Im Zusammenspiel ihres geschlossenen Systems fällt ihnen die Selbstreferenzialität, womöglich kaum auf. Wie Stephan Schulmeister schreibt, verstehen sie sich in ihrem »idealistischen Denkstil« und einer »Harmonie der Täuschung«, sodass ihnen die Fähigkeit verloren gegangen ist, »der Gestalt Widersprechendes wahrzunehmen«. Das fördert überzeugtes Auftreten. Für sie steht die Machbarkeit ihres Unterfangens nicht in Frage, sie müssen es in demokratischen Staaten der Öffentlichkeit immerhin erklären. Die Transparenz, deren sie sich nach den Skandalen und Imageproblemen nunmehr verpflichtet geben, bewirkt wenig, da wenige Menschen tatsächlich die zugänglichen Dokumente wahrnehmen, geschweige denn lesen. Die Betreiber von Graz 2026 selbst waren, wie Debatten zeigten, zum Zeitpunkt der Erstellung ihres Konzeptes über Kontext, Strukturen und Machtverhältnisse – das IOC, den Host City Contract, die olympische Geschichte... – wenig informiert.

Vor allem gilt es für die Betreiber, der Verwendung von Steuergeld günstige Auswirkungen zuzuschreiben. Sie setzen voraus, dass sie Subventionen erhalten, nicht aber dass öffentliche Kontrolle ernst zu nehmen wäre. Davon zeugen ihre fehlende Reaktion auf den Bericht des Rechnungshofes und die Betonung, ohne weiteres und wie gehabt auf den Erfolg der Ski-WM aufzubauen. Eine ihrer essentiellen Behauptungen lautet, es geschehe ja alles für die Bevölkerung, der letztlich

die Wohltaten des Sports, der Image- und Finanzpflege zukommen würden. Entsprechend wird das Selbstbild der Verbandsherren verbreitet, die ihre humanitäre Fassade bei jeder
Gelegenheit vorschieben: als Wohltäter, nicht als Monopolisten.

Von außerhalb des Systems betrachtet, gehen diese Mega-
Events an den Bedürfnissen der Bevölkerung vorbei. Oder soll
man im Falle von Graz annehmen, dass es den Menschen in
der Steiermark tatsächlich ein dringendes Anliegen ist, international bekannter zu sein als Innsbruck? Gewiss lässt sich
der vorgeblich völkerverbindende Sport gut dafür einsetzen,
das Eigene stärker zu betonen oder im Negativfall die andere
Seite des Eigenen für das Scheitern verantwortlich zu machen:
Für Bürgermeister Nagl und das ÖOC hat die Landespolitik
Olympia verhindert, der Präsident des Österreichischen Skiverbands wiederum bedauert, »die Steirer« hätten sich aus
mangelndem Mut der Aufgabe nicht gewachsen erwiesen.

Das Grazer Beispiel führt vor Augen, wie zur Durchsetzung
mit Emotionalisierung, »alternativen Fakten« und Diskriminierung der Widerrede gearbeitet wird. Finanzlasten rechnet
man mit behaupteten künftigen Gewinnen auf. Man erklärt,
den Sport »in den Mittelpunkt zu stellen«, es geht jedoch um
handfeste politische und ökonomische Eigeninteressen.

Was nicht ins System passt, übersieht man.

Insbesondere den neuen Host City Contract, den das IOC
der »Agenda 2020« angepasst hat, der allerdings nach wie
vor demokratische Rechte und staatliche Gesetze aushebelt.
Es ist ein Beleg dafür, dass mit der »Agenda 2020« kein wirklich neuer Geist ins IOC einzog, wie optimistische Stimmen für
eine bessere Zukunft der von Geldmacht dominierten Sportwelt hoffen.

Zu den verwunderlichsten Aspekten der an vielen Merk-
würdigkeiten reichen olympischen Geschichte gehört es, dass
solche Verträge in der Vergangenheit umgesetzt wurden – von
der Öffentlichkeit fast unbemerkt. Ähnlich gestalten Fifa, Uefa
und andere Großverbände ihre rechtlichen Voraussetzungen.

Der größte Teil des globalen Profibetriebs der reichen Sportarten zieht seinen Nutzen aus einer Extraterritorialität, die ihm sein Monopol garantiert und enorme finanzielle Vorteile bringt.

Der Zugriff des Staates ist minimiert, die Fürstenspiele profitieren vom neoliberalen Denkstil.

5 FINANZGRÖSSEN UND WERBEFLÄCHEN, WERTE UND WERTIGKEITEN

DIE UNSICHTBARE HAND DES MARKTES UND DIE SICHTBARE ÖFFENTLICHE HAND

Anfang Januar 2019 aß Franck Ribéry ein goldenes Steak um tausendzweihundert Euro.

Ein antiker Mythos erzählt vom gierigen König Midas, dem der Gott Dionysos den Wunsch erfüllte, dass alles sich in Gold verwandle, was er berühre. Daraufhin drohte Midas der Hungertod, da jede Nahrung bei seinem Kontakt zu Gold wurde.

Der neoliberale Midas von heute geht locker darüber hinweg, seiner Gier sind diese Grenzen nicht gesetzt. Er verschlingt einfach, und der Mythos ist dereguliert. Ein Symbolakt wirtschaftspolitischer Verhältnisse.

Für das Restaurant eines Starkochs in Dubai war Ribérys Mahlzeit eine Marketingaktion. Es gebe keinen besseren Weg, ins neue Jahr zu starten, teilte der Kicker des FC Bayern seinen Fans mit und postete ein Video des Gelages. Rasant fand es Verbreitung, in kurzer Zeit wurde es 1,2 Millionen Mal abgerufen. Es sei ein schönes Bild für die Absurdität des Business, schrieb *Spiegel online* und das *Manager Magazin* übernahm genüsslich den Querpass zum Zitat. Den ebenso schnell reagierenden Kritikern antwortete Ribéry, sie seien »Neider und Hater, die durch ein löchriges Kondom entstanden sein müssen. Fuck eure Mütter, eure Großmütter und euren gesamten Stammbaum«. Für die Wortwahl belegte ihn der Verein, wie er

© Der/die Autor(en), exklusiv lizenziert durch
Springer Fachmedien Wiesbaden GmbH , ein Teil von Springer Nature 2021
K. Zeyringer, *Schwarzbuch Sport*,
https://doi.org/10.1007/978-3-658-32100-0_5

verlauten ließ, mit einer »sehr hohen« Geldstrafe. In der abgehobenen Welt der jungen Fußballmillionäre fand er freilich bald Nachahmer: Dortmunds Angreifer Jadon Sancho stellte im Januar 2020 ein Video auf Instagram, in dem man ihn mit vergoldeten Karten im Privatjet zocken, im Lamborghini und auf einer Jacht, sodann ein mit Blattgold überzogenes Steak verspeisen sieht.

Ribérys Jahreseinkünfte werden auf zwölf Millionen Euro geschätzt. Die Topverdienerin bei den Frauen, die Weltfußballerin Ada Hegerberg, kommt auf 400 000. Aus der norwegischen Elf trat sie zurück, weil der Verband den Männern viel mehr bezahlte als den Frauen. »Es war ein zutiefst deprimierendes Gefühl. Ich hatte Alpträume, nachdem ich bei der Nationalmannschaft war«, sagte sie. Es gehe nicht nur um Geld, sondern insbesondere um Respekt. Als sie ihren Preis als beste Spielerin des Jahres entgegennahm, musste sie sich sexistisch anquatschen lassen – was keinem der männlichen Stars je passiert.

Den Respekt lässt auch die Fifa vermissen: 2018 vergütete sie den WM-Titel der Männer mit 32 Millionen Euro, während die Siegerinnen ein Jahr später nur 3,5 Millionen Preisgeld erhielten. Und die US-Kickerinnen, die als viermalige Weltmeisterinnen wesentlich erfolgreicher sind als ihre männlichen Kollegen, brachten am Internationalen Frauentag 2019 eine Klage gegen den eigenen Verband um Gleichheit der Bedingungen und Prämien ein. Tatsächlich sei im Männersport viel mehr Geld im Spiel, sagte die Rechtsexpertin Christina Toth, aber die Verbände sollten eben ihre oft behauptete gesellschaftliche Verantwortung wahrnehmen und die eingenommenen Finanzen umverteilen. In Norwegen ist dies nach Ada Hegerbergs Protest geschehen. Die Vergütungen der Frauenelf und der Männermannschaft wurden einander angeglichen, nachdem die Kicker erklärt hatten, einen Teil ihrer Prämien den Kolleginnen abzugeben.

Zur selben Zeit, als Ribéry in Dubai karathältig tafelte, veröffentlichte die Deutsche Sporthochschule Köln eine Studie,

die Aufwand und Entlohnung von Spitzenathleten bemisst: Durchschnittlich verbringen sie 32 Stunden pro Woche mit ihrem Sport, 24 mit Beruf und Ausbildung; dafür verdienen sie 1 560 Euro brutto im Monat bei einer Stundenvergütung von 7,41 Euro – deutlich weniger als das deutsche Mindestniveau. Um mit Ribéry zu speisen, müssten Athleten aus weniger goldigen Disziplinen fast ein Monatsgehalt auf den Restauranttisch blättern.

Bei hohem Aufwand sei die Wahrscheinlichkeit eines Erfolgs gering, erläutert die Studie. Finanziell lohne sich der Spitzensport in den meisten Disziplinen nur, wenn man bei Olympia gewinne. Der Rennrodler Felix Loch, immerhin von der Agentur des Sohnes von FC-Bayern-Boss Rummenigge vermarktet, erhielt für eine seiner drei Goldenen von der Sporthilfe eine Prämie von 20 000 Euro. »Du brauchst Erfolg, Erfolg und nochmal Erfolg plus gute Kontakte, wenn du in einer solchen Randsportart überhaupt Sponsoren finden willst«, betonte er und kritisierte die Herren der Ringe: »Es ist uns nicht gestattet, während der Spiele unsere privaten Sponsoren zu präsentieren. Einzig die Sponsoren des IOC dürfen sichtbar sein. Das schadet dem Sport und hat auch indirekten Einfluss auf die sportliche Qualität.« Das Verbot, die Sponsoren während der wichtigsten Rennen der Karriere zu präsentieren, mache »die Suche nach Geschäftspartnern natürlich nicht leichter«.

Die enormen Gräben zwischen vergoldeten Midas-Stars und ihren Kollegen, die für ihr Olympiagold ein Butterbrot verdienen, sind laut neoliberalem Credo völlig in Ordnung, denn es schaffe sie ja die unsichtbare Hand des freien Marktes.

Die mächtigen Herren des globalen Sportbetriebs schwören freilich einerseits auf den Markt, profitieren jedoch zugleich andererseits von der öffentlichen Hand, die ihnen nicht nur dadurch unter die Arme greift, dass sie die nötige Infrastruktur schafft. So kam für die Allianz-Arena des FC Bayern ein dreistelliger Millionenbetrag – die Schätzungen schwanken zwischen 100 und 220 Millionen Euro – aus Steuertöpfen, um extra für das Stadion den Ausbau der U-Bahn, Autobahnanschlüsse, Brücken, Rettungswege... zu finanzieren. Rechtzeitig war zuvor das Areal zur Sondernutzungsfläche umgewidmet und deutlich verbilligt worden, sodass die Stadt München sich selbst und somit ihre Bevölkerung um 70 Millionen Euro gebracht habe, wie Kritiker berechneten. Ein Landtagsabgeordneter der Grünen legte bei der EU-Kommission Beschwerde wegen »wettbewerbswidriger Beihilfe« ein. Zugleich verwies er darauf, dass ohnehin die öffentliche Hand und nicht der Verein für die Sicherheit aufkomme.

Diese Kosten für die fünf höchsten Fußballligen in Deutschland werden auf 130 Millionen Euro im Jahr geschätzt; allein in Nordrhein-Westfalen leistete die Polizei 1,4 Millionen Arbeitsstunden für Erste und Zweite Bundesliga. Als der Westdeutsche Rundfunk im März 2019 eine Enquete durchführte, sprachen sich neunzig Prozent der Befragten dafür aus, dass die Clubs die Mehrkosten bezahlen müssten. Wenn sie sich schon hohe Gehälter, goldene Steaks und teure Transfers leisten, sollten sie nicht auch noch von der Allgemeinheit subventioniert werden.

Dieser Meinung kam kurz darauf eine Grundsatzentscheidung des Bundesverwaltungsgerichts entgegen: »Für den besonderen Polizeiaufwand aus Anlass einer kommerziellen Hochrisikoveranstaltung darf grundsätzlich eine Gebühr erhoben werden«, urteilte es. Die Deutsche Fußball Liga sieht das selbstverständlich anders: »Die Gewährleistung der öffentlichen Sicherheit ist eine staatliche Kernaufgabe. Grundsätzlich gilt daher das Steuerstaatsprinzip, wonach die Erfüllung öffentlicher Aufgaben aus Steuermitteln zu erfolgen hat.« Die DFL will wohl vom Gemeinwesen nehmen, sich und ihren Vereinen jedoch keine Begrenzung der exorbitanten Personalausgaben vorschreiben lassen. Die gesellschaftspolitische Bedeutung des Fußballs werde ignoriert, kritisierte sie. So stark gesellschaftspolitisch orientiert, dass sie einen sozialen Ausgleich ins Auge fassen würde, ist die DFL indes nicht.

Ähnlich in Österreich, wo die Kicker durchschnittlich kaum ein Zwanzigstel der Gehälter ihrer deutschen Kollegen erhalten. Hier zeigten sich die Ligavertreter verwundert, dass eine Staatssekretärin forderte, die EU solle die Übernahme von Einsatzkosten bei Risikospielen regeln. Den Fußball als Steuerbelastung hinzustellen, sei schlichtweg falsch, hieß es aus der Sicht der Vereine.

Die Stadt London, wo die Spieler im Schnitt am meisten verdienen, kosten die Polizeieinsätze bei der Premier League acht Millionen Euro im Jahr. Die Clubs übernehmen nicht einmal fünf Prozent davon »Die Steuerzahler in London sollten nicht einen einzigen weitere Penny zahlen müssen, um einige der reichsten Organisationen der Welt zu subventionieren«, sagte der Assembly-Abgeordnete Andrew Dismore.

Hingegen tragen in der Schweiz die Vereine sechzig bis achtzig Prozent der Sicherheitskosten; Young Boys Bern verpflichtete sich, jährlich 2,5 Millionen Franken beizutragen. In Frankreich wird den Clubs zwanzig bis dreißig Euro pro Polizei-Arbeitsstunde in Rechnung gestellt.

Der Wirtschaftsbereich Sport wächst stetig. In Deutschland schafft die Branche mit 2,2 Prozent einen höheren Anteil am Bruttosozialprodukt als die Metaller und die chemische Industrie. 2015 betrug der sportbezogene Konsum privater Haushalte 65 Milliarden Euro, wobei am meisten nicht etwa für den Bereich ausgegeben wurde, in dem bei den Profis das meiste Geld zirkuliert und der bei weitem die höchsten Einschaltquoten verzeichnet: Der Fußball rangierte mit 14 Prozent Aktiven in der erwachsenen Bevölkerung weit hinter Schwimmen (37 Prozent) und Radfahren (34 Prozent).

Gegenüber 2010 war das Sportsponsoring um 14 Prozent gestiegen. Mit großem Abstand profitierte davon vor allem der Fußball, der einen Anteil von fast sechzig Prozent einstreifen konnte und von allen Abgeltungen der Medienrecht 92 Prozent erhielt. Eine Studie des Bundesministeriums für Wirtschaft belegt, wie eng die Entwicklungen der Massenmedien und der Erlöse im Profifußball verknüpft sind.

Der Bund gab 2016 knapp 1,7 Milliarden Euro für Sportförderung, also für Amateure und Profis, aus; für Kunst und Kultur waren es 1,2 Milliarden. Aus der Liste der Subventionen lassen sich Wertigkeiten ablesen: Während der Leichtathletik-verband 7,3 Millionen erhielt, musste sich der Orientierungs-lauf mit 29 000 Euro zufriedengeben. Das wichtigste Kriterium ist nicht die Anzahl der Mitglieder, sondern vielmehr die Medaillenhoffnung: Der Triathlon Union gehören achtmal so viele Menschen an wie dem olympisch erfolgreichen Bob- und Rodelverband, der das Vierfache erhält.

Eine Kosten-Nutzen-Rechnung für Olympia ergibt, dass der Bund für jede der 42 bei den Sommerspielen von Rio de Janeiro gewonnenen Medaillen 19 Millionen Euro berappt hat.

Drei Jahre später standen 170 Millionen für die Spitzen-sportförderung im Budgetplan, der allerdings für die unab-hängige Vertretung der Athleten kein Geld vorsah. Dabei hat-te sich zunächst die Regierungskoalition darauf geeinigt, den Aufbau einer Geschäftsstelle zu unterstützen – gegen den Wil-len des Deutschen Olympischen Sportbunds (DOSB). Ver-bandsuntertan bleibt Verbandsuntertan.

Und Intransparenz bleibt Intransparenz. Der Bundesrech-nungshof hielt in seinem Bericht 2015 fest, dass die Handhabe der Fördermittel nicht öffentlich nachvollziehbar und dass der DOSB als Interessenvertreter nicht zugleich neutraler Gutach-ter sein könne. 2018 monierte der Bundesrechnungshof, dass der DOSB die Vorgaben für die Spitzensportreform mangel-haft umsetze und deshalb eine Erhöhung der Förderung nicht gerechtfertigt sei.

Auch in dieser Hinsicht herrschen im Nachbarland ähnliche Zustände. Der Österreichische Rechnungshof fand im April 2019 den »systemimmanenten Interessenskonflikt« inakzep-tabel, dass Vertreter von Fördernehmern in den – noch dazu stark männerdominierten – Gremien bestimmen, wie viel sie selbst bekommen. Derart erhalten sie »einen abgesicherten Einfluss auf die Förderentscheidungen eingeräumt«. Der Be-darf, heißt es in dem kritischen Bericht, sei »kein Entschei-dungskriterium« gewesen; die Subventionen habe man »zu stark am Erhalt bestehender Sportverbandsstrukturen orientiert«. Kurzes Fazit der Rechnungsprüfer: »Zweifel an der Sparsamkeit und Treffsicherheit der Förderungen« erschienen »wenig geeignet, um Weiterentwicklungen und Innovationen voranzutreiben«.

In der Eidgenossenschaft schütten zwei Lotteriegesellschaften jährlich rund 35 Millionen Franken für den Spitzensport aus, der Bund macht über 50 Millionen locker. Da die Schweiz »im Leistungssport an Boden verliere«, hatte der Ständerat 2015 angekündigt, bis 2029 sollten 935 Millionen Franken in Infrastruktur investiert werden.

Zu diesen Zahlen sind die Fördergelder der Gemeinden, Bundesländer und Kantone zu rechnen.

Das meiste Geld bringen dem Sportbetrieb freilich Medienrechte und Werbung, sodass die Wertigkeiten stark an Quantitäten – an Zuschauerzahlen und Einschaltquoten – geknüpft sind. Darauf berufen sich gerne jene Akteure, die davon profitieren. Gesellschaftspolitische Auswirkungen blenden sie aus. In der Debatte um Gehaltsrelationen erklärte der Teamchef einer Nachwuchsnationalelf, es sei schon in Ordnung, dass ein Nobelpreisträger an der Universität nicht einmal ein Hundertstel von Ribéry verdiene, denn: »Wie viele Zuschauer hat denn der Nobelpreisträger?«

Carl Friedrich Gauß oder Albert Einstein, Marie Curie oder Alexander Fleming hatten kein Publikum, als sie die Lebensbedingungen der Menschheit entscheidend veränderten.

Die Betreiber und Nutznießer jener Wertigkeiten, die sich in den reichen Sportarten bis zum Goldsteak höchst lukrativ auszahlen, rechtfertigen sie mit dem Mantra der Neoliberalen. Die Auswirkungen entsprechen deren Vorstellungen. Weder soziale Relationen noch Menschenrechte spielen dabei eine Rolle. Auch Transparenz ist von einer »unsichtbaren Hand des Marktes« natürlich nicht zu erwarten.

IM HALBDUNKEL

Zur Transferzeit geben Clubs der deutschen Bundesliga Saison für Saison Hunderte Millionen Euro aus. Und stets schneiden Vermittler, Manager, Agenten, Berater – wie immer sie in dieser kaum regulierten Branche heißen – mit, oft an mehreren Stellen zugleich. Es bestimmt stärker und stärker den Fußballbetrieb, dass sie mitunter ihre Klienten zum Vereinswechsel treiben, denn sie verdienen bei jeder Bewegung. So sind die Teams nicht mehr fixe Größen, an deren Namen sich die Fans über Jahre halten können, sondern Handelsware in Bewegung, sodass die Anhänger stets neue Trikots mit neuen Namen im Clubshop erstehen und derart das Marketing ankurbeln.

»Mehr bewegen«, betitelt bezeichnenderweise einer dieser Manager seine »Philosophie« auf seiner Internetseite, durchaus doppelsinnig. Auch ein anderer verkauft sein Geschäft mit Spielern als »Philosophie« (sie besteht aus »einer ganzheitlichen Betreuung«); ein dritter nennt »gegenseitiges Vertrauen« als seine Philosophie; »wo Andere aufhören, fangen wir erst an«, stellt ein vierter seine Philosophie aus.

Lauter Philosophen. Mit dem Wort behaupten sie Existenzergründung, tatsächlich äußern sie nicht mehr als ein paar Phrasen ihrer ökonomischen Existenz. Offenbar ist es ein Business mit viel Liebe zur Weisheit, die als Verschleierung der Liebe zu Geldbewegungen herhält. Der kategorische Imperativ ist das Geschäft.

Keine Philosophie, jedoch Gewissheit ist: Ohne einen Agenten vermag heute das größte Talent nichts zu erreichen; alle Kicker in den höheren Ligen haben einen Mann für ihre Geschäfte. Sie stehen ungesehen im Hintergrund, während die Transfers in den Zeitungen stehen und die Clubs Saison für Saison ihre vielen Zugänge und dadurch immer wieder neuen Teams präsentieren.

Besondere Voraussetzungen brauchen Spielervermittler nicht, sie müssen nur eine Lizenz bei ihrem zuständigen Landesverband lösen. Der Deutsche Fußball-Bund hat 2015 sein Reglement publik gemacht, das einzig nach der Vorlage des Führungszeugnisses eine simple Registrierung zur Gebühr von 500 Euro vorsieht. Auf knappen sechs Seiten sind keine genauen Vorgaben, Einschränkungen oder Kontrollen zu finden, die gängige fragwürdige Praktiken eindämmen könnten.

Nur selten gelangt einer der gewichtigen Agenten aus dem Halbdunkel ans Licht der Öffentlichkeit. Derlei geschah 2018 im Landgericht München, als Ribérys früherer Berater klagte, es stünden ihm 3,45 Millionen Euro Provision für einen zwölf Jahre zuvor vollzogenen Vereinswechsel zu. Dreieinhalb Millionen für ein paar Telefonate und eine Unterschrift. Bei der Verhandlung war einerseits rechtsgültig zu erfahren, dass Agenten üblicherweise zehn Prozent einstreifen – hohe Summen für geringen Aufwand –, und andererseits zu beobachten, dass eine Trennung mitunter bezeichnende Einblicke gibt. Auch Ribérys Stürmerkollege Robert Lewandowski musste das hinnehmen und von seinem Ex-Berater im Nachhinein über die Medien erfahren: »Die Haltung zum Geld wurde zum Problem.«

Weitreichende Probleme beklagt im Juni 2019 die Agentur Sport 7 aus dem schweizerischen Fribourg. Eine illegale Geschäftspraxis werde von der ganzen Branche gedeckt, in der ein paar Agenten den Markt bestimmen; auch der Deutsche Fußball-Bund und die Deutsche Fußball Liga würden Korruption, Betrug, Geldwäsche und Steuerhinterziehung tolerieren, somit unterstützen. Fragwürdig sei es vor allem, wenn ein und derselbe Vermittler bei einem Vereinswechsel sowohl für den Spieler als auch für beide Clubs tätig sei. Wessen Interessen er dann wahrnehme? Zunächst die seiner eigenen Geldtasche, lautet die einfache Antwort – in den vergangenen fünf Jahren hätten Berater rund vier Milliarden Euro an illegalen Provisionen eingestrichen.

Die Geschäfte im Hintergrund fördern dunkle Geflechte und illegale Praktiken wie die Bestechung von Clubmanagern. Die Anschuldigungen, die Sport 7 erhebt, sind keineswegs aus der Luft gegriffen. Eine im Auftrag der Uefa erstellte Studie bestätigt sie, wird jedoch bislang unter Verschluss gehalten.

Die Verbände und Ligen müssten das Gewerbe regulieren, indem sie eine klare Trennung zwischen dem Vertreter eines Spielers und dem Vertreter eines Clubs ziehen. Und, fordert der Rechtsanwalt der Agentur aus Fribourg, das eidgenössische Parlament solle die 2017 unterbrochene Debatte über Aufsicht und Kontrolle internationaler Organisationen, insbesondere der Sportverbände, fortführen. »Ohne ein solches Gesetz wird die Schweiz das Image einer Bananenrepublik, das ihr auf diesem Gebiet anhaftet, nicht mehr loswerden«, sagt er zur *Frankfurter Allgemeinen Zeitung*.

Die sozialdemokratische Fraktion hatte am 17. Juni 2015 einen Vorschlag eingereicht, in dem es hieß, es gehe »um klare Vorgaben zur Geschäftsführung und eines korruptionsfreien Verhaltens«. Es müssten geregelt werden: »1. eine wirksame Aufsicht; 2. institutionelle Vorgaben, vergleichbar jenen für multinationale Unternehmen mit Sicherung einer transparenten Governance; 3. Compliance-Regeln; 4. eine einheitliche Veranlagungspraxis bei der Besteuerung der in der Regel gemeinnützigen Organisationen.« Der Bundesrat antwortete am 2. September, die Einführung einer sektoriellen Aufsicht sei problematisch, außerdem funktioniere das Vereinswesen in der Schweiz ohnehin gut.

Umso günstiger für eine kleine Gruppe wie jene der Spielervermittler.

Am 3. Mai 2017 debattierte der Nationalrat die Vorlage. Diese überschätze die Rolle des Staates, erklärte die zuständige Bundesrätin. Worauf sich die sozialdemokratische Abgeordnete, die den Vorschlag eingebracht hatte, »erschüttert« zeigte. Denn die Kommerzialisierung gehe immer weiter und die Selbstorganisation der Verbände habe ihre Grenzen längst erreicht.

Mit 129 gegen 51 Stimmen wurde die Motion abgelehnt. Sie hätte indirekt über Fifa und Uefa rechtlich verbindliche Auswirkungen auf die Geschäfte im Halbdunkeln gezeitigt. Im

Nationalrat ging Ende September 2019 eine Motion ein, die nun in einer heftigeren Sprache aufrief, der Bundesrat solle dafür sorgen, »dass der Transferhandel im Fußball der organisierten Kriminalität entzogen werden kann«. Das Schattengewerbe erzielte einen Umsatz von mehr als zehn Milliarden Euro, laut Schätzungen dürfte es 2022 doppelt so viel sein.

Die Zwischenhändlerbranche in den umsatzstarken Sportarten ist ein enger Zirkel. Jeder vierte Fußballer in den fünf großen Ligen Europas ist bei einem von nur zwei Dutzend Agenten unter Vertrag. Im Dunkeln des Betriebs bilden sie ein einflussreiches Netzwerk, das den Insiderhandel begünstigt. Wie überall, wo wirklich viel Geld im Spiel ist, reden diese Herren ungern über Zahlen und agieren im Hintergrund als eine unsichtbare Hand des Marktes.

Umfassende Einblicke liefern die Dokumente von »Football Leaks«, die Medien wie *Der Spiegel* ab 2016 zu veröffentlichen begannen. Sie zeigen, dass ein Berater allein für einige Absprachen, um Paul Pogba von Juventus Turin zu Manchester United zu transferieren, von den drei Beteiligten kassierte, insgesamt 49 Millionen Euro. Er vertrat letztlich gleichzeitig Juve, ManU und Pogba, konnte also den Vereinswechsel mit sich selbst ausmachen. Seinem Klienten sicherte er ein Gehalt von 330 000 Euro pro Woche. So viel verdient der deutsche Bundespräsident in einem Jahr nicht.

Für die Betreiber dieses Marktes ist es ein höchst einträgliches Geschäft, für das sie sich nicht anzustrengen brauchen. Es genügt, einige Verträge abzuschließen, ob für den Weiterverkauf der Ware Spieler oder auch nicht. In manchen Fällen muss ein Verein, der einen Kicker nicht ziehen lassen will, dem Agenten zur Entschädigung Millionen bezahlen. Die Transfergeldmaschine kurbelt in der Zeit des »Mercato« regelmäßig ein Schmierentheater an, das Medienberichte aufschaukeln: Ein Star, der kurz zuvor beim Torjubel noch heftig das Clubemblem auf seinem Trikotherz betatscht hat, nörgelt und jammert, kommt zu spät zum Training, gibt sich sichtlich lustlos, streikt gar. Er zeigt seinem Arbeitgeber und der Welt so lange seine Vorliebe für einen anderen Verein, bis er um viel Geld seinem Wunsch nachgehen und gemeinsam mit seinem Manager Abermillionen kassieren kann.

Der moderne Profifußball bringe unglaublich viele Egozentriker hervor, »auf und auch neben dem Platz«, schreibt die *Frankfurter Allgemeine Zeitung* am 16. Juli 2019 im Zusammenhang mit dem Wechsel des Stürmers Antoine Griezmann von Atlético Madrid zum FC Barcelona. Die Tatsache sei »allein schon deshalb erstaunlich, weil einer der Vorzüge des Mannschaftssports eigentlich die Eigenschaft ist, solche Verhaltensweisen in einem gruppendynamischen Prozess zu verhindern. Doch – nach normalen Maßstäben – auf dem Boden zu bleiben scheint in dieser Branche kaum noch möglich.« Die Überhöhung der eigenen Person sei wohl dem System geschuldet, in dem ein vergoldetes Steak genauso normal ist wie vergoldete Autos »oder etwa das Einfliegen des Lieblingsfriseurs zum Spielort«. Es handle sich um »logische Folgen, auch wenn das eigene entrückte Selbstverständnis öffentlich entlarvt wird«.

Ebenfalls aus den Dokumenten von »Football Leaks« erhellt sich, dass ausgerechnet einige der reichsten Sportler, die als Vorbilder für Kinder und Jugendliche fungieren, ihre Finanzen vor der Steuerbehörde im Dunkeln zu lassen versuchten.

Cristiano Ronaldo hat von 2011 bis 2014 fast 15 Millionen Euro Steuern hinterzogen. Lionel Messi trickste 4,1 Millionen Euro am Finanzamt vorbei; wie er wurden seine Kollegen Javier Mascherano und Ángel Di María zu bedingten Haftstrafen verurteilt. Mesut Özil zahlte 2016 zwei Millionen Steuern nach, das Bußgeld betrug 790 000 Euro – für ihn nicht einmal zwei Monatslöhne. Ähnlich Pique, Xabi Alonso, Modric, Pepe, Alexis Sanchez, der Trainer José Mourinho... Alle diese Fälle waren allein in Spanien anhängig, wo die Behörde womöglich genauer hinschaut als in anderen Ländern. In ihrem Bericht über Korruption im Sport nimmt die Europäische Kommission im Dezember 2018 an, dass über den Sport weltweit jährlich 16,43 Milliarden Euro an Steuern hinterzogen werden.

Einer der Drahtzieher ist der portugiesische Spielervermittler Jorge Mendes, der Ronaldo und Mourinho unter Vertrag hat. Er schuf ihnen komplexe Geflechte über Steueroasen, um Einkünfte aus der Werbung zu verschleiern. Bei seiner Beraterfirma kaufen Geschäftspartner mitunter ganze Vereine wie den FC Valencia, für die sie dann von Mendes Kicker und Trainer erwerben. Über ihn läuft der Vorstoß chinesischer Investoren in das europäische Fußballgeschäft der in die Höhe schnellenden Transfergelder. Der in Shanghai ansässige Fosun-Konzern vermerkte intern, der Einfluss von Mendes übertreffe jenen gewöhnlicher Vermittler, er kontrolliere indirekt viele Vereine in den großen europäischen Ligen, »weil die Clubs und Spieler von seinen Geschäftsmöglichkeiten stark abhängig« seien. Im System solcher Vermittler sind Kicker zunächst Objekte der Spekulation, dann der Investition.

Dass die Fifa die Third-Party-Ownership (TPO), bei der die Clubs die Transferrechte an Investoren abgeben, untersagt hat, kritisierte Mendes als Geschäftsstörung und »tödlich für den Wettbewerb«. Sodann suchte er die Regelung zu umgehen, indem er eben Vereine unter die Kontrolle seiner Partner brachte. 2016 kaufte der chinesische Konzern den englischen Zweitligisten Wolverhampton Wanderers, der zwei Jahre später in die Premier League aufstieg – unter einem Mendes-Vertrauten als Trainer, mit vielen Portugiesen im Team.

Ein anderes zwielichtiges Unternehmen ist Doyen Sports. Es vertritt Neymar und Usain Bolt, verkauft Spieler weiter und weiter. Der Sitz liegt günstig in Malta, erst Football Leaks hat erhellt, dass die Firma einer türkisch-kasachischen Familie aus dem Umfeld von Präsident Erdoğan gehört. Einer der Besitzer im Hintergrund ist Tevfik Arif, der Gründer der in der Immobilienbranche tätigen Bayrock Group (bis 2008 im New Yorker Trump Tower), die zwielichtige Geschäfte mit Donald Trump abgewickelt hat. Ihr Vorstand Felix Sater verfügte über beste Verbindungen zur organisierten Kriminalität, für die russische Mafia soll er laut FBI Geldwäsche in großem Umfang betrieben haben.

In einem Interview mit der *Zeit* erklärte der Verantwortliche von Football Leaks, Doyen Sports habe Sicherheitsagenten aus Großbritannien beauftragt, die Aufdeckerplattform mundtot zu machen. Hinter den Kulissen ströme viel Geld, nicht einmal die Fifa habe davon eine Ahnung. Die TPO werde als »Scouting-Vereinbarung« oder »Mittelsmann-Übereinkunft« getarnt, man benutze Treuhänder zur Verschleierung der Profiteure. Fonds wie Doyen würden schwache Vereine ausnützen, indem sie ihnen unfaire Bedingungen, ja Knebelverträge aufzwingen.

Im März 2019 wurde der Portugiese Rui Pinto, der Whistleblower von Football Leaks, in Lissabon angeklagt, Doyen Sports gehackt zu haben.

Über ihre Praktiken suchen die Profiteure möglichst wenig an die Öffentlichkeit gelangen zu lassen. Aufsehen über ungute Geschäfte schadet dem Marktwert. Die unsichtbare Hand will unsichtbar bleiben und ihre Warenbewegungen betreiben. Es geht um Finanzgrößen, ethische Größen wie Menschenrechte spielen im Halbdunkel keine Rolle.

PARTNER GEGEN MENSCHENRECHTE

Am 24. Juli 2019 vergaben die Olympier die Winterspiele 2026 an Mailand und Cortina d'Ampezzo in gehobener Stimmung. Sie waren um ein Erkleckliches reicher, denn am Vormittag hatten sie Verträge mit Coca-Cola und dem chinesischen Milchkonzern Mengniu Dairy unterzeichnet, die bis 2032 laufen und rund drei Milliarden Dollar bringen dürften. In üblicher Manier des Fassadenschwindels verkündete Thomas Bach, der oberste Herr der Ringe, es gehe nicht um Sponsoring, sondern darum, Werte zu teilen. Es sei ein großes Beispiel der vereinigenden Kraft des olympischen Geistes, diese beiden Unternehmen unter einem Dach zusammenzubringen.

Ah ja, Werte. Bei Mengniu (»mongolische Kuh«) hält der Staat die meisten Anteile, der Sitz liegt zwar in China, registriert ist der Konzern jedoch in der Steueroase Cayman Islands. 2008 war er in einen Skandal verwickelt, als hunderttausende Babys wegen der mit Melamin vermischten Milch erkrankten und sechs Säuglinge starben. Bei der Fußball-WM 2018 warb Mengniu wie auch Wanda, Hisense und Vivo im Sinne des chinesischen Großmachtprojekts und lieferte das offizielle Eis sowie das offizielle Joghurt. Schon dieser Auftritt, immerhin mit Lionel Messi als Werbeträger, konnte nicht in erster Linie als Reklame verstanden werden, denn die Produkte der mongolischen Kuh werden zum größten Teil nur in der Volksrepublik selbst vertrieben. China will offenbar seine Seidenstraße in die weltweite Arena des Sportbetriebes führen.

Die Werte, die der IOC-Boss beschönigend vereint sieht, sind amerikanische Geldmacht und chinesische Diktatur. Für die Einhaltung der Menschenrechte stehen beide nicht.

Wie die vorgebliche Alternativlosigkeit des Berserkerkapitalismus erweist sich ein weiterer Glaubenssatz der Mont-Pèlerin-Apostel als Täuschungsmanöver: Die »unsichtbare Hand«, die laut neoliberaler Theorie mit (falschem) Hinweis auf Adam Smith den Markt regle, ist im globalen Sportbetrieb doch sichtbar. Folgt man ihr bis zum Machtkörper, so findet man Verbandsfürsten und Agenten, Medienmogule und Konzernkaiser.

In den Reklamefeldzügen der Ausrüster und der Top-Partner wie Visa, Samsung, McDonald's, Fly Emirates, Gazprom... siegen die Superlative der Heldengeschichten umso wirksamer, als sie in einem emotionssteigernden Eventrahmen stehen. Dass sie den Werten nicht entsprechen, die die Herren des Sports zur eigenen Reklame hinausposaunen, um die Behauptung der Gemeinnützigkeit zu stützen, bleibt dem Konsumentenpublikum verborgen oder egal.

Jüngstes Beispiel: Im November 2019 kündigten die Olympier ihre neue Kooperation an – acht Jahre lang wird die Immobilienplattform Airbnb, ein Champion der Deregulierung, die fünf Ringe sponsern. In dieser Zeit jedoch finden die Sommerspiele in Paris statt, wo die Stadtverwaltung die Firma wegen illegaler Praktiken geklagt hat. Anne Hidalgo, die

Bürgermeisterin der französischen Hauptstadt, hatte IOC-Präsidenten Thomas Bach brieflich gewarnt und darauf hingewiesen, dass Airbnb in vielen Großstädten das Immobilienkonzept ausheble, die Preise für Wohnraum in die Höhe treibe und den Mangel an Wohnungen auf dem Mietmarkt verschärfe. Die Herren der Ringe stört dies offenbar nicht. Bach erklärte durch die Partnerschaft würden Wohnungen zur Verfügung stehen, folglich für die Spiele weniger Kosten anfallen. Wenn aber, wie Hidalgo anklingen ließ, Paris in Teilen der Stadt Airbnb verbiete...?

Eine der Firmen, die früh in die Arena drängten, ist Coca-Cola. 1907 nützte sie ein Baseball-Event für ihre Werbung, seit 1928 ist sie bei Olympia präsent. Die Treue vergütete Juan Antonio Samaranch bei seinen Heimspielen in Barcelona, indem er den Coca-Cola-Chef mit dem IOC-Orden ehrte.

Der Höhepunkt der Partnerschaft kam ausgerechnet 1996. Anlässlich des hundertjährigen Jubiläums der Erneuerung der Spiele rechnete Athen fest damit, zum Gastgeber gekürt zu werden. Es setzte sich jedoch die Ökonomie gegen die Tradition durch. Nicht das Ursprungsland erhielt den Zuschlag, sondern Atlanta, die Stadt des Coca-Cola-Sitzes – keiner anderen Kandidatenstadt war es bis dahin gelungen, bereits bei ihrer ersten Bewerbung auserwählt zu werden. Kritiker sprachen von Korruption. *Der Spiegel* berichtete am 24. November 1990, die amerikanischen Organisatoren hätten dem Nachwuchs von IOC-Mitgliedern Stipendien an US-Universitäten verschafft. In Griechenland führte die Empörung zu einem Boykott der Getränkemarke.

Für die »Coca-Cola-Spiele« von Atlanta gab der Konzern fast die Hälfte seines jährlichen Werbebudgets von 1,3 Milliarden Dollar aus. Und das IOC betonte, es handle sich um die ersten völlig von privater Hand finanzierten Spiele. Von den Menschenrechtsverletzungen, die die Firma bei ihrer Produktion in Kolumbien, in El Salvador, in Südwestindien beging, wollten die Olympier nichts wissen.

Auch von Adidas ist bekannt, unter welch schlechten Bedingungen Arbeiterinnen in Zulieferbetrieben ausgebeutet wurden. Das Unternehmen lässt seine Ware kaum in eigenen Produktionsstätten herstellen, sondern bezieht sie aus Billiglohnländern. Dort erhielt eine Näherin für ein neues Sportschuhmodell 0,4 Prozent vom Verkaufspreis, mussten Zwölfjährige Überstunden machen, wurden Gewerkschaften unterdrückt. Als Berichte darüber erschienen, stellte Adidas ethische Verhaltensregeln auf: »Wir sind ein globales Unternehmen, das sozial und ökologisch verantwortungsbewusst handelt«, hieß es in bewährter Schönfärberei.

Dennoch änderte sich die Lohnpolitik von Adidas kaum. Für die WM 2006 wurden die Fußbälle namens »Teamgeist« in Thailand produziert, die Arbeiterinnen erhielten 3,60 Euro am Tag. Am 30. Juni kritisierte die Thai Labour Campaign, die Belegschaft hätte Angst, sich für ihre Forderungen zu organisieren: Wer für seine Rechte eingetreten sei, habe den Job verloren. Adidas dementierte.

Als aber die Firma im Vorfeld der Sommerspiele von Peking in China produzieren ließ, bezahlte sie, wie auch Nike, nur 54 Prozent des gesetzlichen Mindestlohns. Und im März 2020 wurde nach Recherchen des Australian Strategy Policy Institute publik, dass inhaftierte Uiguren für Zulieferer von Konzernen wie Adidas, Puma, Nike unter schlimmen Bedingungen zwangsarbeiteten.

Nike, der nunmehrige Weltmarktführer unter den Sportartikelkonzernen, gehört heute mit mehr als 130 Milliarden Dollar Börsenwert (etwa dreimal so viel wie Adidas) zu den hundert umsatzstärksten globalen Unternehmen. Der internationale Erfolg der US-Firma setzte 1972 mit angeheuerten Leichtathleten bei den Olympischen Spielen in München ein. Den großen Aufstieg schaffte Nike in der Reagan-Ära, als die neoliberale Politik eine Verminderung der Abgaben ermöglichte, zugleich den Kapitalverkehr der Kontrolle enthob und als mit dem Basketball-Star Michael Jordan die Werbewirksamkeit stieg. Nike scheint nicht nur in den – Steuervermeidung und Steuerhinterziehung auflistenden – »Paradise Papers« auf (außerhalb der USA bezahlt der Konzern mitunter kaum ein Prozent Steuern), sondern steht auch wegen der Missstände in den Zulieferfirmen in der Kritik.

Für Marketing gibt Nike enorme Summen aus, sponsert Hunderte von Verbänden, Clubs und Stars, drückt hingegen die Löhne in der Produktion. Im Januar 2001 wurde publik, dass die Arbeiter in einer mexikanischen Fabrik, die gegen die schlimmen Bedingungen demonstriert hatten, mit Strafen und illegalen Kündigungen gemaßregelt wurden. Daraufhin richtete Nike eine Untersuchungskommission ein, um dann zu verkünden, viele der Vorwürfe seien unbegründet, zudem könne es eine perfekte Fabrik gar nicht geben. Da zwei Jahre später klar ersichtlich war, dass die Firma über die Produktionsbedingungen gelogen hatte, klagten Verbraucheraktivisten in den USA. Nike schob das Recht auf freie Meinungsäußerung vor, die Regierung stützte den Konzern. Der Oberste Gerichtshof wies allerdings das »Recht auf Lüge« zurück.

Die Zustände haben sich nicht gebessert. So publizierte etwa das Worker Rights Consortium (WRC) 2016 einen Bericht über eine vietnamesische Fabrik von Nike: Hungerlöhne, Zwangsüberstunden, systematische Entlassung von Schwangeren, giftige Chemikalien, beschränkter Zugang zu Toiletten. Nachdem es gegen diese Praktiken an Hochschulen in den USA zu Protesten gekommen war und Colleges den Sponsorenvertrag gekündigt hatten, willigte Nike im Sommer 2017 ein, dass WRC die Fabriken kontrollieren dürfe.

Bei der Fußball-WM 2018 statteten Nike und Adidas 22 der 32 Teams aus. Und deutsche Fans, die einen Matchbesuch buchten, mussten nicht nur das Eintrittsticket erwerben, sondern sich noch dazu gegen eine Mindestgebühr von zehn Euro beim »Fanclub Nationalmannschaft powered by Coca-Cola« registrieren. Produzieren ließen Nike und Adidas größtenteils in Kambodscha, Vietnam und Indonesien. Die Bezahlung in den dortigen Fabriken sei seit den neunziger Jahren stetig gesunken und betrage kaum mehr als die Hälfte eines »existenzsichernden Einkommens«, berichtete die Clean Clothes Campaign: »Die Marken entschieden sich dafür, ihr Geld lieber in Fußballspieler zu investieren anstatt in die Arbeiter.« Die beiden Konzerne erklärten, ihre Lieferketten seien an faire Bedingungen gebunden.

Wie allerdings im Herbst 2019 die Dopingaffäre um das Nike Oregon Project zeigte, ist dem Konzern an fairen sportlichen Bedingungen wenig gelegen. Der Geschäftsführer war nachweislich informiert worden, dass Ärzte an unwissenden Sportlerinnen und Sportlern Experimente mit illegalen Mitteln durchführten; in üblicher Vertuschungsmanier erklärte Nike dennoch, nichts gewusst zu haben. Das Verhalten ist nicht neu: Der Konzern hatte auch lange Lance Armstrong gestützt, als am Doping des Radstars schon kein Zweifel mehr bestehen konnte.

Einer der Großsponsoren der Uefa ist Socar. Der staatliche aserbaidschanische Öl- und Gaskonzern startete nach heftigen Korruptionsvorwürfen in Europa eine »Charmeoffensive«, ein vierjähriger Partnervertrag soll dem kontinentalen Fußballverband 80 bis 90 Millionen Euro bringen. Eingefädelt wurde er mittels der – wie es hieß – »Freundschaft« zwischen Uefa-Chef Michel Platini und dem Despoten Ilham Alijew. Er könne Fälle von Korruption nicht ausschließen, gab sogar der Socar-Vizepräsident am 26. Januar 2018 im Schweizer Fernsehen zu und meinte als Entschuldigung geltend machen zu können: »Alle früheren Sowjetrepubliken sind korrupt«.

Dividende kassierte Aserbaidschan Ende Mai 2019. In seiner Hauptstadt Baku wurde das Finale der Europa League zwischen Chelsea und Arsenal ausgetragen, im autoritär geführten Land, das Menschenrechte und Meinungsfreiheit mit Füßen tritt. Dass zwei Teams in viertausend Kilometern Entfernung von ihrer Heimatstadt gegeneinander kicken müssen, erscheint nicht nur skurril; es ist wegen des zusätzlichen Flugverkehrs eine ökologische und wegen des kleinen Flughafens eine logistische Dummheit.

Die Lösung des Problems war eine veranstalterische Dummheit: Den Fans der beiden Londoner Clubs wurden nur je sechstausend der insgesamt knapp 70 000 Tickets zugewiesen, dafür aber ein paar Schikanen auferlegt. Wegen des Konflikts mit dem Nachbarland äußerte Arsenals armenischer Star Henrikh Mkhitaryan große Sicherheitsbedenken und blieb fern, den Anhängern untersagte die Polizei in Baku Trikots mit seinem Namen. Da zudem Reise und vor allem Eintrittskarte teuer kamen – rund tausend Euro für einen offiziellen Trip –, schöpften die Londoner Clubs ihr Kontingent gar nicht aus. Das Ambiente im Stadion war, gelinde gesagt, gedämpft, und als der Pokal überreicht wurde, befand sich kaum noch Publikum auf den Rängen. Über eine »Stimmung wie auf der Beerdigung« klagten Fans.

Bedenklicher geht es in Aserbaidschan außerhalb der Arena zu. Seit der Unabhängigkeit regiert ein autoritärer Familienclan den Staat, in dessen Besitz sich die State Oil Company of Azerbaijan Republic – Socar – befindet; auf dem Korruptionsindex von Transparency International steht das Land auf Platz 119. Eine über Bestechung recherchierende Journalistin wurde eineinhalb Jahre ins Gefängnis gesteckt. Mit dem Sponsoring durch Socar wolle »die Regierung ihr Image in der Welt aufpolieren«, sagte sie.

Baku hatte von der Uefa den Zuschlag erhalten, obwohl auf der Evaluationsliste des Europaverbands einer von zehn Punkten »Gesellschaftliche Verantwortung und Nachhaltigkeit«, ein anderer »Rechtsfragen« lautete. Die Missachtung der Menschenrechte findet im Einschätzungsbericht der Uefa jedoch keine Erwähnung. Ein Blick auf das Berner Portal www.humanrights.ch hätte den Herren im benachbarten Verbandssitz Nyon gezeigt, dass in Aserbaidschan politisch motivierte Verfolgung mit konstruierten Anklagen vorgeht, die »Medienfreiheit auf Gesetzesstufe eingeschränkt« ist, alle führenden Medien unter staatlicher Kontrolle stehen. »Die Polizei löst friedliche Versammlungen und Demonstrationen in der Regel gewaltsam auf. NGOs berichten aus den Gefängnissen und aus dem Polizeigewahrsam von menschenunwürdigen Verhältnissen, Folter und Misshandlungen.«

Trotz aller Probleme finden bei der Europameisterschaft 2021 drei Gruppenspiele und ein Viertelfinale in Baku statt. Da komme dann das Event den Wünschen der Firmen noch besser entgegen, sagt ein Boss der Europäischen Sponsoringbörse ESB, nämlich mit einem neuen Verfahren der Bandenwerbung. Den Doppelsinn seines Satzes hat er wohl nicht bedacht.

» SHIRT OF SHAME « IM REKLAMEFELDZUG

Auf der Brust der Arsenal-Trikots beim Europa-League-Finale in Baku stand der Name des Hauptsponsors, der Fluglinie aus Dubai.

Dort, in den Vereinigten Arabischen Emiraten, gibt es laut humanrights.ch keine Wahlen nach demokratischen Prinzipien und keine Gewaltentrennung, politische Parteien sind nicht zugelassen, Frauen rechtlich und gesellschaftlich diskriminiert. »Zu den bedeutendsten Menschenrechtsproblemen gehören willkürliche Verhaftungen von Andersdenkenden, Medienschaffenden und Menschenrechtsaktivisten sowie weitere Mängel des Justiz- und Haftregimes. Zudem liegen Berichte über Folter und Misshandlung während der Haft vor.«

Angesichts dieser Lage, für die das Arsenal-Trikot indirekt wirbt, mag es wie ein kleines Gegengewicht – oder aber wie Zynismus – erscheinen, dass die Kicker auf dem linken Ärmel das von der Uefa vorgeschriebene »RESPECT« trugen.

Bei anderen Matches steht hier »VISIT RWANDA«. Der Staat, in dem sechzig Prozent der Bevölkerung von weniger als zwei Euro pro Tag in Armut leben, soll für den Dreijahresvertrag 34 Millionen Euro bezahlt haben. Großbritannien hatte rund 70 Millionen Euro Entwicklungshilfe überwiesen – dass die Hälfte davon auf dem Konto des FC Arsenal landete, bezeichneten Kritiker in London als »perfektes Eigentor«. »Shirt of shame«, Trikot der Schande, titelte die Boulevardzeitung *Daily Mail* am 27. Mai 2018.

Befürworter hingegen erklären, die Werbung beim Lieblingsclub des autoritären Präsidenten Paul Kagame, der nach einer Verfassungsänderung mit fast 99 Prozent der Stimmen zum dritten Mal wiedergewählt worden war, werde sich für den Tourismus so günstig auswirken, dass das Land finanziell unabhängig zu werden vermöge. Die Chefin des ruandischen Development Board sprach sich gegen neokoloniale Bevormundung aus und sagte: » Wer den Deal mit Arsenal aufgrund unserer Armut oder Abhängigkeit von Entwicklungsgeldern kritisiert, der möchte, dass Ruanda immer so bleibt, wie es ist «.

Um die Menschenrechte steht es in Ruanda kaum besser als in Aserbaidschan und Dubai. Tatsächliche Opposition und Pressefreiheit gibt es auch hier nicht. Human Rights Watch vermeldete Folter, unrechtmäßige Inhaftierungen, Hinrichtungen ohne legales Urteil – und musste 2017 aus Ruanda abziehen.

Das Sportswashing funktioniert als Reklamefeldzug. Da Sport nicht nur enormes mediales Interesse weckt, sondern auch insgesamt mit positiven Werten belegt ist, liegt es für Firmen und Staaten nahe, auf diesem Feld zu werben. Es bietet heute, da aus jedem Medienwinkel eine Produktplatzierung schnellt, ein hohes Potenzial der Imageverbesserung und ein kommerziell gewichtiges Gut: ebenso flott wie intensiv übertragbare Emotionen, die sich bestens bildhaft, mit Wortsignalen und Sprechchören vermitteln lassen. Die Quote triumphiert, die Massenbilder eignen sich zur Massensuggestion. Heute, erklärt der Experte im Netzwerk www.ispo.com die Trends 2019 und den aktuellen Boom, sei » Sponsoring die Möglichkeit, Storytelling und Content Marketing zu betreiben – in Zeiten von Informations- und Werbeüberfrachtung ist das besonders attraktiv für Brands. «

Folglich boomt das Sport-Sponsoring. In Österreich, wo naturgemäß mehr als ein Drittel auf Skirennen entfällt, ist es ein Milliardengeschäft. In Deutschland wurden 2016 dafür 3,5 Milliarden Euro aufgewendet, das waren siebzig Prozent aller Sponsor-Ausgaben – für Kultur hatten die Firmen nur eine halbe Milliarde übrig. Dass ihnen der Sport siebenmal wichtiger ist als die Kultur, bezeichnet eine gesellschaftliche Wertigkeit und entspricht der üblichen medialen Gewichtung. Noch deutlicher tritt dies in den USA und in Kanada zutage, dort wurden 16 Milliarden für den Sport aufgewendet.

Auch auf diesem Feld räumen die Großen ab. Die in Hamburg ansässige Firma Sponsoo sucht finanzielle Unterstützung für kleine Vereine. Sie versteht sich zwar als »Europas größter Marktplatz für Sportsponsoring«, der für 2018 angegebene Umsatz von 500 000 Euro wirkt jedoch im Vergleich zu den großen Verträgen wie Taschengeld. Ruanda hat fast siebzigmal so viel an Arsenal bezahlt.

Die einfache, sichtbare Form der Werbung sind Logos und Slogans auf Kleidung und an Wettkampfstätten. Die Trikots, Overalls, Geräte, Maschinen, Banden, Videowände führen vor Augen, wie sehr der Neoliberalismus alle Räume besetzt. Manche Athleten schauen aus wie wandelnde Litfaßsäulen, sogar auf ihrer Haut lassen ihre Tattoos kein Fleckerl frei. Und auch als TV-Experte darf man offenbar nur auftreten, wenn drei, vier Aufkleber auf der Brust prangen. Mitunter springt indes die ungewollte Komik der Produktplatzierungen ins Auge: Vor Jahren warben die Kicker von Sturm Graz ausgerechnet auf dem Hinterteil ihrer Hosen für »Styrian Line«.

Stärker wirke Storytelling, sagt Sebastian Kurczynski, Direktor beim Beratungsunternehmen Nielsen Sports. Es gelte, spannende Geschichten zu erzählen; gefragt seien Kreativität und Authentizität. Als Beispiel führt er an, wie Nike die Euphorie in Frankreich nützte, nachdem die Trikolore-Elf, einfarbig »Les Bleus« genannt, 2018 die Fußball-WM – und damit den zweiten Stern auf das Trikot – gewonnen hatte. »We won it in France«, warb der Ausstatter. Er spielte darauf an, dass der Erfolg seinen Ausgang auf den heimischen Bolzplätzen genommen habe, da einige der Helden wie Kylian Mbappé und Paul Pogba zunächst Straßenfußballer gewesen seien. Der Titel gehöre also ganz Frankreich. Nike produzierte ein Video und widmete es den »Kindern, die sich trauen, an sich zu glauben«. Nike sollte man besser nicht glauben.

Auf Youtube sahen das Video alsbald mehr als drei Millionen Menschen. Viele kommentierten, sie seien stolz Franzosen zu sein; manche meinten, es sei der beste Werbespot der Geschichte, oder: »good job, Nike«. Nur ein Eintrag beteuerte, es handle sich um eine recht beschränkte Sicht von Frankreich.

Ob die Anspielungen stimmten, interessierte kaum jemanden. Tatsächlich kommt Mbappé aus einer Sportlerfamilie, ging in eine Privatschule und kickte schon mit sechs Jahren für AS Bondy. Im selben Alter trat Pogba für US Roissy-en-Brie an. Von der WM-Elf waren alle Spieler spätestens mit acht Jahren, die meisten deutlich früher, bei einem Club. Das Nike-Video aber zeigt zwei urbane Fußballkäfige, somit eine Legende im Sinne des Storytelling. Damit negiert sie jedoch ärgerlicherweise die gute Nachwuchsarbeit der französischen Vereine, die die wirkliche Basis des Erfolgs geschaffen haben. Ein Bolzplatz vermittelt Eigeninitiative und Selbstoptimierung, langjährige Betreuung in Clubs hingegen stört offenbar das Werbekonzept der Geschichtenerzähler. Als authentisch gilt, was ein Marketing als authentisch verkauft.

Zu einem Reklamefeldzug passt es immerhin, dass Teamchef Didier Deschamps die Spieler oft als »guerrier«, Krieger, bezeichnet.

Stimmen müssen solche Werbegeschichten wie jene von Nike nicht. Sie erfüllen den Zweck, sie machen alle Menschen, auch Kinder auf den Bolzplätzen der armen Vororte, zu Kunden. Unter dem Video auf Youtube stellen bei weitem die meisten Einträge einzig die Frage, wann denn nun das Shirt mit dem zweiten Stern endlich erhältlich sei und gekauft werden könne.

Der Ausstatter-Konkurrent warb während der Weltmeisterschaft auf den Banden für eine eigene Plattform: die Adidas-App. Dadurch verzeichnete die Firma um 14 Prozent mehr Downloads und dadurch vermochte sie eine zielgerichtete Werbung, die mittels digitaler Möglichkeiten genau auf ein

Publikum ausgerichtet ist, wirksamer durchzuführen. »Targetting« heißt eine derartige Strategie.

Ist der Konsument einmal auf der Plattform, wird er geradezu umzingelt. »Gib an, was dich interessiert, erhalte Adidas News und natürlich exklusive Angebote«, heißt es nach der App-Installation.

Beobachter wie Nielsen Sports stellen fest, dass die Bindung der Fans zu den Marken zunimmt. Ihr Kaufverhalten sei irrational, sie würden alles erwerben, was mit ihrer Leidenschaft zu tun hat, unabhängig von Preis und Qualität. Sie würden nie den Club wechseln, nur weil anderswo Tickets günstiger oder Produkte mit dem Vereinsemblem besser wären.

Sponsoren hingegen entscheiden meist rational, im Rahmen ihrer Ziele und Strategien. Stimmt das Image des Werbeträgers nicht mehr, blasen sie bald zum Rückzug. Wegen der Skandale verlor die Fifa Partner und sah sich gezwungen, für die WM 2018 neue Geldgeber zu suchen: in Russland, China und Katar.

Andererseits kann Ruandas Präsident unüberprüft und im Lande kaum widersprochen behaupten, erfolgreich für sein Land zu werben, indem er den Trikotärmel seines Lieblingsclubs kauft. Das Resultat lässt sich kurzfristig schwer messen. Von 2017 auf 2018 ist die Staatsverschuldung stark gestiegen, Kaufkraft und Konsumausgaben sind zurückgegangen, der Fremdenverkehr hat höhere Einnahmen gebracht. Ob es allerdings das Arsenal-Shirt gebraucht hat, um mehr Touristen anzulocken, wird sich nicht beweisen lassen.

HEROISIERUNG ALS WIRTSCHAFTSFAKTOR

Nachdem der Spieler mit der Nummer 7 im Mai 2019 sein letztes Match für den FC Bayern gekickt hatte, verabschiedeten ihn dröhnende Sprechchöre von den Tribünen: »Ribéry Ribéry Ribéry«. Es klang nach einer Litanei der Heldenverehrung.

Stärker und langfristig erkennbar heroisiert wird Cristiano Ronaldo, seinem Image konnte die Bewährungsstrafe wegen Steuerhinterziehung nicht viel anhaben. Der Flughafen seiner Geburtsstadt Funchal auf Madeira, wo schon ein eigenes Museum steht, erhielt den Namen und eine Bronzebüste des fünfmaligen Weltfußballers. Der Zeremonie wurden höchste politische Weihen zuteil, ihr wohnten Portugals Staatspräsident Marcelo Rebelo de Sousa und Ministerpräsident António Costa von der Sozialistischen Partei bei. Weniger begeistert äußerte sich ein sozialistischer Ex-Staatssekretär: Diese Huldigung sei »lächerlich« und »grenzenloser touristischer Opportunismus«.

Tatsächlich wird der Sportheld wie praktisch jeder Held der Medien- und Kommerzgesellschaft alsbald zum Wirtschafts- und Standortfaktor. Und zur Werbefläche. Über ihre »Follower« in den sogenannten sozialen Medien erreichen sie ein breites Publikum, das sich mittels Nachahmung selbst ein wenig als Star fühlen möchte. Dem Bayern-Kicker Jerome Boateng folgen sechs Millionen Menschen auf seinen digitalen Foren; das nützt er um zu verkaufen, sich und glänzenden Luxus. In seinem »Personality-Magazin« *BOA* führt er sechsmal im Jahr auf je hundertzwanzig Seiten seine glamouröse Welt vor: Mode, Schmuck, Hip-Hop, Heldenfiguren und üppige Werbung für insgesamt rund sechzig Produkte im Gesamtwert von hundertzwanzigtausend Euro. Mitunter posiert er mit seinen Kindern, darunter steht »#familyfirst«. Boateng ist »Influencer«, seine Botschaft: Mit Konsum lässt sich viel Lebenszeit füllen.

Eine menschliche Gemeinschaft sieht sich gerne erhöht; ja sie strebt danach, dem Wir einen Weg über gewöhnliche (Leistungs-)Grenzen zu weisen. Dies ermöglicht es, gerade im Eigenen das Besondere zu feiern. Um die Ansprüche personalisiert zu sehen, braucht die Gemeinschaft Figuren, die über sie hinauswachsen, und formt sie entsprechend der gesellschaftlichen Kultur. Wo Triumph ist oder mitunter auch glorreiche Niederlage, sind Helden. Sie leben in Bildern und Geschichten, die Vorbilder und Nacherzählungen schaffen, somit kollektive Identität konzentrieren und stützen.

Die Denkmäler werfen ihre Schatten auf den Boden des Gewöhnlichen. Der »heros« war ein wesentlicher Bestandteil der mythischen und religiösen Vorstellungen der antiken Griechen, die ihm das Bedürfnis nach stetem Wettkampf zuschrieben. Als Kultstätte diente das »heroon«, das Grabmal, denn die Heroisierung erfolgte kaum je zu Lebzeiten, bedeutete sie doch eine Stellung zwischen den Göttern und den Menschen. Heute ist das Übermenschliche täglicher Mediendiskurs, der das Magisch-Religiöse benützt, um den alltäglichen Konsum zu fördern. Dazu müssen die Helden freilich höchst lebendig erscheinen.

Geht es um Helden der heutigen Medien- und Kommerzgesellschaft, sind wir bald beim Sport, der so viele Heroen liefert wie kein anderer Bereich. Er bietet ein einfaches, verständliches Bild einer messbaren Stadionwirklichkeit, die Siege sind mittels Triumphgesten und Ehrungen als Rituale nachvollziehbar: Eine unterhaltsame Außeralltäglichkeit befriedigt das Identifikationsbedürfnis des Publikums. Die übliche Sprachform der Heroisierung trifft sich mit jener der Rekorde und der Reklame: im Superlativ.

Der Held, betont Jürgen Martschukat, »ist die geradezu prototypische Subjektform der Fitnessgesellschaft, und der Fitnessheld ist die typische Subjektform des Neoliberalismus. Schließlich sind es wesentliche Markenzeichen der Fitnessgesellschaft, Durchsetzungskraft und Leistungsvermögen zu erwarten, Spielräume zu dehnen und Limits überwinden zu wollen«. Wo Fitness auf dem Spiel stehe, seien Heldenmetapher und Heldenfigur nicht weit. In Hamburg werbe sogar das Studio »Urban Heroes« mit dem Versprechen, innert acht Wochen könne man sich zum Helden machen, »from zero to hero«. Ronald Reagan drückte die neoliberale Botschaft am deutlichsten aus, dass jeder, der sich zur Selbstoptimierung anstrenge, ein Held zu werden vermöge. Den muskulösen Körper als Zeichen der Politik der Stärke heroisierten damals, in den 1980er Jahren, die Hollywoodhelden Rambo und Rocky. »Die Renaissance des Heroischen im Zeitalter der Fitness«, führt Martschukat aus, »hat dann im 21. Jahrhundert so richtig Fahrt aufgenommen.«

Medien und Werbung spielen Helden und Heldinnen zum Angreifen vor, als wäre die Heroisierung demokratisiert. Die Fernsehkameras filmen dicht am Geschehen, um den Konsumenten den Eindruck zu vermitteln, sie wären selbst direkt dabei. Auf den Playstations geht das in unserer Welt der Simulation noch näher, hier kann Ich ein Anderer werden. Nicht nur in Zeiten sozialer Umwälzungen besteht ein großer Bedarf an Helden, sondern auch in einer Welt virtueller Möglichkeiten und schneller Medien. Die Heroen bleiben in der Regel länger im kollektiven Gedächtnis als die modernen Stars, die permanent hervorgehoben werden müssen, um zur Marke zu werden. Die Amateurhelden der Fitness allerdings müssen sich dauernd von neuem beweisen und stetig weitertrainieren.

Eine Verehrung, die den Lichtbringer suche, durchziehe den Sport, meint Gunter Gebauer. Der Held kompensiere, was in anderen Bereichen verlorengegangen sei, und profitiere höchst lukrativ davon.

Die Heroisierung braucht Höhepunkt und Superlativ, sie ist Ausdruck der Zeit und suggeriert das Zeitlose.

Das moderne Olympia stellt seine legendären Höchstleistungen und großen Idole dauerhaft aus. Der zum Hundertjahr-Jubiläum erschienene Band *Helden der Spiele* beginnt mit dem Eigenlob, das die Herren der Ringe von Coubertin über Brundage und Samaranch bis Bach geübt haben: mit dem »Leben der Präsidenten«. Dass sie als erste Helden dastehen, schreibt der Institution die Oberhoheit über das Geschehen zu, als wäre der Held nichts ohne die Fünf-Ringe-Arena. Auf seiner Internetseite führt das IOC die Medaillenreichsten als Heroen an, als wäre der Held messbar eine Frage der Quantität: den Schwimmer Michael Phelps, die Turnerin Larissa Latynina, ihren Kollegen Takashi Ono, den Langstreckenläufer Paavo Nurmi, die Kanutin Birgit Fischer und den Turner Sawao Kato.

Die Wiederholung verstärkt den Diskurs, in jeder Olympiade sind neue Heroisierungen zu erwarten. Die Hochglanzbände und Filmkassetten über die Spiele sind Heldenkataloge; das Olympische Museum in Lausanne stellt Objekte der berühmtesten Gewinner und Siegerinnen als Fetische aus, die eine traumhafte Identifizierung mit dem fremden Erfolg ermöglichen. Dass allein eine Goldene den Status zu schaffen vermöge, zeigt das Internetportal www.sporthelden.de mit dem Untertitel »Zukunft trifft Vergangenheit«. Es listet alle Goldmedaillengewinner und Olympiasiegerinnen aus Deutschland, der Schweiz sowie Österreich auf.

Mit der abnehmenden Halbwertszeit der Medien verblassen allerdings Helden und Heroinen schneller. Zu ihrer Zeit stehen sie alle in der höchsten Steigerungsform über dem Gewöhnlichen. Sie sind die Besten, die Großartigsten, die Vorbildhaftesten, die Erfolgreichsten. Und seit die Medienwelt Historie meist als Statistik von Siegen und Niederlagen versteht, lautet der übliche ahistorische Superlativ-Zusatz: »aller Zeiten«.

Unterschiedlich sind die Typen. Die Geschichte der Winterspiele liefert eine breite Palette: der Holzfäller-Langläufer als einsamer, Toni Sailer als strahlender, Simon Ammann als jugendlich unbekümmerter Held. Jean Vuarnet oder Pepi Stiegler fanden sich als Helden, die eigentlich gar nicht dabei sein sollten, auch deswegen hervorgehoben, weil die Überraschung zum Ambiente Olympias gehört. Die glamouröse Heldin verkörperte die Norwegerin Sonja Henie. Den stillen Helden stellte der Postbote Georg Thoma aus dem Schwarzwald dar, den starkmächtigen der Österreicher Hermann Maier, der nach einem spektakulären Sturz zwei Goldene gewann. Ein Erzählstrang moderner Heldensagen ist es, dass sich der Athlet – stellvertretend für das Publikum – gegen Widrigkeiten durchsetzt und besondere Umstände seine Leistung veredeln.

Bei der Präsentation ihres eigenen Fernsehsenders führten die Herren der Ringe im August 2016 ihre Geschichte als Menschheitserzählung von den antiken Wurzeln her vor. Mit

Differenzierungen hielten sie sich nicht auf. Sie blendeten von Leonidas aus Rhodos, der im zweiten Jahrhundert vor unserer Zeitrechnung zwölfmal gewonnen hatte, direkt zum Seriensieger von heute, zu Michael Phelps, der gerade seine neunzehnte bis dreiundzwanzigste Goldene holte. Im Insert stand: »Wer der Größte ist, können nur die Götter entscheiden«.

Im Februar 2015 wollte eine Umfrage wissen, welche Persönlichkeit Österreich am besten im Ausland vertrete. An erster Stelle landete der Skifahrer Marcel Hirscher, zugleich der größte Werbeträger der Republik. Zwei Jahre später gab die Schweiz eine Briefmarke heraus, erstmals mit dem Bild einer lebenden Persönlichkeit: Roger Federer »repräsentiert unser Land auf einem Top-Niveau«, sagte der Post-Chef. Der Tennisspieler ist eine der gefragten globalen Werbefiguren, er macht Reklame für Pasta und Kleidung, für Autos und Uhren, Schokolade und Champagner, Privatjets und Telekommunikation, Elektrogeräte und selbstverständlich auch für eine Bank.

Toni Innauer, 1980 Olympiasieger und später Teamchef der österreichischen Skispringer, meinte kürzlich: »Wenn früher so etwas wie ein Heldenstatus entstanden ist, entstand das als Nebenprodukt, während es heute gezielt von einer Marketingmaschinerie kreiert wird.« Er selbst wirbt für Fruchtsäfte.

Die Athleten verkörpern Werte, die – nicht nur – unsere neoliberale Gesellschaft hochhält: Leistung, Erfolg, Optimismus, Dynamik, Durchsetzungswille, Jugendlichkeit. Ihre von Siegen vergoldeten Eigenschaften bringt die Werbung mit Konsumgütern in Zusammenhang, das Image der Einen überträgt sie auf das Andere. Wegen ihrer Bekanntheit vermag die Persönlichkeit einen Blickfang abzugeben, wegen ihres Rufes wird sie akzeptiert, bürgt als »Testimonial« für die Produkte und verleiht ihnen eine symbolische Dimension.

Insbesondere Sportler (weniger Sportlerinnen) halten geradezu inflationär als Vermarktungsobjekte her. Sie sind laut deutscher Medienstudie 2012 die begehrtesten Reklameträger, als Hauptgründe werden Authentizität, Vorbildfunktion und gesunde Lebensweise genannt. Mit ihrer Glaubwürdigkeit erreichen sie um zehn Prozent höhere Werte als andere Berühmtheiten, die Wiedererkennbarkeit wirkt doppelt so stark, wenn die Athleten im Sportdress abgebildet sind. Das beste Ergebnis spricht die Studie dem Basketballer Dirk Nowitzki zu – nachdem er erstmals den Meistertitel in der nordamerikanischen Profiliga errungen hatte, titelte die Presse: »Superheld«.

Als die Nationalelf 2014 Fußballweltmeister wurde, sahen in Deutschland fast 35 Millionen das Finale im Fernsehen (das war ein Marktanteil von 86 Prozent) und weitere Millionen beim Public Viewing. In der Halbzeit traten die Kicker als alltägliche Helden in Spots auf, sie priesen Banken und Versicherungen, Rasierer und Deos, Griller und Chips und Bier. Ein Spot kostete wohl eine halbe Million. 2019 waren beim Finale des American Football, beim Super-Bowl, für dreißig Sekunden Reklame fünf Millionen Dollar zu bezahlen. Im folgenden Jahr kostete ein Spot 5,6 Millionen Dollar; Werbeeinschaltungen von jeweils einer Minute leisteten sich Donald Trump und andererseits Michael Bloomberg für ihren Präsidentschafts-Wahlkampf – ein Novum beim Super-Bowl. Die Verbreitung scheint sich für Trump gelohnt zu haben: Während des Endspiels wurde er auf Twitter 172 000 Mal erwähnt, mehr als doppelt so oft als der zweitmeist genannte Werber.

Fällt allerdings der Held vom Podest, wird meist die Werbung hinfällig. Die Steuerhinterziehung von Cristiano Ronaldo oder Uli Hoeneß spielt offenbar für Fans und Firmen keine Rolle, während Doping als unsauber und geschäftsstörend gilt. Wie schnell ein Podest kippen kann, zeigte 1988 der Fall des kanadischen Sprinters Ben Johnson. Bei den Sommerspielen von Seoul hatte er die 100 Meter in Weltrekordzeit gewonnen, dann wurde er des Dopings überführt. In einer Erzählung, die von Wahrhaftigkeit lebt, darf der Held seinen Status nicht betrügerisch erlangen (dass er in anderen Bereichen betrügt, stört wenig). Johnsons Sponsoren wendeten sich sofort ab, in Japan entfernte man sein Bild aus mehr als sechstausend Tankstellen, in Finnland stellte man den Verkauf der Johnson-Milch ein. Allerdings blieb der Dopingsünder im American Football und bei den Medien dennoch gefragt. Dies zeige, schrieb damals *Der Spiegel,* dass im ausgehenden 20. Jahrhundert sportliche Helden als mythische Figuren unersetzbar seien.

Im Radsport führten wiederholte Dopingskandale zum Rückzug von Sponsoren und dadurch zur Auflösung von Teams. Lance Armstrong wurden nicht nur seine Tour-de-France-Siege aberkannt, sondern er musste auch Sponsorengelder in Millionenhöhe rückerstatten.

Andererseits kommt aus diesem Sport eines der bekanntesten Beispiele, dass nicht immer große Siege nötig sind, um zum Helden zu werden. In Frankreich erlebte Raymond Poulidor, in den 1960er und 1970er Jahren der »Ewige Zweite«, mehr und intensiveren Zuspruch als der damalige Seriensieger Jacques Anquetil. Bis heute ist Poupou, wie der im November 2019 verstorbene Poulidor volkstümlich verniedlichend genannt wird, eine Legende. Britische Medien bezeichnen ihn als »Working Class Hero«, der Radiosender France Inter erklärt ihn zum nationalen Mythos: Er sei im kollektiven Gedächtnis eingeprägt, ein Held in einem Abenteuer, das über die Geschichte hinausgehe und Symbole schaffe. Noch Jahrzehnte nach seiner Karriere trat er in einem Spot in die Pedale, für eine Bank fuhr er bis vor kurzem in der Werbekarawane der Tour de France mit.

WERBEKARAWANE VOR DEN HELDEN
DER LANDSTRASSE

In drei Juliwochen säumt jedes Jahr eine Menschenmenge die Straße, auf der eine Stunde lang die Prozession des Kommerzes einher zieht. Bis, meist innert zwanzig Sekunden, der Pulk der Athleten mit einem Zischen und Sirren vorbeibraust. Im Fahrerfeld sind Einzelne kaum erkennbar, in einem bunten Husch sind sie vorüber.

Den schnellen »Giganten der Landstraße« weit voraus präsentiert hingegen die lange Kolonne im Schritttempo übersteigerter Erkennbarkeit eine Produktpalette. Die Aufmerksamkeit erregen riesige Plastikfiguren und Markenzeichen auf Ladeflächen von Lastern und Pick-ups, aus denen bunt geschmückte Hostessen Werbegeschenke verteilen. Die Verbindung zum Ereignis verstärken selbstverständliche Symbole wie der Umriss Frankreichs und die Farben der Wertung: Gelb für das Trikot des Gesamtführenden, rote Punkte auf weißem Grund für den Bergbesten, Grün für den Leader des Punkteklassements.

Ein gelber Wagen transportiert einen Statisten, der ganz in Gelb auf einem fixierten gelben Velo strampelt, als gelte es, ein Sinnbild der Simulation vorzuführen: Stets auf der Stelle und sich doch bewegend, mit der Kolonne durch weite Teile des Landes. Hinter ihm, schräg nach oben gerichtet, eine Tube mit der Aufschrift »ça cole«, das klebt. Wie eine Rakete sieht sie aus, ähnlich ragen auf anderen Autos ein riesiger gelber Kugelschreiber oder ein rot gepunktetes Feuerzeug in die Höhe.

Das Publikum applaudiert, ruft, jubelt und empfängt Kugelschreiber, Feuerzeuge, Kleber. Und wendet sich den nächsten Fahrzeugen zu, einer comiclesenden Mickey Mouse, dann einem Teddybären mit weißem Herz auf rotem Trikot. Flaggen flattern daher, enorme Flaschen gleiten vorüber, es folgen Kleeblätter und Lottokugeln für den französischen Glückspielkonzern. Auf dem nächsten Chassis schützt eine Megabrille den ganzen Wagen gegen die Sonne. Überdimensionale Kekspackungen rollen an und eine Madeleine wie ein kleiner Panzer, aus dem die Nationalhymne ertönt, in die der Namen der Gebäckmarke hinein montiert ist. Auf einem alten rotweiß getupften Automodell ähneln fünf, sechs Baguettes kleinen Geschützen. Der folgende Wagen in Grün hat eine Skihütte mit Styroporschnee auf dem Dach, ein anderer das Nationalemblem des französischen Gockels als Aufbau. Auch der Hahn tritt in die Pedale.

Die rollenden Tiergiganten aus Kunststoff werden von der

Menge am Straßenrand besonders laut beklatscht, ein Hund und ein Schwein, ein Schaf und eine Kuh und ein gelber Fisch an der Angel. Dafür regnet es aus den Pick-ups Tüten mit Wurst, mit Käse, mit Pastetchen, alles in Plastikverpackungen made in China. Im Laufe von drei Wochen verteilt eine Firma eineinhalb Millionen Bonbonsäckchen, eine andere fünfhunderttausend Würstchen, eine dritte zweieinhalb Tonnen Madeleines, dieses seit Marcel Proust als Inbegriff französischer Erinnerung geltenden Gebäcks.

Auf den Dienstautos der Gendarmerie blinken Leuchttafeln, dass die Sicherheitskräfte Leute einstellen, »rejoignez-nous«, kommen Sie zu uns.

Halb Frankreich und hunderttausende Touristen sind da, um die Giganten der Landstraße, vor allem aber diese Parade hupender verkleideter Fahrzeuge und die auf ihnen winkenden, tanzenden, musizierenden Statisten zu erleben, während Lautsprecher alle vorbeiziehenden Warenmarken als offizielle Partner der Tour de France ausrufen. Mindestens 250 000 Euro kostet die Teilnahme. Drei oder nach anderen Schätzungen gar fünf Millionen Euro hat eine Mineralwasserfirma des Nestlé-Konzerns bezahlt, um mit ihrem Wagen mitrollen zu können.

Die Tour de France ist das einzige Großereignis der Welt mit einem Verhältnis 150:1 von Werbung zu Sport. Würde nicht das Publikum, freudig unterhalten, mit steten »Ahs« und »Ohs« und »regarde!« reagieren, müsste der Kontrast großer Aufwand und kleine sportliche Wirkung komisch scheinen. Immerhin sieht diese Prozession der Kommerzorgie aus wie ein Komos, der ritualisierte Umzug des Dionysoskults, adaptiert für den umfassenden Kapitalismus. Ein Aufzug der Karnevalisierung zum Konsumanreiz.

Außer bei den Bergetappen, bei denen die Radstars etwas länger aus der Nähe zu sehen und erkennbar sind, spielt der Sport die Nebenrolle. Es gilt das Event. Vor Ort ist es, anders als im Fernsehen, die Werbekarawane – eine Umkehrung der Verhältnisse: Das Sportereignis, das dem Ganzen Ursprung,

Grund und Namen verleiht, gibt in seiner Arena, auf der Straße, seinen Platz an das Marketingereignis ab. Nicht die Reklame tritt in der Pause auf, sondern der Athlet als schnell vorbeizischender Pausenfüller der Reklame.

Die »caravane publicitaire«, die Werbekarawane, führten die Organisatoren der Tour de France 1930 ein. In diesem Jahr ließen sie statt Nationalmannschaften nunmehr Firmenteams an den Start. Dadurch meinten sie weniger Sponsorengelder zu erhalten, da die Unternehmen ja ohnehin mittels ihrer Athleten werben und nicht zusätzlich bezahlen würden. Die vermutete Einbuße sollte von einer neuen Möglichkeit wettgemacht werden, die Werbung lasse sich ja gut für längere Eindrücke dorthin bringen, wo die Kunden so zahlreich stehen und man ohnehin durchs Land zieht: auf die Straße.

Heute bilden zweihundert Fahrzeuge eine zwanzig Kilometer lange Reklame, die den Radprofis vorausrollt; sie verteilt fünfzehn Millionen kleine Geschenke.

Die Firmen zeigen sich hochzufrieden, es zahle sich aus. Immerhin steht ein Fünftel der französischen Bevölkerung an den Straßen der Tour, und eine Umfrage ergab 2013, dass knapp die Hälfte des Publikums in erster Linie wegen der Werbekarawane kommt. Manche Leute stellen sich sukzessive an mehreren Stellen auf, um möglichst viele Geschenke zu erhaschen.

Für die Veranstalter lohnt sich die Tour de France, jährlich stecken sie etwa zwanzig Millionen Euro Reingewinn ein. Für ihren Umsatz von geschätzt hundert Millionen Euro sorgen zu dreißig Prozent die Sponsoren, zu zehn Prozent die Gemeinden und Regionen (Ziel einer Etappe zu sein, kostet mindestens um die sechzigtausend Euro). Den größten Teil bringen die Fernsehrechte, in 190 Ländern verfolgen zeitweise 3,5 Milliarden Menschen das größte und renommierteste Radsportereignis der Welt.

Kritiker bemängeln, das Geld komme weniger den Athleten zugute als vielmehr den Organisatoren, die teuer ein Produkt verkaufen, das ihnen praktisch geschenkt wird: Frankreich. Die Tour de France befindet sich im Besitz der Amaury Sport Organisation (ASO), einer Tochter der Pressegruppe, die das Sportblatt *L'Equipe* und die Tageszeitung *Le Parisien* herausgibt. Der ehemalige *L'Equipe*-Journalist Pierre Ballester meint, die Tour sei sportlich tot, denn ASO stelle das Finanzielle über alles.

Wer die Werbekarawane erlebt, muss ihm rechtgeben. Sie überrollt die Helden der Landstraße, die sich mit einer nicht abreißenden Serie von Dopingskandalen selbst überrollen. Ihrer Fernsehpräsenz schadet dies indes kaum. Auch am Straßenrand ist die Tour de France nach wie vor populär. Als einziges Sportereignis kommt eine Rundfahrt zu den Zuschauern und reist durchs Land.

Mit Ende des 19., Anfang des 20. Jahrhunderts stand das Radfahren geradezu sinnbildlich für Bewegung und Fortschritt der Moderne. 1903 wurde die Tour de France ins Leben gerufen, schon im Hintergrund ihrer Gründung wirkten Werbung, Politik und Nationalismus. Weil die Zeitung *Vélo* an der Seite von Emile Zola für Alfred Dreyfus eintrat, zogen einige Industrielle ihre Werbung zurück und ließen für ihre Reklamezwecke ein neues Blatt, *L'Auto* (ab 1946: *L'Equipe*), aufbauen. Der auf grünem Papier erscheinende Konkurrent organisierte das Radrennen Paris-Brest-Paris, also kam der Herausgeber von *L'Auto* auf die Idee einer Rundfahrt im ganzen Land und später auf das Gelbe Trikot des Führenden in der Gesamtwertung, denn seine Zeitung verwendete gelbes Papier.

Die Berichterstattung erfand sofort den Helden der Straße. Schon bei der ersten Tour schrieb die Zeitung von den »géants de la route«, die unsägliche Widrigkeiten und Schmerzen überwinden – geradezu sprichwörtlich wurde die Aussage, dass derjenige gewinne, der am besten zu leiden wisse. Die sakrale Aufladung folgte alsbald. 1905 behauptete *L'Auto* die Tour sei »ein großer moralischer Kreuzzug«, die Fahrer bezeichnete das Blatt als »unsere Apostel«.

Dem Publikum präsentierte sich Frankreich als Einheit und zugleich in seiner Vielfalt. Ab der Frühzeit der Tour schrieben die Artikel regionale Stereotypen fest: von den gläubigen Bretonen, die beten und sich vor den großen Berganstiegen bekreuzigen; von den beredten Männern des Südens, den waghalsigen Basken, den cleveren Normannen. Mit derartigen Zuweisungen versahen die Zeitungen auch das Publikum an der Strecke und zeigten es gern in traditionellen Gewändern.

Die Tour wurde zur jährlichen Lehrstunde französischer Geographie und Geschichte. Wer sie verfolgte – das war bald fast die gesamte Bevölkerung –, erfuhr eine Auffrischung sowie Erweiterung des Schulwissens: die Namen der Departements und Präfekturen, die Höhe der Berge, die Distanzen zwischen den Etappenorten, die klimatischen Bedingungen und dazu die Legenden der Rundfahrt. Humoristisch fand dies seinen Niederschlag im Witz vom Schüler, den der Lehrer fragt, wo die Stadt Dinan liege. »In der vierten Etappe, Monsieur.«

Es ist eine große Erzählung über Frankreich und das Franzosentum mit den zwei Polen Tradition und Moderne. General de Gaulle regiere das Land elf Monate im Jahr, im Juli sei es der Direktor der Tour de France, schrieb seinerzeit der Journalist Antoine Blondin.

Zugleich wirkte von Anfang an eine Ethik der Männlichkeit, ein nicht nur dem rechten politischen Lager wichtiger »Kult der Anstrengung« und ein starker Chauvinismus, der mehrmals zu gewalttätigen Zwischenfällen führte.

Derart aufgeladen ist die Tour geradezu der ideale Werbeträger und über das Fernsehen die beste Reklame für den Tourismus. Das sportliche Ideal bleibt allerdings oft am Doping hängen. Zu viele Sieger haben gewonnen, nicht weil sie am besten leiden, sondern weil sie am besten dopen konnten.

Zu den unzähligen Legenden des größten Radsportereignisses der Welt gehört eine Episode aus dem Jahr 1924. Der Vorjahrssieger Henri Pélissier, sein Bruder und ein Freund stiegen nach der dritten Etappe vom Rad und aus der Tour der Leiden aus. Vor den versammelten Journalisten klagten sie über die unmenschlichen Strapazen, dann legten sie die von ihnen verwendeten Dopingmittel auf den Tisch.

Vom Beginn des Ausdauersports an, sei es der Marathonlauf, seien es die Radrennen, haben Athleten immer versucht, ihre Leistung mit allen möglichen Substanzen zu steigern, sei es Alkohol, sei es Strychnin, seien es seltsame Hausmittel. Mit der Entwicklung der chemischen Industrie und vor allem mit der immensen Kommerzialisierung des Sports erreichte das Doping neue Dimensionen. Seit Jahrzehnten ist davon im besonderen Maße der Radsport betroffen, ist die Geschichte der unlauteren Mittel und ihrer mitunter tödlichen Auswirkungen eng mit der Tour de France verknüpft.

Sauber ist auch die Werbekarawane nicht. Die Reklame schafft Müll, »als würde es Plastik regnen«, sagt ein Abgeordneter der französischen Grünen. Insgesamt hinterlässt die Tour mehr als 12 000 Tonnen Abfall, vor allem das Plastik von Abermillionen Werbeprodukten.

Geraint Thomas, der 2018 in den Farben des Sponsors Sky gewann, fuhr im Jahr darauf für Ineos. Mit dem Sky-Trikot trat er gegen die Plastikverschmutzung und für die Rettung der Ozeane an, nunmehr tritt er für einen der weltweit größten Plastikproduzenten in die Pedale. Dass er seine Trinkflasche außerhalb der vorgesehenen Abfallzonen wegwarf, ahndeten die Kontrolleure mit einer Strafe von 180 Euro. Sein Jahresgehalt soll geschätzt vier Millionen Euro im Jahr betragen, bei seinem Toursieg erhielt er fast 550 000 Euro Preisgeld. Die Pönale für die wenig vorbildliche Müllentsorgung kostete ihn nicht mehr als die Prämie für eineinhalb Minuten auf dem Rad.

Nicht zur Rechenschaft gezogen wird das Publikum, das am Straßenrand einfach seinen Abfall liegenlässt. Nach dem Rennen sieht das mitunter wie eine wilde Müllkippe aus.

In der Werbekarawane ist selbstverständlich von den ökologischen Problemen, den positiven Tests, den Betrügereien und Skandalen nicht die Rede. Sie zieht als saubere Prozession und Parade einher. Zum Zwecke der Produktplatzierung spiegelt sie das Positive und Gute, das Erfolgreiche und Begehrenswerte in gekaufter bunter Fröhlichkeit vor.

6 MISSBRAUCH, BETRUG, GEWALT

DER CHEMIE-PULK IM DOPINGSPRINT

Zu Beginn der Sommerspiele von Rom tritt 1960 das Doping tödlich auf die olympische Bühne, die von nun an über die Fernsehschirme ihre bewegend bewegten Bilder in alle Welt verbreitet.

Das Mannschaftsrennen der Radfahrer steht als erster Wettbewerb auf dem Programm. Bei schwüler Hitze, weit über dreißig Grad, sind hundert Kilometer zurückzulegen. Im Team der vier Dänen gibt ein Fahrer auf, er hat einen Sonnenstich erlitten. Seine drei Kameraden treten umso heftiger in die Pedale, als die Betreuer ihnen zurufen, sie könnten noch die Bronzemedaille erstrampeln. Bis Knud Jensen sagt, es gehe ihm schlecht. Die beiden Gefährten stützen und besprühen ihn. Auf der langgezogenen Viale Cristoforo Colombo stürzt er auf den Asphalt. Er verliert das Bewusstsein, ein Krankenwagen bringt ihn in das heiße Sanitätszelt, dem die notwendige Ausrüstung fehlt. Am Nachmittag verstirbt Knud Jensen. Die in Rom durchgeführte Autopsie vermerkt Tod durch Hitzschlag. So verbuchen es die Olympier in ihrem offiziellen Bericht, obwohl es nicht stimmt und Doping zu verschleiern trachtet.

Vor der Untersuchungskommission der dänischen Regierung sagt der Trainer aus, die Fahrer hätten ein Medikament zur Intensivierung des Blutkreislaufs geschluckt. Sie seien

© Der/die Autor(en), exklusiv lizenziert durch
Springer Fachmedien Wiesbaden GmbH , ein Teil von Springer Nature 2021
K. Zeyringer, *Schwarzbuch Sport*,
https://doi.org/10.1007/978-3-658-32100-0_6

wohl nicht die einzigen gewesen, vermuten kundige Reporter, schließlich prangern medizinische Berater seit Jahren einen derartigen Missbrauch an.

Es ist der erste einer langen, bis heute reichenden Reihe von Dopingskandalen. Das IOC schafft daraufhin 1961 ein medizinisches Komitee, ab 1967 publiziert es Listen verbotener Substanzen, 1968 führt es Dopingtests ein.

Im Jahr davor, am 13. Juli 1967, müssen die Radprofis der Tour de France auf den knapp zweitausend Meter hohen Mont Ventoux in der Provence klettern. Die steile Steigung glüht in der Hitze, der kahle Berg bietet keinen Schutz gegen die Sonne. Der Engländer Tom Simpson, einer der Favoriten, will sich unbedingt in der Spitzengruppe halten, verliert jedoch den Anschluss. Drei Kilometer vor dem Gipfel müht er sich in Schlangenlinien weiter. Er fällt vom Rad. Steigt wieder auf. Stürzt erneut. Liegt am Straßenrand. Kurz darauf ist Tom Simpson tot. Er hat Amphetamin zum Aufputschen geschluckt und Cognac gegen seine Magenverstimmung getrunken, aber viel zu wenig Wasser. Schon 1965 hatte er im Interview zugegeben, dass er Dopingmittel verwende; darauf reagierte damals niemand.

Für Tom Simpson steht ein Denkmal am Mont Ventoux. Fast bei jeder Tour de France erzählen die Medien neuerlich seine tödliche Tour de Force.

Es sind Bilder gefallener Helden, die um die Welt gehen. Die Geschichten vom harten Kampf gegen sich selbst, von Überwindung und vom Erfolg um jeden Preis werden umso intensiver verbreitet, als sie sich auch sozial und ökonomisch einsetzen lassen. Die Profis wirken als Vorbilder, sodass Amateure ihren Körper großen Risiken aussetzen. Derart ist Sport jedoch nicht gesund, im Gegenteil.

Einen drastischen Beleg lieferten spätere Studien über Auswirkungen des ostdeutschen Staatsdopings. In streng geheimen Strategiepapieren hatten die zuständigen Funktionäre und Mediziner der DDR nüchtern und simpel strategisch bei zehn bis fünfzehn Prozent der Sportlerinnen mit Störungen, bei fünf Prozent mit »schweren Störungen« gerechnet. Die 2006 durchgeführten Untersuchungen von zweiundfünfzig Athletinnen und ihren Kindern stellten ein erschreckendes Ausmaß der Langzeitschäden fest. Die Rate der Fehlgeburten lag sehr deutlich über dem Durchschnitt; die Hälfte der Frauen litt an gynäkologischen Erkrankungen. Bei den meisten war das Skelett angegriffen; jede Vierte hatte bereits Krebs gehabt, bei mehr als einem Drittel bestand Suizidgefahr. Achtzehn ehemaligen Spitzensportlerinnen bereitete der Kreislauf Schwierigkeiten, zwölf hatten Probleme mit dem Herz, neun mit der Leber. Zudem konstatierte die Studie bei vielen Frauen »Virilisierungserscheinungen«.

Die betrügerische Leistungssteigerung ist ein gefährlicher Höhepunkt der Selbstoptimierung. Sie unterminiert sowohl die Gesundheit als auch die Grundlagen eines fairen sportlichen Wettkampfs, der auf Messbarkeit und Gleichheit der Bedingungen beruht.

Anhand der üblichen Reaktionen der »Dopingsünder«, von denen einige geradezu abenteuerliche Ausreden vorschieben, wird eine gesellschaftspolitische Parallele, wenn nicht Beeinflussung ersichtlich. Wie im Finanzkapitalismus, der laut Stephan Schulmeister am reichsten die gelungene Spekulation belohnt und ungleich weniger die Arbeit, werden »Verleugnung der Realität und Lebenslügen« unmerklich zu einem Teil des »Lebensmodells« unter dem Motto »Ich bin ein Leistungsträger«. Ethische Bedenken sind im Neoliberalismus nicht vorgesehen. Aus dem Glauben an die unsichtbare Hand des Marktes »leiten sich Grundwerte wie Eigennutz, Leistungsstärke, Selbstoptimierung, Konkurrenzfähigkeit« ab. Denen eifern mittlerweile unzählige Amateure nach, sodass der Verkauf der Präparate weltweit ein Milliardengeschäft ist.

Spätestens das mafiöse System, das Lance Armstrong für sich und sein gesamtes Team nicht nur bei der Tour de France betrieb, zeigte, dass sich auch beim Doping die Reicheren mehr Möglichkeiten zu schaffen vermögen – und dass die Möglichkeiten der Ermittler und der Institutionen, wenn sie sich nicht gar durch ihr Stillschweigen zu Komplizen machen, stets hinterher hinken.

Erst im Juli 2013, fünfzehn Jahre im Nachhinein, veröffentlichte die Anti-Doping-Kommission des französischen Senats die Resultate einer Untersuchung über die Tour des Jahres 1998, die Marco Pantani vor Jan Ulrich gewonnen hatte. Beide waren mittlerweile wegen ihrer unsauberen Praktiken aufgeflogen, Pantani war 2004 verstorben. Die Herren Senatoren hielten fest, dass die Tests von insgesamt siebenundfünfzig Teilnehmern der Tour 1998, darunter Pantani und Ulrich, positiv waren, also nachweislich mindestens fast ein Drittel des Fahrerfeldes zu verbotenen Mitteln gegriffen hatte. Da allerdings keine B-Proben zur Gegenprüfung aufbewahrt waren, blieb die Erkenntnis ohne rechtliche Folgen.

Im Laufe dieser Tour 1998 war einer der größten Dopingskandale der Geschichte geplatzt. Bei einem Betreuer des Teams der Uhrenmarke Festina stellte die Behörde eine ganze Wagenladung leistungssteigernder Substanzen sicher, vor allem EPO, ein Hormon, das die Bildung roter Blutkörperchen anregt und so größere Mengen Sauerstoff ins Blut transportiert. Keiner der Fahrer war positiv getestet worden, obwohl die ganze Mannschaft durchgehend gedopt war: Die Kontrollen erwiesen sich als unwirksam. Nach der siebenten Etappe wurde Festina ausgeschlossen, darunter der französische Star Richard Virenque. Aus Protest gegen die Ermittlungsmethoden traten die spanischen Teams ab; sie behaupteten, sich gegen einen Generalverdacht zu wehren. Im Grunde gaben sie vor, der Sport sei ein autonomes Terrain, auf dem die Polizei nichts zu suchen habe. Die Tour stand kurz vor dem Abbruch, nur 96 der 189 gestarteten Fahrer erreichten das Ziel.

Im selben Jahr 2013, als die Kommission ihre Untersuchungen veröffentlichte, warb der frühere Dopingsünder Richard Virenque für den Zeitnehmer der Tour: Festina. Durch sein schließlich zwei Jahre nach dem Vergehen erfolgtes Geständnis schrieb man ihm nun in Frankreich eine große Glaubwürdigkeit zu. Als er mit dem Festinawagen auf dem Mont

Ventoux durch das Spalier des Publikums fuhr, konnte er fre-
netische Ovationen entgegennehmen. Seinem Teamkollegen
jedoch, der seinerzeit die illegalen Mittel verweigert hatte und
wegen seiner ehrlichen Aussagen gegen das verbreitete Doping vom Fahrerfeld als »Nestbeschmutzer« gemobbt worden
war, zeigte die Tour auch 2013 die kalte Schulter. Christophe
Bassons ist im Milieu bis heute nicht willkommen.

Die Reaktionen der Ertappten folgten 1998 dem gängigen
Muster: leugnen, um Ausreden ringen, bei unwiderlegbarer
Beweislage höchst emotional bedauern und erklären, von nun
an werde alles besser und korrekt ablaufen.

Nichts wurde besser. Schon im folgenden Jahr begann die
Ära des Lance Armstrong, und viele Radprofis im Pulk griffen ebenfalls zu illegalen Mitteln. Bei sieben Tour-de-France-
Siegen profitierte der Amerikaner, der medienwirksam seine Krebsheilung als besondere Stärke hervorhob, mit seinem
Team vom umfassenden Doping. Unter seiner Ägide werkte
eine Cosa Nostra der Pedale mit organisiertem Betrug, schwe-
rer Nötigung und gefährlicher Drohung. Wie bei der sizilia-
nischen Omertà konnte er sich auf das kollektive Schweigen der
Radsportfamilie verlassen: Wer redete, wurde verunglimpft
und aus dem Betrieb ausgeschlossen. Dem Internationalen
Verband UCI zahlte Armstrong Schweigegeld, das er als Spen-
de deklarierte.

Als der Österreicher Georg Totschnig 2004 bei der Tour de
France den siebenten Platz belegte, rangierten vor ihm ausschließlich Fahrer, die in ihrer Karriere mindestens einmal in
eine Dopingaffäre verwickelt waren.

Und bis dato verging kaum ein Jahr, in dem nicht einer der
Giganten der Landstraße wegen positiver Tests eine Sperre
ausfasste. Es bleibt der Eindruck, dass der Pulk stets neue Mittel oder Umgehungen findet, an denen die Fahnder noch scheitern – 2019 sollen es das schwer nachweisbare Aicar sowie die
nicht auf der Verbotsliste stehenden Ketonpräparate sein.

Der Popularität der Tour de France hat die dauernde Trick-
serei keinen Abbruch getan. Nach wie vor werden gedopte Hel-

den verehrt. Zum fünfzigsten Jubiläum des ersten Tour-Sieges von Eddy Merckx startete die Große Schleife in Brüssel; dreimal war der Radstar seinerzeit positiv getestet worden. Davon sprachen Organisatoren und TV-Reporter nicht.

Das Konkurrenz- und Wachstumsgebot des Neoliberalismus verlangt ebenso wie der kommerzialisierte und mediatisierte Sportbetrieb eine stete Steigerung. Für einen Erfolg oder gar den Heldenstatus gilt es die Grenzen der menschlichen Leistungsfähigkeit zu erweitern. »Wenn du dopst, dann trennst du dich von deinem Körper«, sagt der Radprofi Guillaume Martin, der ein Masterstudium der Philosophie abgeschlossen hat, der *Frankfurter Allgemeinen Zeitung* am 24. Juli 2019. »Du wirst zur Maschine. Du bist kein Mensch mehr, sondern ein Gerät, das du mit etwas Äußerlichem besser machen willst.«

Doping ist nicht nur aus medizinischen Gründen ungünstig, sondern auch aus sozialen und moralischen: Es belohnt den Betrug. Und es fördert ein Milieu des Verdeckens und Verschweigens, während die Betreiber des Sports, allen voran die Verbände, offiziell ihr ethisches Image zum Wohle der Menschheit behaupten. Ihre Bemühungen um saubere Zustände sind allerdings nicht immer überzeugend, denn mitunter greifen sie zu Manipulationen. Die Anzahl der ertappten Athleten bleibt verdächtig niedrig, die Bestrafung inkonsequent.

Wie zwiespältig die Situation ist, zeigt schon der antreibende Grundsatz unter den fünf Ringen. Pierre de Coubertins »schneller, höher, stärker« fordert zu laufend neuen Spitzenleistungen und Rekorden auf. Auch wenn man an den Grenzen des Machbaren angelangt ist? Mit dem Doping trifft das Motto des Begründers der modernen Olympischen Spiele auf einen alten Traum der Menschheit: die künstliche Verbesserung des Körpers.

Zu Coubertins Lebzeiten kannte man den Begriff Doping nicht. In St. Louis schluckte 1904 beim Marathon der spätere Sieger auf halber Strecke Strychnin mit Eiklar, danach Brandy. Den Instanzen war es recht. Der Wettbewerb, erklärten sie im offiziellen Bericht, »zeigte vom medizinischen Standpunkt deutlich, dass Drogen für den Athleten bei einem Straßenlauf von großem Nutzen sind«.

Als wirkliches Problem begann die Sportwelt das Doping erst zu betrachten, als das Fernsehen Olympia in die Wohnzimmer brachte, die Kalten Krieger Medaillen als Siege ihres politischen Systems verkündeten und die pharmazeutische Industrie enorm zulegte. 1960 in Rom waren erstmals die TV-Kameras und auch die Geheimdienste aus Ost und West omnipräsent. Eineinhalb Jahrzehnte später konnte man sich wundern, wie viele Medaillen die DDR mit ihren siebzehn Millionen Einwohnern errang und dann sogar die USA sowie die UdSSR hinter sich ließ. Das umfassende, staatlich gelenkte Doping machte es möglich. Als das noch nicht offiziell und beweisbar aufgeflogen, wohl aber ruchbar war, erhielt der dafür verantwortliche höchste ostdeutsche Funktionär vom IOC einen Orden: Er übe »einen außergewöhnlichen Einfluss auf die Sportler und Sportlerinnen seines Landes aus«, lautete die Begründung, die aus heutiger Sicht ironisch, wenn nicht zynisch erscheint.

Erst 1999 riefen die Olympier die World-Anti-Doping-Agency (Wada) ins Leben. Das IOC brauchte damals dringend eine Verbesserung seines Images, das im Korruptionsskandal um die Vergabe der Winterspiele 2002 an Salt Lake City gelitten hatte. Dort wurde dann der Langläufer Johann Mühlegg aus dem Allgäu, der drei Goldene für Spanien gewonnen hatte, der Verwendung illegaler Substanzen überführt. Als Ausrede nannte er seine Diät, den Durchfall und die Höhenlage. Die unverfrorenste Erklärung aber bot 2006 bei den Winterspielen in Turin Peter Schröcksnadel, der Präsident des ÖSV, nach einer Razzia, in deren Verlauf die Polizei bei den österreichischen Langläufern und Biathleten Unmengen an Präparaten und Spritzen sichergestellt hatte: »Austria is a too small country to make good doping.«

Das IOC begann alle Blut- und Urinproben aufzubewahren. Da stets neue Präparate und Verfahren die Kontrollen

zu umgehen trachten, lassen sie sich oft nur viel später nach-
weisen, sodass erst dann Suspendierungen die Ergebnislis-
ten verändern. Wer Vierter oder Fünfter war, kann womöglich
nach einigen Jahren auf das (nun virtuelle) Siegerpodest steigen. Mehr als hundertzwanzig Medaillen wurden bislang aberkannt.

Fernab der Wettkämpfe gewannen im November 2017 zwei
Schweizer die Goldene im Zweierbob – der Winterspiele 2014.
Der Sieger von Sotschi war positiv getestet und lebenslang gesperrt worden; Präsident des russischen Bobverbandes blieb
er dennoch, da die heimische Justiz ihn stützte. Ihre Erkenntnis, das Urteil des Weltsportgerichtshofs gelte in Russland
nicht und er dürfe sich weiterhin Olympiasieger nennen, bedeutete eine Ablehnung der IOC-Leitidee, dass der Sport und
seine Gerichtsbarkeit autonom seien.

Es freue sie wohl, sagten die beiden Schweizer, aber »der
Moment, wenn man die Nationalhymne hört, kommt nicht
mehr zurück«.

Schwierig gestaltete sich eine Neuvergabe, nachdem die
Russin, die 2008 in Peking im Weit- und Dreisprung jeweils
den zweiten Platz belegt hatte, disqualifiziert worden war.
Neun Jahre waren seit dem Wettkampf vergangen, die nun-
mehrigen Silbernen mussten per Internet gesucht werden, im
Dreisprung ist es die ehemalige Vierte.

Bei den Winterspielen 2018 im südkoreanischen Pyeongchang stand eine Athletin am Start, neben ihrem Namen das
Insert »OAR«. Quatar im Winter? fragten Zuschauer vor den
TV-Geräten. Sie lasen das O für ein Q. Welches Land sich denn
hinter dem Kürzel verberge?

Es war das Zeichen der halbherzigen Sanktion, mit der die
Herren der Ringe schließlich doch auf das russische Staatsdoping reagierten. Die höchsten Stellen in Putins Reich hatten
in Sotschi den gewünschten Erfolgen systematisch nachgehol-
fen; Medaillen und Nationenwertung gelten in der ergebnis-
orientierten Welt meist als höherer Wert denn Fairness und
Gesundheit.

Die Wada wies umfassende Betrügerei nach, mehr als tausend russische Athleten verschiedener Sportarten, von Leichtathletik bis Biathlon, hatten davon profitiert. Die Olympier sprachen zwar von skrupelloser Aufklärung und strengen Strafen, wie immer. Präsident Thomas Bach jedoch lavierte. Einträchtig war er mit Wladimir Putin in Sotschi auf der Ehrentribüne gesessen, bei der Schlussfeier hatte er den heimischen Athleten ernsthaft für ihre »kraftvolle Botschaft« einer Gesellschaft von »Frieden, Toleranz und Respekt« gedankt.

Die Olympier wollten in Pyeongchang eine der großen Nationen nicht ganz aussperren. Das russische Komitee, das sich als Opfer einer Verschwörung gebärdete, wurde bis zur Schlusszeremonie suspendiert, seine Anti-Doping-Agentur Rusada bis auf weiteres. Einem Team von 168 ausgesuchten Teilnehmern verpasste das IOC eine neue Identität, die Kriterien der Einladung kommunizierten die Herren der Ringe nicht. Die »Olympischen Athleten aus Russland«, OAR, traten nicht unter eigener Flagge an.

Wird ein Einzelner erwischt, droht der lebenslange Ausschluss. Günstiger, da milder bewertet ist es, wenn gleich ein mächtiger Staat das Doping organisiert.

Dagegen greift auch die Fifa kaum ein. Ihre Kontrollen während der WM in Russland förderten keine groben Unregelmäßigkeiten zutage. Experten sind sich jedoch einig, dass die Werte und körperlichen Leistungen des Heimteams nicht ohne illegale Hilfsmittel zu erreichen gewesen wären. Entsprechend kritisierte Wada-Chefermittler Richard McLaren, die vom Fußballweltverband selbst durchgeführten Kontrollen seien viel zu lasch und im eigenen Interesse erfolgt.

Um unangenehme Nachforschungen zu unterbinden, verweigerte Russland dem deutschen Dopingexperten Hajo Seppelt die Einreise. Der renommierte ARD-Journalist war an der Aufdeckung des Staatsdopings beteiligt, der Kreml warf ihm »Verleumdung« vor. Erst nachdem der Vorsitzende des Sportausschusses im deutschen Bundestag die Fifa an ihre vertraglichen Garantien erinnert hatte, bestätigte der Weltverband die Akkreditierung für Seppelt. Allerdings sollte er in Moskau von den Behörden »befragt« werden. Der Journalist blieb zu Hause.

Zwei Monate nach der WM ließ die Wada die russischen Ermittler wieder zu. Die in den systematischen Betrug verstrickte Rusada hatte zwar die gestellten Bedingungen nicht erfüllt, durfte nun jedoch erneut die eigenen Athleten und Athletinnen testen. Die Russen hätten den McLaren-Bericht über das Staatsdoping akzeptieren und den internationalen Fahndern Zugang zu ihrem Labor sowie zu dessen Datenbank gewähren müssen. Ihrer Ablehnung folgten keine weiteren Konsequenzen. Die *Süddeutsche Zeitung* schrieb am 21. September 2018: Mit dem Beschluss habe sich die Wada »als ernstzunehmende Ordnungsinstitution abgeschafft. Sie ist eine Mogelpackung aus der IOC-Serienfertigung.«

Im Juli 2019 gab die Wada bekannt, auf der Grundlage von enormen Datenmengen aus dem Moskauer Doping-Labor habe sie dreiundvierzig Beweispaketen an die Weltverbände gesandt. Auf die sportjuristische Weiterverfolgung kann man gespannt sein. Allerdings sieht es so aus, als seien die Geschichte des russischen Dopings und der Reaktion internationaler Gremien eine unendliche Serie.

Im Dezember 2019 sperrte die Wada Russland für vier Jahre. Weder bei den Spielen in Tokio im Sommer 2021, noch in Peking im Winter 2022 dürfen russische Athleten und Athletinnen unter ihrer Flagge, mit ihrer Hymne antreten. Als »neutrale Sportler« schon, und wenn sich das Fußballteam für die WM in Katar qualifiziert, wird es eben dort als »Athleten aus Russland« kicken. Es sei ein »Bann mit Lücken«, urteilte nicht nur die *Neue Zürcher Zeitung* und meinte, Russland dürfe zumindest teilweise auf die Protektion des IOC setzen: Die Herren der Ringe hätten auch in diesem Fall dazu aufgerufen, »den Sport nicht zu politisieren, sonst sei die olympische Idee als völkerverbindendes Element grundsätzlich gefährdet«. Die Reaktion aus Lausanne zeige, »wie überfordert die Sportorganisationen mit der Dopingproblematik sind. Russland und sein sportbegeisterter Präsident Wladimir Putin sind für sie keine Bedrohung, sondern verlässliche Partner im Geschäft mit dem Schein.«

Und so feierten die »Olympischen Athleten aus Russland« ihren Sieg im Finale des Eishockeyturniers am Schlusstag in Pyeongchang, indem sie demonstrativ und lautstark die russische Hymne sangen.

Inzwischen war der Internationale Biathlonverband IBU wegen der Vertuschung von Doping in die Schlagzeilen gekommen. Zunächst hatte eine Eskalation für Aufregung gesorgt, danach die Ermittlung gegen die IBU-Spitze.

Vor den Weltmeisterschaften 2017 hatten einige Läufer gegen das Antreten eines russischen Konkurrenten protestiert, der auf EPO positiv getestet worden war und nach kurzer Sperre in die Loipen zurückkehrte. Beim dritten Wechsel der Mixed-Staffel querte Olympiasieger Martin Fourcade die Spur, trat auf die Ski von Alexander Loginow, sodass der Russe stürzte und dann dem Franzosen auf dem Siegespodest den Handschlag verweigerte. Daraufhin applaudierte Fourcade höhnisch, die Pressekonferenz verlief angespannt, einige Beobachter sprachen vom Kalten Krieg.

Im April 2018 erfuhr die Medienöffentlichkeit, dass im IBU-Sitz eine Hausdurchsuchung stattgefunden habe. Der Biathlonboss Anders Besseberg bestritt jegliches Vergehen. Seit sieben Jahren sollen der Langzeitpräsident und die Generalsekretärin insgesamt fünfundsechzig Dopingfälle unter den Teppich des Schweigens gekehrt haben, zudem soll bei der Vergabe der WM 2021 an einen sibirischen Wettkampfort Bestechung mittels Jagdausflügen und Prostituierten im Spiel gewesen sein.

Der Vizepräsident, der Tscheche Jiří Hamza, hatte seit langem heftige Kritik geübt, sie trug ihm massive Reaktionen ein: »Einige russische Offizielle haben uns bedroht, auch meine Familie. Sie wollten uns zum Schweigen bringen«, sagte er der Tageszeitung *Lidové Noviny*.

Unter einem neuen Präsidenten will der Verband seine Strukturen verbessern und eine unabhängige Integritätseinheit schaffen. Darüber debattierte ein außerordentlicher Kongress allerdings erst eineinhalb Jahre nach dem Eklat. Der war mittlerweile schon vom nächsten Skandal abgelöst worden, diesmal bei den Nordischen, als die Polizei bei der Weltmeisterschaft im tirolischen Seefeld einen Dopingring um einen Erfurter Arzt ausgehoben und fünf Athleten verhaftet hatte. Ein im Internet kursierendes Video zeigte einen österreichischen Langläufer in flagranti mit angesetzter Nadel beim Blutdoping.

Kaum eine Sportart, in der kein Doping betrieben wird.

Bei den im Sommer 2019 in Südkorea stattfindenden Schwimm-WM rückten Konkurrenten vom chinesischen Star Sun Yang ab, von dem sie meinten, er würde so viele Mittel schlucken, dass er lila pinkelt. Nachdem er den Titel über 400 m Kraul gewonnen hatte, verweigerte der Zweitplatzierte, der Australier Mack Horton, sowohl Handschlag wie Foto und stand bei der Hymne nicht auf dem Siegerpodest, sondern mit steinernem Gesicht im Hintergrund. Der Weltverband Fina verwarnte Horton. Die Herren der globalen Pools pochten darauf, dass ihre Regeln zu respektieren seien und die Events nicht für persönliche Aussagen oder Gesten benützt werden dürften. Den Protestierenden drohten sie eine Sperre und den Entzug ihrer Medaillen an; der Skandal ist für sie offenbar nicht das Doping, sondern die Äußerung mündiger Athletinnen und Athleten.

Monate zuvor hatte bei einem angemeldeten Test nach stundenlanger Streiterei Suns Sicherheitsmann die Blutfiolen seines Chefs mit einem Hammer zerschlagen: Er habe an der Authentizität der Kontrolleure gezweifelt, lautete die Ausrede. Die Fina sprach den dreifachen Olympiasieger mit der Begründung frei, die »ganze Wahrheit« werde man wohl nie erfahren – bevor der Weltverband den Star eines mächtigen Staates sanktioniert, desavouiert er die Kontrolleure. Schon in der Vergangenheit war Sun Yang in den Genuss milder Behandlung gekommen. Wegen einer positiven Probe hatte ihm der chinesische Verband einzig eine Rüge erteilt, worauf ihn die Fina mit einer Sperre belegte: für lächerliche drei Monate, noch dazu rückwirkend.

Das übergeordnete Interesse der Fina hatte deren Generalsekretär vor den Weltmeisterschaften 2017, als der Verband wegen Korruption in den Schlagzeilen war, zu verstehen gegeben. Er sei sich mit der obersten Anti-Doping-Agentur einig, behauptete er, dass man »Stars nicht von der Schwimm-WM ausschließen kann, nur weil sie einen kleineren Unfall mit Doping hatten«. Was er nicht sagte: Mit dem Idol Sun Yang will die Fina offenbar auf dem chinesischen Markt punkten. Dafür griff der Generalsekretär auf die übliche Formel zurück, als er den Protestierenden ausrichtete: »Wir wollen uns um Sport kümmern und nicht um Politik.«

Als IOC-Präsident Thomas Bach der WM seinen Besuch abstattete, erklärte er, der Fina nur gratulieren zu können, dass sie es so gut verstehe, ihre »Sportler ins Zentrum zu rücken«. Gewiss meinte er die mediale Aufmerksamkeit für die Leistungen. Die meisten Athleten und Athletinnen jedoch äußerten nicht nur in Bezug auf Sun Yang eine andere Meinung; sie beklagten den fehlenden Respekt ihres Verbandes, der sie als Objekte seines Millionenspektakels benützt. Die olympischen Finale müssen sie entweder in der Morgenfrühe (2008 in Peking, 2020 in Tokio ursprünglich vorgesehen) oder nachts (2016 in Rio) bestreiten, um zur Primetime ins US-Fernsehen zu kommen.

Erst im Herbst nach der WM verhandelte der oberste Sportgerichtshof den Fall von Sun Yangs Hammerattacke gegen die Dopingprobe, da die Wada Einspruch eingelegt hatte (der Schwimmer wurde schließlich für acht Jahre gesperrt).

Zur selben Zeit berichteten die Medien von den Dopingexperimenten im Nike Oregon Project, bei dem der amerikanische Cheftrainer Alberto Salazar Daten manipulierte, unerlaubt hohe Infusionen verabreichen ließ und fälschlich erklärte, die zuständige Behörde (die US-Anti-Doping-Agentur Usada) habe das erlaubt. Der Vorstand der Usada betonte, die Athleten hätten davon keine Ahnung gehabt, sie seien »Versuchstiere« gewesen. Eine der Athletinnen sagte: »Ich wurde von einem System emotional und körperlich missbraucht, das Alberto [Salazar] entworfen und Nike unterstützt hat.« Um Gewicht zu verlieren musste die ohnehin äußerst dünne Läuferin Antibabypillen und Abführmittel nehmen. Stets sei sie vor dem ganzen Team gewogen und gedemütigt worden, wegen der Medikamente habe sei drei Jahre lang keine Menstruation gehabt und fünf Knochenbrüche erlitten. Die *Süddeutsche Zeitung* resümierte am 4. Oktober 2019, es handle sich um ein »System, das sich selbst kontrolliert« und »Leistung predigt, um jeden Preis. Das können die Sponsoren besser vermarkten, die Zuschauer schöner bejubeln, die Medien blumiger besingen, und Verbänden und Trainern verspricht es Fördergelder und Verträge.«

In den Verbänden kollidieren nicht selten die Interessen. Einerseits verkünden sie ihre ethischen Prinzipien, mit denen sie ihre gesellschaftliche Bedeutung, somit ihre überaus günstige juridische sowie steuerliche Stellung untermauern wollen. Andererseits meinen sie Leistungssteigerungen zu brauchen, also Fortschritte im neoliberalen Sinne eines dauernden Wachstums, um ihr Publikum, ihre Sponsoren und ihre Subventionsgeber mit Rekorden, Medaillen und spannenden Wettkämpfen zu befriedigen. Da oft Lobbys und »nationale Interessen« wirken, gehen die Herrschaften lasch gegen Dopingsünder vor – bis staatliche Behörden eingreifen, die ja Befugnisse und Methoden wirksam zu machen vermögen, über die die Sportorganisationen nicht verfügen.

Dies zeigte sich bei der »Operation viribus« im Juli 2019, die zudem in aller Deutlichkeit vor Augen führte, dass nicht nur Profis zu unerlaubten Mitteln greifen. Die bei weitem größten Quantitäten verwenden Amateure, ob in Fitnessstudios, in kleinen Vereinen oder für private Anstrengungen. Die Medienbilder der Spitzenleistungen begeistern, sie animieren zur Nachahmung, sie stützen Haltungen und Formeln: Fit und stark sei schön, sportlicher Erfolg fördere beruflichen Erfolg, wenn man nur kaufe, wofür die Helden werben.

Im Laufe der »Operation viribus«, des »bisher größten Einsatzes dieser Art«, deckten Polizisten in dreiunddreißig Ländern Europas einen riesigen Handel mit Anabolika und gefälschten Medikamenten auf. Sie hoben neun Drogenlabore aus, beschlagnahmten tonnenweise Präparate, insgesamt 3,8 Millionen Dopingmittel, enttarnten siebzehn Banden, verhafteten zweihundertdreißig Personen, leiteten über achthundert Strafverfahren ein. Die Dealer hatten in den »sozialen Medien« geworben, über Online-Apotheken verkauft, sich auch in Kryptowährungen oder mit Prepaid-Kreditkarten bezahlen lassen.

Wie bei der »Operation Aderlass« während der Nordischen WM in Seefeld, bei den Profis wie bei den Amateuren liegt es an Staaten mit ihren Anti-Doping-Gesetzen, gegen illegale Leistungssteigerungen vorzugehen. Sportmächtige hingegen verhalten sich neoliberal und pochen auf die Autonomie ihres Marktes. Die Unabhängigkeit ihrer Kontrollorgane ist allerdings nicht immer gegeben. Der langjährige Wada-Chef Craig Reedie, bis November 2019 im Amt, war einige Jahre zugleich Vizepräsident des IOC, im Skandal um das russische Staatsdoping spielte er eine zwielichtige Rolle.

Als die Olympier im Januar 2018 die International Testing Agency ITA gründeten, um die Verbände bei den Kontrollen zu unterstützen, betonten sie die völlige Unabhängigkeit der neuen Instanz. Zugleich schickten sie jedoch ein IOC-Mitglied in den fünfköpfigen Vorstand, dazu den siebenundsiebzig Jahre alten Tennis-Ehrenpräsidenten, der im Board der Wada sitzt und als Mediator im Sportgerichtshof Cas. Praktischerweise sind es traute Nachbarn, alle residieren in Lausanne.

Das Doping ist im gängigen System des globalen Sportbetriebs angelegt, die Korruption ebenso.

KORRUPTION, EIN SYSTEM

Als das Internationale Olympische Komitee Rio de Janeiro zum Gastgeber der Sommerspiele 2016 kürte, war laut Aussagen damaliger Akteure Stimmenkauf im Spiel. Vor Ort liefen dann ebenfalls dunkle Geschäfte. Die Ermittlungsakten, die dem Obersten Gerichtshof Brasiliens vorliegen und die der *Observer* einsehen konnte, belegen, dass der Bürgermeister von Rio für olympische Bauprojekte über vier Millionen Euro an Bestechungsgeldern kassierte. Unter den fünf Ringen lobte ihn Thomas Bach in üblicher Schulterklopfmanier noch als »großen Leader«.

Alle Fußball-WM-Turniere von 2006 bis 2022 – in Deutschland, in Südafrika, in Brasilien, in Russland und in Katar – sowie die Weltmeisterschaften vieler Sportarten sind höchstwahrscheinlich nicht korrekter vergeben worden. Schon viel früher, 1998, hatte Marc Hodler, langjähriger Präsident des Internationalen Skiverbands und IOC-Mitglied, der *Neuen Zürcher Zeitung* erklärt, kein olympischer Austragungsort sei in letzter Zeit einwandfrei zu seinem Glück gekommen. Im selben Jahr berichtete *Der Spiegel,* nach den Worten von Soichiro Yoshida, der die Winterspiele nach Nagano geholt hatte, würden frühere Organisationskomitees eine Art Kundenkartei zum Kauf anbieten, »auf der neben den Namen aller IOC-Herrschaften deren spezielle Vorlieben nachzulesen sind.«

Die Häufung lässt ein System erkennen.

Es sind Strukturen und ihre Rahmenbedingungen, die ein derartiges Verhalten begünstigen. Eine, ähnlich einer feudalen Tafelrunde organisierte Vereinigung, die kaum externer Kontrolle unterliegt, vergibt ein Mega-Event per geheimer Abstimmung. Und die Selbstmaximierung einiger Sportherrschaften fördert ihre Beeinflussung per Geldkuvert.

Die Ursachen von Korruption sind oft untersucht worden. Es zeigt sich, dass Demokratien durchschnittlich weniger davon betroffen sind, Regierungen mit längerer Amtszeit tendenziell bestechlicher werden und die Sensibilisierung

für rechtsstaatliche Grundsätze unlauteres Vorgehen ein-
schränkt.

Die Kriminologin Britta Bannenberg betont, Korruption als
ein Aspekt der Wirtschaftskriminalität werde eher von Strukturen geprägt als von Individuen. Einzelne Personen, selbst an
entscheidender Stelle, könnten niemals ein bestechliches System etablieren. Es sei »hochriskant, Menschen in Entschei-
dungspositionen noch mehr Macht in die Hand zu geben«,
denn das steigere die Wahrscheinlichkeit der Käuflichkeit.

Auf den neofeudal organisierten Sportbetrieb treffen Ban-
nenbergs Worte fast idealtypisch zu. Systeme wie jene der
Verbände ermöglichen Aufstiege in Positionen, in denen sich
Mächtige außerhalb eines staatlichen Rahmens zu stehen
wähnen, somit außerhalb einiger Gesetze – wegen der steuer-
lichen Sonderstellung ihrer Institution insbesondere in Bezug
auf Finanztransaktionen. Da derart enorme Summen bewegt
werden, manche unter der Hand, stellt es keinen geringen Anreiz dar, Wahl oder Ergebnisse mit Geld zu beeinflussen. Dabei hilft die Bereitschaft von Sportfürsten, sich korrumpieren
zu lassen, da sie – von den Strukturen gestützt – eben in ihrem
autonomen Raum zu agieren meinen. Diese Vorstellung fand
sich bei der stark einsetzenden Kommerzialisierung, als die
Arena immer mehr Geld in Umlauf brachte, grundsätzlich von
jenem Staat legitimiert, in dem die meisten Verbände ihren
Sitz haben: Bis vor ein paar Jahren galt laut Schweizer Gesetzeslage eine derartige Korruption nicht als kriminelle Hand-
lung, da sie im quasi privaten Rahmen erfolge. Zuvor nannte
Paragraph 332 des eidgenössischen Strafgesetzbuches Bestechung nur dann als Straftat, wenn es sich um eine »öffentliche
Person« handelte. Erst im Dezember 2014 verabschiedete das
Parlament in Bern ein Gesetz, das Kader von Sportorganisationen als »politisch exponierte Personen« versteht und es somit erlaubt, ihre Finanzgebarungen zu untersuchen.

Die Korruption im Weltfußball sei »schleichend, systematisch und tief verwurzelt«, erklärte die US-Justizministerin
Loretta Lynch, nachdem die eidgenössische Polizei in Koope-

ration mit amerikanischen Behörden Ende Mai 2015 in Zürich höchste Fifa-Funktionäre verhaftet hatte. Einige von ihnen standen zweieinhalb Jahre später im ersten von insgesamt siebenundzwanzig geplanten Strafverfahren in New York vor Gericht, angeklagt nach dem Anti-Mafia-Gesetz Rico wegen Gangstertums und Korruption. Mindestens 150 Millionen Dollar Bestechungsgelder sollen als Gegenleistung für TV-Rechte an Turnieren und Spielen geflossen sein, unter anderem für die Kontinentalmeisterschaft Copa América. Im August 2018 wurden die ersten gewichtigen Urteile gesprochen. Für José Maria Marin, den Ex-Präsidenten des brasilianischen Verbands, hieß das vier Jahre Gefängnis und viereinhalb Millionen Dollar Strafe sowie Rückzahlung. »Das Verhalten von Herrn Marin hat das Vertrauen der Öffentlichkeit in den professionellen Fußball zerstört«, sagte die Richterin. »Er und seine Mitverschwörer waren der Krebs des Sportes, den sie angeblich liebten.« Juan Ángel Napout aus Paraguay, früher Vizepräsident der Fifa, bekam eine Haftstrafe von neun Jahren.

Nunmehr gibt es in Südamerika keinen einzigen Fußball-Landesverband, der nicht einen ehemaligen Präsidenten hinter Gittern sitzen oder unter Anklage stehen hätte. Mittlerweile war auch Ángel María Villar Llona, der Langzeitchef des spanischen Verbands, verhaftet worden. Seine jeweilige Wiederwahl hatte er sich laut Justiz gesichert, indem er die Chefs der Regionalverbände bezahlte. Als Vizepräsident der Fifa leitete er ausgerechnet deren Justizkommission; sein Sohn Gorka hatte als Generalsekretär des Südamerikaverbandes fungiert, bis er in Uruguay per Haftbefehl gesucht wurde. Beide, Vater und Sohn, gehörten zu den Beschaffern der Stimmen, die Gianni Infantino zum Fifa-Präsidenten gekürt hatten.

Derartige Familienbande finden sich im Weltsport nicht selten. Er ist ja auf Netzwerken im Hintergrund aufgebaut, folglich dem Nepotismus nicht abträglich.

Als Sportdirektor der Winterspiele 1998 in Nagano fungierte Tsunekadzu Takeda. Die Wahl der japanischen Stadt war mit vierzehn Millionen Dollar gekauft: Sechzig IOC-Mitglieder hatten Geschenke erhalten, waren in Thermalbäder und zu Luxusgeishas eingeladen worden. Im Januar 2019 informierte die Staatsanwaltschaft Paris die Öffentlichkeit, dass sie gegen Takeda vorgehe, da er in starkem Verdacht stehe, die Sommerspiele 2020 mittels Bestechung nach Tokio geholt zu haben.

Auch nach Beginn der Ermittlungen leitete der Japaner das Nationale Olympische Komitee und die Marketingkommission des IOC, die viel Geld bewegt. Extra für ihn hatten die hehren Herren der fünf Ringe ihr Alterslimit von siebzig Jahren ausgesetzt, damit er Tokio 2020 zu betreiben vermöge. Wegen des medialen Drucks musste Takeda schließlich doch von seinen Posten zurücktreten. Die französische Justiz ließ verlauten, er habe afrikanische Olympier mit Dollarmillionen gewonnen. Die Summe sei über ein Firmengeflecht des Senegalesen Papa Massata Diack geflossen, der auch jahrelang als Berater des IAAF, des Weltverbands der Leichtathleten, gewirkt hatte.

An dessen Spitze stand von 1999 bis 2016 sein Vater Lamine Diack, ein eminentes Mitglied des IOC, der mehrmals afrikanische Stimmen en bloc verkauft hatte. Gegen den Senior – und auch gegen den Geschäftsführer eines katarischen Medienkonzerns – läuft in Frankreich eine Anklage wegen Korruption bei der Vergabe der Leichtathletik-WM an Doha in Katar. Diesmal geht es um mehr als drei Millionen Euro. Lamine Diack steht in Frankreich unter Hausarrest, sein Sohn auf der Fahndungsliste von Interpol, aber der Senegal verweigert seine Auslieferung.

So entzog sich auch Zdravko Mamić der Justiz. Im Juni 2018 erging das Urteil gegen den langjährigen Clubchef von Dinamo Zagreb und Vizepräsidenten des kroatischen Fußballverbands. Seine politische Vernetzung war amtsbekannt, der Unternehmer und Spieleragent hatte etwa die Wahlkampagne des korrupten Bürgermeisters von Zagreb finanziert: Der Prozess war deswegen in eine Provinzstadt verlegt worden. Wegen Unterschlagung und Steuerhinterziehung im Zusammenhang mit den Transfers von Luka Modrić und Dejan Lovren wurde Mamić zu sechseinhalb Jahren Haft verurteilt. Unter seinen, dem Gericht vorgelegten Unterlagen, die offenbar wenig sorgfältig ausgesucht worden waren, fanden sich Anweisungen an Lovren, wie er aussagen solle. Als ein weiteres Verfahren wegen Korruption, Betrugs, Geldwäsche und Untreue anhängig war, floh Mamić nach Bosnien. Flott wandelte er sich zum glühenden Katholiken und lebt im Wallfahrtsort Medjugorgje. Ausgeliefert wird der neufromme Mann nicht.

Beste Beziehungen unterhielt Zdravko Mamić zum damaligen Vizegeneralsekretär der Fifa Zvonimir Boban, den Gianni Infantino zu seinem Mann fürs Grobe gemacht hatte. Für eine Friedensmission steht der Ex-Star nicht: Bei der Massenschlägerei im Zagreber Stadion, die als ein Zündfunke der Jugoslawienkriege gilt, hatte er sich gewalttätig hervorgetan, sodass er als Vorkämpfer des kroatischen Nationalismus verehrt wurde. 2017 setzte er sich in die Schweiz ab, da er in seiner Heimat wegen Betrugs verurteilt worden war; seine Villa in Zagreb kaufte Luka Modrić.

Im derartigen System wäscht eine Hand die andere.

Sylvia Schenk von Transparency International betont, dass unter den Verurteilten und Verdächtigen all der Skandale der letzten Jahre einige hochrangige Politiker und Wirtschaftsbosse zu finden seien, die über enge Beziehungen zur Machtelite ihres Landes verfügen: »Wo der Fußball die Massen begeistert, da haben die herrschenden Kräfte ein Interesse daran, sich seiner zu bedienen« – ein altbekanntes, deswegen aber nicht weniger zutreffendes Phänomen.

Sportverbände müssten von außen kontrolliert werden, forderte Mark Pieth, der in der Governance-Kommission der Fifa gesessen war, am 21. April 2018 im Deutschlandfunk. Er war über seine Meinung zum Bestechungsskandal des Internationalen Biathlon Union gefragt worden. In diesem Fall, sagte er, erreiche die Korruption bei weitem nicht die Dimension wie im Weltfußball, strukturell jedoch sei es dasselbe. Insgesamt habe der Sport ein »Riesenproblem«, da er so exponiert sei. Auf welche Art »exponiert«, also herausgehoben und ausgesetzt, sagte er nicht.

Dezidiert hingegen sprach Pieth die Verantwortung der Medien und der Fans an. Sie und auch zahlreiche Politiker würden den Sieg um jeden Preis wünschen und dementsprechend viel dafür einsetzen.

Im Global Corruption Report schreibt Transparency International 2016, weltweit generiere der Sport jährlich Einkommen von 145 Milliarden Dollar.

Die Korruption beschränke sich beileibe nicht auf den Fußball, vielmehr leiden auch Cricket, Radfahren, Badminton, Eishockey, Handball, Leichtathletik, Gewichtheben, Volleyball und andere, bis hin zum amerikanischen College-Sport, unter solchen »Gräben der Glaubwürdigkeit«. Im Jahr 2000 hatte die japanische Presse die Namen von neunundzwanzig korrupten Sumo-Ringern publiziert, und 2014 vermeldete eine Studie der Sorbonne, dass mit Manipulationen in allen Sportarten in allen Ländern der Welt zu rechnen sei.

Als einen Grund nennt der Global Corruption Report die recht archaischen korporatistischen Strukturen und eine Abgeschlossenheit, die von jenen Staaten wie der Schweiz gestützt werde, in denen die Verbände ihre Sitze haben.

Ein tieferer Grund sind die vom Neoliberalismus geförderten Anschauungs- und Verhaltensweisen. Ist erstens ein Bereich wenig und vor allem intern reguliert, bewegen zweitens wenige Akteure enorme Summen teils im Halbdunkel und gilt drittens Markt vor Moral, dann ist der Anreiz zu unlauteren Geschäften groß.

Wolfgang Maennig, 1988 Olympiasieger im Rudern, nun Professor für Ökonomie an der Universität Hamburg, bemühte sich 2004 in den *Vierteljahrsheften zur Wirtschaftsforschung* das Problem infolge eines Bestechungsskandals bei den Boxern einzig unter dem wirtschaftlichen Aspekt zu analysieren. Diese geschobenen Kämpfe seien bei »normalen Sportverbänden« klar als Korruption zu werten; würden die Organisationen hingegen als Unternehmen gesehen, »die ihr Einkommen und dasjenige ihrer Mitglieder unter anderem dadurch maximieren, indem sie gegen Entgelt Sportevents mit (fernseh)zuschauer- und sponsorträchtigen Athleten« in Szene setzen, so könnten Bestechungsgelder »auch als übliche Einnahmeart angesehen werden. Es könnte gar argumentiert werden, dass Korruption per saldo wohlfahrtsfördernd wirken kann«. Demgegenüber ist allerdings ein wesentliches Faktum zu bedenken: Verbände genießen einen Sonderstatus, sodass sie juridisch und steuertechnisch gerade nicht wie Unternehmen behandelt werden. Zudem verspricht der Sport Fairness und Gerechtigkeit, während etwa Wrestling bekanntlich Unterhaltungs-Show mit »Storylines« ist.

Zur Besserung eines korrupten Sports empfiehlt Maennig sodann »Jobrotation bzw. Begrenzung der Amtszeiten«, weil damit verhindert werde, dass »die Vertrautheit zwischen potenziell Bestechendem und Bestochenem zu groß und die Entdeckungswahrscheinlichkeit kleiner« werde. Die Praxis der meisten Verbände und Clubs sieht anders aus.

Trotz der Ermittlungen, Verhaftungen, Prozesse und Verurteilungen hat sich wenig geändert. Das Internetportal von Interpol bringt zweiwöchentliche Bestandsaufnahmen »Integrity in Sports«, und jedes Mal berichtet es von Akteuren, die soeben wegen Dopings oder Wettbetrugs erwischt oder gesperrt wurden.

Auch die Reaktionen folgen den gleichen Bahnen. Thomas Kistner von der *Süddeutschen Zeitung,* einer der fundierten Kenner und besten Analytiker des weltweiten Sportbetriebs, schrieb 2011 die weitgehend bis dato gültigen Worte: Von den meisten Schlüsselakteuren »werden nicht Korruption und Doping bekämpft, sondern nur deren Bekanntwerden: Nicht der Betrug ist das Problem, sondern der Skandal.«

MANIPULATION, EIN GESCHÄFT

Am Sport fasziniert vor allem, dass der Ausgang der Wettkämpfe ungewiss ist. »Bei Hamlet weiß ich ja, wie es endet«, lautet eine gängige Phrase von sportinteressierten Intellektuellen, wenn es den Vorzug eines Matches zu erklären gilt.

Die Fans begeistern sich im Miterleben. Ein im Vorhinein fixiertes Ergebnis entzieht ihrer Faszination, wenn die Absprache ruchbar wird, im Nachhinein den Boden. Den Behörden gilt derartiges als Betrug. Die soziale Einschätzung müsste ihn eigentlich umso schwerwiegender empfinden, als er in einem höchst positiv besetzten Bereich geschieht. Die Integrität stützt den emotionalen Wert; bricht sie zusammen, müsste er fallen. Beides, Unbestechlichkeit und Gefühlserlebnis, gehört zu den Grundlagen wirtschaftlicher Attraktivität.

Trotz all der dunklen Absprachen und Täuschungen, die wieder und wieder publik werden, scheint die Anziehungskraft der Wettkämpfe in der neoliberal und medial dominierten Sportwelt jedoch unzerstörbar. Die Manipulation bleibt ein florierendes Geschäft. Interessanterweise leidet die Ökonomie des Sports kaum unter den fast monatlich auftretenden Skandalen der Korruption, des Dopings, des Wettbetrugs, des Match-Fixing, des sexuellen Missbrauchs.

Offenbar ist das medial ungemein geförderte Faszinosum so mitreißend, dass es alle anderen Aspekte überstrahlt. Man hat den Eindruck, als ließen sich Publikum und Medien um keinen Preis von ihrer Begeisterung abbringen. Spannung und Emotionen bauen auf die Fiktion des sauberen Images. Die Gesellschaft, ob in reichen oder armen Ländern, schafft sich einen gewichtigen Bedarf an den einfachen Botschaften von Heldengeschichten sowie am Nervenkitzel spielerischen Wettbewerbs. Sie betreibt einen großen Aufwand an Vertuschung, Verdrängung, Abschwächung, denn groß ist der Handel mit Aufmerksamkeit, Einfluss, Geld – und umso stärker die Versuchung illegaler Eingriffe.

Wegen der steten vielfältigen und schwerwiegenden Manipulationen unterzeichneten die Mitgliedsstaaten des Europarates im September 2014 ein Übereinkommen. Ziel des Vertrags Nr. 215 ist »die Verhütung, Ermittlung, Bestrafung und Ahndung von Spielmanipulationen«; folglich gelte es, den Informationsaustausch sowie die Zusammenarbeit der zuständigen Behörden mit den Verbänden und Wettanbietern zu verbessern. Die Regierungen sollten nicht nur Maßnahmen zur Verhütung von Interessenskonflikten beschließen, sondern auch Regulierungsbehörden »falls erforderlich durch Begrenzung des Angebots an Sportwetten oder eine Annahmesperre für Wetten« unterstützen. Zudem seien strengere Regeln und Strafen, auch ein Zeugenschutz einzuführen.

Im Herbst 2019 trat der Vertrag in Kraft. Nur in sechs Ländern – (noch?) nicht in Deutschland, Österreich, Frankreich, Spanien, Großbritannien. Auch nicht in Belgien: Dort hatten die Abgeordneten des flämischen Landesparlaments im November 2018 bei der Anhörung zum großen Fußballskandal erfahren, dass fünfzehnjährigen Spielerinnen fünfzigtausend Dollar für eine absichtliche Niederlage geboten worden war. Schiedsrichter, Agenten, Funktionäre, Kicker, Trainer – insgesamt mehr als zwanzig Personen – waren des Matchfixings sowie der Hinterziehung von Steuern und Sozialabgaben dringend verdächtig.

In der Schweiz sprach sich der Bundesrat am 31. Januar 2018 für den Vertrag Nr. 215 aus, die eidgenössische Regierung betonte: »Korruption und Wettkampfmanipulation haben sich zu einer grossen Gefahr für den Sport entwickelt. Meistens erfolgen solche Absprachen in der Absicht, unrechtmässig Wettgewinne zu erzielen. Aufgrund des weltweit rasanten Wachstums legaler und illegaler Sportwetten kann der Sport diese Problematik nicht allein bewältigen und ist auf die Hilfe staatlicher Institutionen angewiesen.« Nach dem Nationalrat stimmte im Dezember auch der Ständerat für die Ratifizierung.

Bei der Parlamentsdebatte in Bern fielen am 11. September 2018 klare, zugleich desillusionierende Worte: »Wenn wir nicht handeln, verkommt der Sport zu einem illegalen Geschäft«, sagte ein Abgeordneter, dem dies freilich recht spät auffiel. Ein anderer gab zu bedenken, dass die entscheidenden Länder fehlten. Es sei kein einziger asiatischer oder südamerikanischer Staat dabei, und die USA hätten nicht unterzeichnet. Was der Schweizer Volksvertreter nicht erwähnte: Kurz zuvor hatte der Oberste Gerichtshof in Washington Sportwetten auch außerhalb der Spielermetropolen des Bundesstaates Nevada erlaubt – trotz des Verbots waren schon bislang im ganzen Land jährlich geschätzt hundertfünfzig Milliarden Dollar für Wetten in die illegalen Annahmestellen getragen worden.

Ohne Illusionen hatte Transparency International 2016 festgestellt: »The war against match-fixers is being lost«.

Tatsächlich sollen Mafiabanden damit international mehr Geld scheffeln als mit Drogen. Die Umsätze der illegalen Wettmärkte in Asien, wo es keine Registrierung und keine Obergrenze gibt, schätzten Experten 2012 auf vierhundert Milliarden Euro, seither dürften sie erheblich gestiegen sein. Im Dezember 2018 ging die Europäische Kommission in ihrem Bericht davon aus, dass jährlich weltweit bis zu vierhundertsechzig Milliarden Euro für Sportwetten ausgegeben werden, achtzig Prozent davon in einem illegalen Rahmen, und dass über den Sport neunzig Milliarden Euro Schwarzgeld weißgewaschen wird.

Nur selten sei ein konkretes Vorgehen gegen diese Kriminalität von den Sportverbänden selbst angestoßen worden, beklagt Transparency International. Die Polizeiermittlungen im Fifa-Skandal hätten zudem seit Mai 2015 gezeigt, dass ein möglicher Zusammenhang zwischen »bad sports governance and match-fixing« bestehe. Zum Beispiel sei an der Manipulation von Freundschaftsspielen kurz vor Beginn der WM 2010 eine Person des südafrikanischen Fußballverbands beteiligt gewesen; im Land habe die Behörde jedoch nie eine Untersuchung eingeleitet. Vermutlich weil nicht daran gerührt werden sollte, dass ja Südafrika die WM per Bestechung zugesprochen erhalten habe, wie aus der 164 Seiten starken amerikanischen Fifa-Anklageschrift im Mai 2015 hervorgehe.

Ein Kenner der Szene, so Transparency International, sehe mindestens ein halbes Dutzend Präsidenten nationaler Fußballverbände an Matchmanipulationen beteiligt. Um die Situation zum Besseren zu wenden, brauche es eine völlig unabhängige und von kommerziellen Überlegungen freie Anti-Korruptions-Agentur.

Gegründet wurde sie bislang nicht. Zwar analysiert das Betting Fraud Detection System mehr als fünfhundertfünfzig Wettfirmen, jedoch schlägt es erst an, wenn große Summen gesetzt werden. Wer das Geld koordiniert aufteilt, schlüpft durchs Netz.

Es macht die Situation weder übersichtlicher noch besser, dass Vereine oder gar Verbände mit der Wettindustrie liiert sind. So wird etwa das südafrikanische Cricketteam Cape Cobras von World Sports Betting gesponsert, der englische Fußballclub West Ham United von Betway. Das Österreichische Olympische Komitee steht seit dreißig Jahren unter der Präsidentschaft von Chefs der Casinos Austria, des teilstaatlichen Glücksspielbetriebs, bei dem online rund um die Uhr gewettet werden kann. Interessanterweise kassiert die Finanz von einem Lottotipp vierzig Prozent Steuerabgabe, von Sportwetten nur zwei Prozent, denn sie gelten nicht als Glücksspiel, da der Ausgang des Wettbewerbs nicht allein vom Zufall abhänge. Immerhin erscheint es bemerkenswert paradox, dass der höchste Olympier des Landes aus einem Unternehmen kommt, das wahrlich nicht den olympischen Werten entspricht. Experten verweisen nämlich darauf, dass Sportwetten über ein hohes Suchtpotenzial verfügen. Je schneller ein Spiel ablaufe, desto süchtiger mache es. Die Wetter, weiß die Forschung, »verlieren schnell den Überblick, wieviel sie schon investiert haben« – die Sucht sei »dann erreicht, wenn man die Kontrolle über Geld und Zeit verliert.«

Im Internet wetten Süchtige vormittags zu Spielen der asiatischen, nachmittags der russischen, abends der europäischen Ligen. Fast zweihunderttausend Menschen gelten in Deutschland als »pathologische«, weitere dreihundertzwanzigtausend als »problematische Glücksspieler«, viele von ihnen setzen auf Sport: im Jahr 2019 um 9,3 Milliarden Euro. Die Wettanbieter, von denen die meisten ihre Firmensitze in Steueroasen verlegt haben, betreiben etwa fünftausend Lokale. Der Marktführer Tipico, registriert in Malta, hat seinen Umsatz seit 2010 verfünffacht.

Die Tendenz steigt deutlich an, dafür sorgt die Werbung. 64 Millionen Euro pumpen die Anbieter in den Bundesligafußball, der DFB dürfte für eine derartige Partnerschaft jährlich mehr als zwölf Millionen einstreifen, die DFL siebzehn Millionen. Jeder der achtzehn Vereine wirbt für Glückspiel, keine Übertragung der Samstagmatches bleibt ohne Reklame für Wetten. Für Tipico behauptet Oliver Kahn in der Reklame: »Ihre Wette in sicheren Händen«. So fördern sie alle ein Suchtverhalten, das die Weltgesundheitsorganisation nunmehr als Krankheit einstuft.

2013 vermeldete Europol, in den letzten fünf Jahren sei wegen siebenhundert manipulierter Fußballspiele in dreißig Ländern ermittelt worden, weltweit sowohl in nationalen Ligen als auch bei internationalen Begegnungen. David Forrest von der Universität Liverpool befragte 2016 vierzehntausend Kicker in vierundfünfzig Ländern: Elf Prozent von ihnen waren schon einmal für eine Schiebung kontaktiert worden. Und die Schweizer Überwachungsfirma Sportradar schätzt, dass allein im Fußball international ein Prozent aller Begegnungen verschoben wird.

Das System funktioniere »still und leise – solange nur eine Gruppe von Betrügern am Werk ist«, berichtete der *Deutschlandfunk* am 9. Dezember 2018: »Inzwischen aber kommen sich gelegentlich unterschiedliche kriminelle Syndikate gegenseitig in die Quere.« Zum Beispiel bei einem internationalen Volleyballmatch: Da hatten zwei Banden unabhängig voneinander je eine Mannschaft bestochen, sodass beide Teams versuchten, möglichst viele Punkte wegzuschenken.

Das Manipulationsgeschäft floriert weiterhin. Trainer, Manager, Berater wanderten wegen Wettbetrugs in belgische Untersuchungshaft. Spielabsprachen im großen Stil wurden in der Ukraine aufgedeckt, fünfunddreißig Proficlubs waren involviert, fünf Gaunerbanden profitierten. Spaniens Behörden verhafteten achtundzwanzig Tennisprofis wegen ihrer Absprachen, sie hatten mindestens siebenundneunzig Partien geschoben, ein von einer armenischen Bande organisierter Millionenbetrug. Es seien mehr als hundertdreißig Spieler in sieben Ländern involviert, erfuhr man später, vor allem bei Challenger- und Future-Turnieren, bei denen live auch auf Doppelfehler gewettet werden kann.

Der vierzehntägige Bericht »Integrity in Sport« von Interpol führt jeweils mit erschreckender Regelmäßigkeit eine Reihe neuer Fälle an. Etwa im Juli 2019, dass der Internationale Sportgerichtshof eine Zehnjahressperre und eine Million Euro Strafe gegen den albanischen Club Skenderbeu wegen »Matchfixing« bestätigt habe. Der siebenfache Landesmeister hatte den Ausgang von etwa fünfzig Spielen manipuliert; ein früherer Finanzminister war in die Affäre verwickelt, die Ermittler der Uefa hatten Todesdrohungen erhalten. In derselben Ausgabe meldet Interpol sechs Verurteilungen in Indonesien, Gefängnisstrafen unter anderen für einen Verbandsfunktionär und einen Schiedsrichter. Schließlich weist die internationale Polizeistelle darauf hin, dass das zunehmende Interesse für den Frauensport die Gefahr steigender Korruption mit sich bringe: Betfair, der Betreiber der weltgrößten Online-Wettbörse, verzeichnete 2019 während der Frauen-Fußball-WM Wetten um 225 Millionen Pfund, vier Jahre zuvor waren es 92 Millionen – nicht mehr als fünf Prozent aller Wetten – gewesen.

Der Interpol-Bericht schließt mit einem ernüchternden Fazit: Nur 15 Prozent der globalen Sportwetten, schätzt die Behörde, würden legal ablaufen.

Innerhalb von nur zwei Wochen listet Interpol dann Anfang Oktober 2019 Ermittlungen in Australien gegen einen Pferdetrainer und ein Team in der ESports-Liga auf, in Ecuador gegen zwei Mannschaften der zweiten Fußballliga, in Frankreich gegen zwei Tennisspielerinnen, in Italien gegen einen jungen Wetter; Untersuchungen wegen breiten Matchfixings in Lettland und in den USA beim Basketball der College Liga; Verhaftungen im Wettbetrieb in Malaysia und Malta; Verurteilungen im italienischen Volleyball, im schwedischen Tennis.

Und während dieser andauernden Betrugsfälle sowie der Zunahme an Wettsüchtigen sind deutsche Fußballvereine und ihre Stars massiv dabei, für Sportwetten auch noch Werbekampagnen zu fahren.

Sylvia Schenk von Transparency International schließt, die Sportorganisationen würden ihre Strukturen und Verhaltensweisen nur ändern, wenn es ein Druck von außen dringend erfordere: »Solange Politik, Wirtschaft und Medien selbst in demokratischen Ländern ihre Interessensverflechtungen mit dem Sport nicht hinterfragen und letztlich zugunsten kritischer, das heißt vor allem rollengemäßer Distanz auflösen, fehlt es weiterhin an Kontrollinstanzen und somit tatsächlicher Verantwortlichkeit der Sportorganisationen.«

SEXUELLE ÜBERGRIFFE HINTER DEN KULISSEN DER ARENA

Die gesellschaftliche Konzentration auf den Körper kommt den Verbänden, die den Hochleistungssport organisieren, entgegen. Ihre autoritären Strukturen fördern allerdings bedenkliche, mitunter kriminelle Zugriffe.

Nachdem im Oktober 2017 mehrere Frauen den Filmproduzenten Harvey Weinstein des sexuellen Missbrauchs beschuldigt hatten, nahmen dies Opfer anderer Täter zum Anlass, sich ihrerseits an die Öffentlichkeit zu wagen. »Me too« wurde zum Auslöser einer weltweiten Bewegung, endlich das Schweigen über Macht-Zugriffe auf den Körper zu brechen.

Im Januar 2018 bezeugten in den USA neunzig Turnerinnen, darunter auch Olympiasiegerinnen, dass der Teamarzt sie missbraucht habe. Im Trainingscamp wurden sie brutal gedrillt, unterjocht und Opfer grober sexueller Übergriffe. Fünf-

undzwanzig Jahre lang hatte der Mann unbehelligt unter dem
Mantel seiner Autorität vorgehen können – noch kurz vor dem
Prozess bot der Verband den Opfern Geld für ihr Schweigen.
»Er hat sich hinter den olympischen Ringen versteckt«, sagte die Staatsanwältin. Und Simone Biles, die in Rio viermal
Gold gewonnen hatte, erklärte, dass das Sportsystem mit seinen Selbstverständlichkeiten, seinem Erfolgsdrang und der
nationalen Verpflichtung die Opfer von einer adäquaten Reaktion abgehalten hatte: »Ich glaube, wir können sehr gut ver-
drängen. Wir möchten nicht, dass es jemand bemerkt und wir
wollen auch nicht darüber nachdenken. Wir möchten mit gan-
zem Herzen unseren Wettkampf machen und unser Land vertreten.« Die Richterin verurteilte den Teamarzt zu 175 Jahren
Haft: Die Taten seien abscheulich, der Mann solle das Gefängnis nie wieder verlassen.

Es erscheint wenig verwunderlich, dass solche gewaltsamen
Eingriffe bei Turnerinnen geschehen, die der Obhut autoritärer Ausbildungssysteme überantwortet sind. Zeitgleich mit
der Kommerzialisierung setzte der intensive Zugriff zur Optimierung der Körper ein. Als die sowjetische Kindfrau Olga
Korbut 1972 bei den Spielen von München bejubelt wurde, war
ersichtlich, dass Coaches und Mediziner begonnen hatten, die
Körper der Athletinnen und Athleten für verschiedene Sportarten spezifisch zu modellieren: länger und bis zu den Schultern verbreitert fürs Schwimmen, dünner und drahtiger für
die Langstreckenläufe, kleiner und wendiger fürs Turnen. Korbut war mit ihren sechzehn Jahren nur 1 Meter 55 groß, wog
38 Kilo, trug neckische Zöpfchen und präsentierte ihre Vorfüh-
rungen mit kindlichem Charme. Ihr Trainer, sagte sie, habe sie
zwei Stunden eingesperrt und ihr aufgetragen, vor dem Spiegel lächeln zu üben. Vier Jahre später, 1976 in Montreal, war
die vierzehnjährige Nadia Comaneci aus Rumänien der Star
der Spiele. Olga Korbut wirke »gealtert«, meldeten die Medien.
Das Nebeneinander der beiden Athletinnen in der Olympia-
halle verdeutlichte das Ausmaß des »gezüchteten Menschen«,
der im Turnen nur als Kinderkörper mit Charme eine Chance

habe, sowie die schnelle Entwicklung, ja Vergänglichkeit. Für die Zuschauer blieb freilich verborgen, welcher Aufwand hinter derartigen Leistungen steckt.

Im Mai 2018 klagte eine US-Schwimmerin, eine frühere Weltmeisterin, den Verband wegen sexuellen Missbrauchs und Vertuschung. In England ermittelte die Polizei gegen dreihundert mutmaßliche Täter: Betreuer und Funktionäre, die sich vor Jahren an mehr als achthundert jungen Fußballern vergangen hätten.

Im Juli 2019 verglich eine Studie der Universitätsklinik Ulm verschiedene Institutionen und kam zu dem Schluss, im Sport gebe es ungefähr doppelt so viele Missbrauchsfälle wie in der katholischen Kirche, die wegen der Verbrechen ihrer Kleriker oft in die Schlagzeilen geriet. Vor Me-Too waren die Stadien in dieser Hinsicht kaum je ein mediales Thema.

Im September 2019 leitete das Justizministerium der USA eine umfangreiche Studie über sexuellen Missbrauch im Sport ein, die auch »im großen Stil Fehler im olympischen System« prüfen solle. Es geht keineswegs nur um das Turnen, denn auch im Schwimmen, Judo, Eisschnelllauf, Taekwando wurden schon skandalöse Übergriffe bekannt.

In Österreich stand der Skiverband nach einer Reihe von Vorfällen, die aus der Vergangenheit an die Öffentlichkeit und an die Behörden gelangt waren, unter Druck. Ermutigt durch die Me-Too-Bewegung hatte die Ex-Rennläuferin Nicola Werdenigg im Interview mit der Wiener Zeitung *Der Standard* am 20. November 2017 die weit verbreitete Sexualgewalt und den systematischen Machtmissbrauch im heimischen Skisport angeprangert. »Ein Fall war publik geworden: Ein Volleyballtrainer hatte Mädchen – das älteste war 13 – schwer missbraucht. 53 Fälle waren bekannt. In den Medien ist der Fall jedoch vollkommen untergegangen. Und ich habe gewusst: Ich werde Großmutter. Da habe ich mir gedacht: Du bist verantwortlich dafür, in welcher Welt deine Kinder leben und in welche Welt dein Enkelkind hineingeboren wird.« Sie selbst sei von einem Mannschaftskollegen vergewaltigt worden, als sie sechzehn

Jahre alt gewesen sei. Aus Scham habe sie geschwiegen, müsse nun jedoch reden, um Anderen die Kraft zu vermitteln, »sich im Fall der Fälle mitzuteilen«. Daraufhin klagten tatsächlich andere Opfer an, eine Tiroler Expertenkommission bestätigte die Richtigkeit der Aussagen.

Gründe und Hintergründe, die solche Vorfälle und Zustände ermöglichen, analysierte Werdenigg im März 2019 im Interview mit dem Magazin *an.schläge:* Der Präsident des ÖSV, der eine Verantwortung des Verbands, solange es irgend ging, zurückwies, verfüge über ein Monopol und betreibe ein autoritäres System. Und in ihrem Buch *Ski Macht Spiele* schreibt sie: »Wir haben im Skisport in der Ausbildung und in der Betreuung praktisch keine Frauen. Das öffnet Tür und Tor für Diskriminierung, für Sexismus. Dieser Machtmissbrauch ist bei ausgewogenen Strukturen schwieriger.«

Sexistische Machtstrukturen, enge Zusammenarbeit und Abhängigkeit auf dem Weg zum sportlichen Erfolg im Vereinswesen begünstigen den Missbrauch, betont Rosa Diketmüller. Sie leitet das EU-Projekt »Voice«, das Betroffenen von sexualisierter Gewalt im Sport eine Stimme gibt. Diketmüller verweist darauf, wie häufig Übergriffe sind: Laut einer Enquete, die die Deutsche Sporthochschule Köln 2016 bei tausendachthundert »Kaderathleten« durchführte, hatte ein Drittel schon einmal eine Form sexualisierter Gewalt und jede neunte Person schwere, länger andauernde Formen erlebt – Frauen signifikant häufiger.

Bettina Rulofs, eine der Autorinnen der Ulmer Studie, sagte am 30. November 2017 der *Zeit,* der Sport sei einerseits »ein Feld, in dem junge Leute Stärke, Kraft und ein gesundes Körperbewusstsein entwickeln können. Dadurch können sie sich auch vor sexuellen Übergriffen schützen. Auf der anderen Seite steht im Sport der Körper im Zentrum. Für Trainer oder Betreuer gibt es viele Möglichkeiten, Zugriff auf den Körper zu bekommen. Mitunter sind es Vorwände, den Körper kontrollieren zu müssen, unter denen Kinder dann in ein Missbrauchsverhältnis gezogen werden.« Derart werde die Körperlichkeit des Sports zum Problem, da ja Disziplinierung gefordert sei. »Sportlerinnen und Sportler sind nicht selten bereit, über ihre Grenzen zu gehen, auch wenn es um die Gesundheit geht. Wir haben in den Fällen sexueller Gewalt, in denen wir tiefergehend nachgeforscht haben, immer wieder gehört: Mir ist das nicht aufgefallen, ich habe das einfach ausgehalten, das war für mich normal. Diese Grenzüberschreitung wird womöglich in dem System Sport eher toleriert als anderswo.« Hegemoniale Männlichkeit verstärke das Phänomen, das heiße, dass es »in Männergruppen Hierarchien gibt, die über sexualisierte Belästigung, sexuell konnotierte Sprüche und ritualisierte Gewaltpraktiken umgesetzt werden.«

RASSISMUS IN DER AUSLAGE:
MASSE UND GEWALT

Bei jedem Ballkontakt der beiden dunkelhäutigen englischen Kicker dröhnen von den Tribünen dumpfe Chöre. Schwarzgekleidete Männer meinen damit die Laute von Affen nachzuahmen; zugleich heben sie die Hände zum Hitlergruß. Die Heimfans in ihrem gewaltbereiten Habitus auf den Rängen des Wassil-Lewski-Nationalstadions von Sofia brüllen ihren Rassismus auf den Rasen. Am 14. Oktober 2019 spielt Bulgarien gegen England, in der ersten Halbzeit unterbricht der Schiedsrichter das Match zweimal. Über den Stadionsprecher warnt er, dass er wegen der rassistischen Aggressivität die Partie vorzeitig beenden werde. Nach dem Schlusspfiff erklärt Bulgariens Coach, er habe nichts gehört, und greift zum üblichen Mittel der Schuldumkehr: Die gegnerischen Fans hätten während der bulgarischen Hymne gepfiffen und gegrölt.

Der englische Coach Gareth Southgate hingegen sprach im März nach ähnlichen Vorfällen beim Match in Montenegro differenzierter und sagte, im eigenen Land habe man die gleichen Probleme, aber Stadionverbote würden nichts nützen:

»Wir müssen junge Leute erziehen, weil bei ihnen die Erfolgs-
chance größer ist.« Den Rassismus erkennt er als strukturel-
les gesellschaftliches Problem, das sich nicht lösen lässt, wenn
man es einerseits als Fehlverhalten Einzelner sieht oder andererseits rängeweise das Publikum aus dem Stadion verbannt.

Es ist beileibe nicht das erste Mal, dass sich das Publikum
in Sofia auf diese Art äußert. Die bulgarischen Anhänger stehen unter Beobachtung des europäischen Verbands. Sechs Jahre zuvor entrollten Ultras von Lewski Spruchbänder mit Ge-
burtstagsgrüßen für Hitler und präsentierten Plakate mit Ha-
kenkreuzen; 2019 gab es bei anderen Qualifikationsmatches
zur Europameisterschaft ebenfalls üble rassistische Chöre.
Sein nächstes Heimspiel muss Bulgarien deswegen vor leeren
Tribünen austragen.

Wie in vielen anderen Ländern ist in England selbst die Situation kaum besser. Fünf Tage nach den Unerträglichkeiten
von Sofia pfeift der Referee wegen des Rassismus von den Rängen eine Begegnung des FA-Cup vorzeitig ab.

Die Bipolarität des Sports – Idole versus Gegner – mit seiner aufgeladenen Emotionalität fördert das Feindbild-Den-
ken, insbesondere wenn Kontrahenten in Gruppen aufeinan-
dertreffen. Ein soziales Bindemittel ist die Arena auf diese Art
nur für das Eigene. Indem man Andere erniedrigt, erhöht man
sich selbst: auch eine Art der Maximierung via Gegensatz. Im
Rückhalt der Fangemeinden, an die der Einzelne seine Verantwortung abgibt, tritt sie virulenter auf. Von Größen der Macht
haben die Berserker der Tribünen gelernt, dass Verantwortung
viel weniger zählt als Behauptung. Und die vielgenannte Vor-
bildwirkung von Athleten und Funktionären fällt nicht immer
deutlich genug aus.

Masse hängt eng mit Macht zusammen. Die Sportfürsten
bedienen sich des Publikums, denn ohne Quote kein Geld; sie
wollen es freilich im Rahmen ihrer humanitären Versprechun-
gen sehen. Einerseits lancieren sie Kampagnen wie »No to rac-
ism«, andererseits vergeben sie ihre Events an homophobe
Regime, mit deren Diktatoren sie dann freundschaftlich von

den Ehrentribünen in die Kameras lächeln. Mit Champions der Xenophobie darf man sich durchaus verbunden zeigen, teilen diese Bilder im Subtext mit.

Macht braucht die Masse, steht jedoch über ihr. Die Masse vermag Macht auszuüben, ist jedoch nicht an der Macht. Die Stadionmasse, ein Fall kollektiver Ethik, kann von Unterhaltung sowie Freizeit schnell ins Politische umschlagen und sozialen Druck erzeugen. Aufmarsch, Sprechchor, Choreographie bewegen die Fans gemeinsam, lassen sie nach innen und nach außen als kompaktes Kollektiv erscheinen. Dadurch wirkt das Angebot zur Identifizierung stärker, sodass sich die Steigerung von Nationalismus, Patriotismus, Chauvinismus gestützt findet – dafür schafft das Publikum als zahlender Mitgestalter des Spektakels mit seinen Ritualen einen Resonanzraum. In seiner kultischen Übersteigerung dominieren Selbstverständnis und Selbstverständliches.

Während der Fußball-WM 2018 zeigten die Fernsehsender oft und oft patriotisch jubelnde Massen beim Public Viewing. Dadurch hoben die TV-Stationen selbst ihre Dienstleistung für die Allgemeinheit hervor und verstärkten das Phänomen. Wenn Medien und Politiker dauernd die Welt als unsicheren Ort darstellen, ziehen überschwängliche patriotische Feiern besonders. Und führen zu weniger lustigen Extremen, die sich während dieses Turniers häuften. Ein dänischer Spieler erhielt Todesdrohungen, nachdem er beim Elfmeterschießen gescheitert war; ein Schwede türkischer Abstammung wurde von Landsleuten rassistisch beschimpft, da er ein Tor verschuldet habe; zwei Schweizer Kicker mit albanischen Wurzeln zelebrierten ihren Torjubel gegen Serbien, indem sie mit den Händen den albanischen Adler signalisierten, worauf es in einigen Städten zu Ausschreitungen zwischen den beiden Ethnien kam.

Derart ist die völkerverbindende Funktion, die sich die Sportfürsten selbst zuschreiben, in ihr Gegenteil verkehrt: Gesellschaftliche Spaltungen und Aufhetzungen schlagen sich im Sport nieder. Als im Oktober 2019 die türkische Armee völkerrechtswidrig in Syrien einmarschierte, um gegen die dortigen Kurden vorzugehen, zeigten die Kicker der Nationalelf als Torjubel einen Militärgruß an ihre Soldaten. Sie stellten sich nebeneinander auf und salutierten, das Spielfeld verbanden sie mit dem Schlachtfeld.

Elias Canetti, der spätere Nobelpreisträger für Literatur, erlebte im Juli 1927 in Wien die Demonstration, die zum Brand des Justizpalastes führte und neunundachtzig Tote forderte. Nach diesem Masse-Erlebnis hellhörig geworden, nahm er daraufhin am offenen Fenster die Akustik des Stadionpublikums wahr, die Aufschreie vom Rapidplatz in Hütteldorf her. Er habe sich nicht von der Stelle gerührt und dem ganzen Match zugehört, schrieb er und begann mit der Konzeption seines Werkes *Masse und Macht*. Jede Masse, erklärt Canetti, strebe nach Dichte, suche eine Richtung und Entladung. Das sei mit dem Bedürfnis nach Lärm verbunden, der eine Verstärkung bewirke und weitere Verstärkung in Aussicht stelle. Rhythmisch, mittels einer Choreographie von Händen und Füßen, forme sich eine Gemeinde, die die Entladung mitunter bis zur Zerstörung betreibe. Ein auffallender Zug der Masse sei es, dass sie sich leicht verfolgt fühle und diese Empfindung stark auslebe. Daraus resultiere eine Reizbarkeit gegen jegliche, ein für alle Mal deklarierten Feinde.

Besonders stark wirke dies in der Arena, die eine zweifach geschlossene Masse schaffe: Sie ist nach außen abgegrenzt und bildet mit dem Rücken zur Stadt eine leblose Mauer, nach innen hingegen eine Wand von Menschen, die sich im Rund gegenseitig wahrnehmen. Raum und Anzahl der Plätze sind beschränkt, die Masse muss sich nach innen entladen. Zeremonien und Rituale haben die Aufgabe, die Gemeinschaft in Bahnen zu lenken. Während die Welt draußen unsicher erscheint, vereinigt die Tribüne ihre Gläubigen im Bewusstsein ihrer Stärke auf den Rängen.

Im Sport, der ja seit seiner Entwicklung mit der Moderne ab Mitte des 19. Jahrhunderts einen Beweggrund sowie einen Spiegel gesellschaftlicher Verhältnisse bildet, ist der Rassismus nicht neu. Sport betrieben zunächst vor allem die Eliten und das gutsituierte Bürgertum, die zwar von humanistischen Zielen sprachen, jedoch das Eigene ohne Weiteres hoch über das Andere stellten. So war der Fußball in Brasilien bis in die Mitte des 20. Jahrhunderts eine Domäne der Weißen. Der Staatspräsident untersagte 1921 der Nationalelf, farbige Kicker zu nominieren; in den Clubspielen wurden Regelwidrigkeiten gegen sie – wenn sie überhaupt auflaufen durften – nicht als Foul gewertet; noch bei der Weltmeisterschaft 1958 galt für die Seleção informell eine Rassenquote.

Auch die Aggressivität in den Stadien ist nicht neu. »Was ein richtiges Mitropacup-Match ist, muss auf der Botschaft zu Ende gespielt werden«, hieß es Anfang der 1930er Jahre über den damaligen Vorgänger heutiger europäischer Ligen. Deutlich zugenommen hat die Gewaltbereitschaft mit dem englischen Hooliganismus, zumindest indirekt eine Folge von Margaret Thatchers neoliberaler Politik, und mit der Organisation von Anhängergruppen zu Ultras, von denen nicht wenige Formationen rechtsradikale Tendenzen übernahmen: Das Rechtsradikale passt ja für ihre Vorstellung von Abgeschlossenheit auf das Eigene, bietet aggressive Uniformierung und massenhysterische Choreographie an. Der Jugoslawienkrieg nahm im Mai 1990 praktisch im Maksimir-Stadion von Zagreb seinen Anfang, die wildesten Fans zogen als erste an die Front, aus den Delije, den harten Anhängern von Roter Stern Belgrad, formte deren Anführer die berüchtigte Miliz seiner Arkan-Tiger. Noch heute bestehen in Serbien, in geringerem Maße auch in Kroatien, starke Verbindungen von Ultras, Mafia und Politik.

Meist anders verhält sich das Publikum in Sportarten, in denen nicht die eine Horde gegen eine andere Horde antritt.

Freundlich und friedlich sieht und hören sich etwa die größten Skirennen, in Wengen und in Kitzbühel, an. Die Angriffsflächen für Rassismus sind freilich allein schon wegen der Zusammensetzung des Athletenfeldes, das ja aus »Schneeländern« kommt, geringer. Zwar wachen Sicherheitskräfte, zwar wehen die Flaggen patriotisch, aber man erlebt ein respektvolles Nebeneinander – wie oft bei Wettkämpfen, bei denen die unterschiedlichen Leistungen nicht deutlich mit freiem Auge, sondern erst auf der Anzeigetafel feststellbar sind. Im Gegensatz zu Fußballfans, die sich im Gegeneinander aufschaukeln, wird hier wohl das Eigene unterstützt, aber die Fremden sind ja als Wintertouristen gefragt.

Unflätige Abqualifizierungen des Anderen wegen seiner Herkunft greifen nicht nur im Fußball um sich, aber hier besonders virulent. In den vergangenen zwei, drei Jahren war derartiges Verhalten in einigen Sportmilieus zu beobachten. Bei den Radprofis klagten kolumbianische Spitzenfahrer über rassistische Beleidigungen im Feld, ein Eritreer musste sich bei der Österreich-Rundfahrt als »fucking nigger« beschimpfen lassen. In den USA demonstrierte der American-Football-Spieler Colin Kaepernick gegen Rassismus und Polizeigewalt, indem er während der Hymne nicht stand, sondern ein Knie auf den Boden setzte; daraufhin nannte ihn Donald Trump einen »Hurensohn«, und kein Team wollte ihn verpflichten. In der Formel 1 entließ Mercedes vier Mitarbeiter wegen ihres Rassismus; aus demselben Grund warf der Schweizer Leichtathletikverband einen Sprinter aus seiner Auswahl, sperrte der Internationale Tennisverband den früheren Star und nunmehrigen rumänischen Teamchef Ilie Nastase. Einem deutschen Judoka der U21-Nationalmannschaft mit afrikanischen Vorfahren rief der Trainer, ein Ex-Europameister, zu: »Schnauze, Bimbo!«

Heftige Beschimpfungen gehören zum Standardrepertoire der Sprechchöre und Gesänge im Fußballstadion, seit einigen Jahren richten sie sich stärker gegen einzelne Athleten. Eine Häufung war Mitte Oktober 2019 zu beobachten, nicht nur in Bulgarien.

Kurz nach dem Skandal in Sofia platzierten vermutlich Fans des belgischen Clubs KRC Genk beim Champions-League-Heimspiel im Gästesektor eine rassistische Fotomontage, die einen Stürmer von Liverpool aufs Korn nahm – oder wendeten sich gar Liverpool-Ultras wegen seiner kenianischen Wurzeln gegen den eigenen Spieler?

Beim Europa-League-Match beleidigten Anhänger von Lazio Rom fortwährend dunkelheutige Kicker von Stade Rennes; der einschlägig bekannte italienische Club indes geht nicht entschieden gegen die wiederholten rassistischen und antisemitischen Ausfälle seines Publikums vor. Zehn Tage später sah sich der aus Guinea-Bissau stammende Mittelfeldmotor von Sampdoria Genua Schmährufen der Fans von AS Rom ausgesetzt.

In Italien waren in den vergangenen Monaten mehrere Matches wegen rassistischer Ausschreitungen unterbrochen worden. Zudem fielen erschreckend gewaltbereite Ultras, teils von Mafia, Camorra oder 'Ndrangheta unterwandert, mit faschistischen Signalen und Frauenverachtung auf – von Innenminister Salvini hätten sie sich dabei durchaus unterstützt fühlen können. Es gebe keinen Rassismus im Land, verkündete er.

»Der Sport ist einer der letzten Orte, wo Rassismus öffentlich und allzu oft ungestraft zum Ausdruck kommt«, sagt Patrick Clastres. Da hier die Menschen nach ihrer körperlichen Stärke hierarchisiert werden, »rassifiziert dies den Blick«. Die Welt des Sports werde aber wie eine ideale, neutrale und gleichberechtigte Gesellschaft mit eigenen Regeln und Gesetzen präsentiert, und der Athlet müsse sich nur vor seinem Verband verantworten. Eine Verstärkung habe das Problem mit der seit zwanzig Jahren weltweit zunehmenden Nationalisierung erfahren, die dem Rassismus ein Terrain liefere: Er sei auf dem Spielfeld und auf den Rängen präsent, als Ideologie bei den radikalsten Hooligans, als Vorurteil und Stereotype aus Zeiten des Kolonialismus bei vielen Fans und auch institutionell, weil auf Führungsebenen Minderheitengruppen fehlen. Das Phänomen werde vor allem im mediatisierten Profisport thematisiert, es sei freilich bei den Amateuren genauso verbreitet.

Die Universalität des Sports biete immerhin die Chance,

»den Rassismus an der Wurzel zu bekämpfen«, sofern die Trainer und Funktionäre für die Problematik sensibilisiert und entsprechend ausgebildet seien. Allerdings sieht Clastres die Reaktionen der Sportfürsten »eher durch Marketinginteressen motiviert«.

Der italienische Verband will nun rassistische Fans per Video identifizieren. Die Deutsche Fußball Liga erklärt, sie vermöge bereits heute solche Vorfälle aufzuklären: »Wir haben in der Bundesliga zwischen 19 und 21 Kameras je Stadion im Einsatz«.

Der vollends überwachte Mensch gilt offenbar als Lösung aller Probleme. Die rassistischen Vorfälle in deutschen Stadien im Februar 2020 jedoch zeigen, dass dies keine effiziente Lösung ist.

7 PISTENRAUSCH IM UMWELTDESASTER

SCHNEEKANONEN, SKIZIRKUS UND EIN MONOPOL ALTER MÄNNER

Weltweit schmelzen die Gletscher.

In der sonnigen Oktobermitte liegt Kitzbühel, die Skihochburg, spätsommerlich da. Die Thermometer zeigen zwanzig Grad im Schatten. Unweit des Hahnenkamms, wo jeden Januar die renommiertesten Rennen des Wintersports stattfinden, führt jetzt schon ein schmales weißes Band inmitten grüner und brauner Landschaft ins Tal. Den Schnee haben die Pistenarbeiter mit großem Aufwand seit dem Vorjahr gebunkert, später kommt der künstliche aus den riesigen Kanonen dazu. Die Saison kann beginnen. Vor den Berghütten sonnen sich Leichtbekleidete, in der Wiese gehen Wanderer, während Unentwegte in kurzen Hosen und Leibchen den Hang hinabschwingen.

Inzwischen kündigen in Tokio die Organisatoren der Sommerspiele 2020 an, dass sie Schneekanonen gegen die zu erwartende Hitze einsetzen werden – der heiße Sommer sei, wie Mediziner warnen, »nicht für Outdoor-Sportarten geeignet, auch nicht für deren Zuschauer«.

Die ökologischen Auswirkungen spielen die japanischen Veranstalter herunter, Fragen nach den Kosten beantworten sie nicht. Klettern ist dort erstmals olympisch; Bergsteigen ist zum Event geworden, ersichtlich auf den Bildern vom Stau auf dem Everest, wie auf einer Piste zum höchsten Gipfel der Welt.

© Der/die Autor(en), exklusiv lizenziert durch
Springer Fachmedien Wiesbaden GmbH , ein Teil von Springer Nature 2021
K. Zeyringer, *Schwarzbuch Sport*,
https://doi.org/10.1007/978-3-658-32100-0_7

Die Ökonomie herrscht über die Natur. Der Neoliberalismus betreibt die Maximierung der Landschaft.

Solange sie verkauft werden kann, wird die Zerstörung der Umwelt klein- oder schöngeredet. »Erschließung« ist das Schlagwort des Fassadenschwindels. Gian Franco Kasper, der Langzeitpräsident des Weltskiverbands Fis, behauptet, es gebe keine Beweise für den »sogenannten Klimawandel«. Er beruft sich auf das Kirchenbuch von St. Moritz, in dem schon im 18. Jahrhundert ein Winter mit dem ersten Schneefall im März festgehalten sei.

2014 zählte man in den Alpen rund 38 000 Schneekanonen. Kitzbühel verfügt nicht einmal über das dichteste Netz, allerdings über die bekanntesten Pistenspezialisten, die Jahr für Jahr die Streif zur gefährlichsten Abfahrtsstrecke des Weltcups machen.

In Österreich beschneien die Skigebiete siebzig Prozent ihrer Hänge, dafür geben sie jährlich etwa hundertfünfzig Millionen Euro aus – das entspricht immerhin einem Drittel des gesamten Kulturbudgets der Republik, die sich gern abwechselnd »Skination« und »Kulturnation« nennt. Für Bau und Modernisierung der Anlagen gewährt die Hotel- und Tourismusbank ÖHT geförderte Kredite, vom Staat kamen in den letzten vier Jahren etwa sechzig Millionen Euro.

Die Schweiz schafft künstlichen Schnee auf die Hälfte ihrer Pisten, 260 Millionen Franken kostet das dort pro Saison. Die dafür nötige Wassermenge würde die Stadt Bern ein Jahr lang versorgen.

Südtirol vermeldet hundert Prozent künstlichen Schnee. Im bayrischen Garmisch werden zweihundert Hektar – so groß wie vierhundert Fußballfelder – dreißig Zentimeter hoch mit gepresstem Kunstschnee bedeckt. Dreieinhalb Millionen Euro geben die Betreiber dafür aus, mindestens ein Fünftel kommt durch Subventionen herein.

Man rauscht auf seinen Steuergeldern zu Tal.

Während unter natürlichem Schnee der Boden kaum friert, ist dies durchaus unter Kunstschnee, der nur sehr langsam

apert, der Fall. Da es unter dieser harten Schicht an Sauerstoff mangelt, verfault die Vegetation, der verdichtete Unter-
grund nimmt weniger Wasser auf und muss eigens behandelt
werden. Strom und Wasser werden in enormen Mengen benötigt, pro Hektar rund dreitausend Kubikmeter Wasser, und
dazu große Speicherbecken, riesige Pumpstationen neben den
Kühltürmen für die Aufbewahrung des Schnees vom letzten
Jahr. Die Flüsse jedoch verkommen zu Rinnsalen.

Derart verbrauchen die alpinen Skigebiete jährlich so viel
Wasser wie eine Stadt mit fast zwei Millionen Einwohnern.

Andererseits rechnen Ökonomen und Tourismusbüros vor,
dass der Wintersport in Österreich etwa acht Milliarden Euro
Umsatz und hunderttausend Jobs bringe. In der Alpenrepublik
ist der Skizirkus besonders wichtig, nach 1945 hat er mit seiner
Heldenserie von Toni Sailer und dem »weißen Wunderteam«
über Karl Schranz, dann Franz Klammer bis Marcel Hirscher
wesentlich zur Nationsbildung und zum nationalen Selbst-
bewusstsein beigetragen. 1980 wollte eine Enquete wissen,
worauf die österreichische Bevölkerung besonders stolz sei,
und neunzig Prozent der Befragten antworteten: auf die Sport-
erfolge, vor allem auf den weißen Hängen. Mitte der achtziger
Jahre stand jeder zweite Mensch im Lande regelmäßig auf den
Pisten, *Schifoan* von Wolfgang Ambros wurde zu einer heimli-
chen Bundeshymne. Die Prioritäten traten klar hervor, als der
ORF im September 2019 die Pressekonferenz von Marcel Hirscher, bei der er seinen Rückzug aus dem Skizirkus bekanntgab, im Hauptabendprogramm ausstrahlte und dafür das erste TV-Duell zur Nationalratswahl nach hinten verlegte. »In
einer Nation, für die Wintersport nach dem Krieg identitäts-
stiftend war, steht ein Skikönig nun einmal über dem Kanz-
ler«, schrieb *Der Standard* und fügte hinzu: »Hirschers Sponsoren wird es sicher freuen.«

In Kitzbühel erscheint es am offensichtlichsten, dass sowohl die Organisatoren als auch Medien und Publikum die
ganze Veranstaltung als Party verstehen. Die Hahnenkamm-
Webseite präsentiert das »anspruchsvollste Skirennen der

Welt« als »Österreichs größtes Sportfest«, da kommen hunderttausend Fans in die Stadt und auf die Hänge.

Die meisten Zuschauer nehmen sichtlich nicht nur den Wettkampf, sondern das gesamte Event wichtig, auf den Pisten und abseits davon. »Vollgas« auf Erden und im Himmel. Die Flugstaffel der Red-Bull-Sky-Driver donnert mehrmals über Berg und Tal hinweg. Am Lattenzaun der Rennstrecke steht auf einer österreichischen Flagge dialektal in der weißen Mitte zwischen den roten Streifen: »Voigas«.

Der Mann von Welt schwingt hier Fahne und Bierdose. Das Hahnenkamm-Maskottchen, ein Flauschgockel, wird als Mütze getragen, Andere bedecken sich mit wollenen Wikingerhelmen. Manche sind als Skifahrer von anno dazumal kostümiert, daneben Leute als rosa Hasen und Giraffen im Schnee, während aus den Lautsprechern das Lied *Ich möchte ein Haifisch sein* dröhnt. Wie in vielen Arenen dominiert die Karnevalisierung. Sie hebt das Geschehen vom Alltag ab und gestaltet eine eigene Sphäre, zu deren Grundelementen Fetisch und Beschwörung zählen – dazu passt der mantrahafte Verweis auf den »Mythos Hahnenkamm«.

Der Sport liefert den Anlass, dessen Eigenwert offenbar nicht genügt. Viele im Publikum kommen des Publikums wegen. Dieses ist allerdings zweigeteilt, in Fans und in die Promis, die pro Tag, an dem sie ihre Bedeutung spazieren führen, tausend Euro für ihren Platz hinblättern. Im »VIP-Zelt« aus Stahl und Glas, das aussieht wie der riesige Container eines Bürogebäudes, verfolgen sie hundert Meter hinter dem Zielraum zwischendurch, wenn sie nicht gerade Geschäfte anbahnen, auf Bildschirmen die Rennen. Nach deren Ende erscheint unten im Zuschauerraum der Schnee wegen der herumliegenden Bierdosen grün gesprenkelt. Das Partyvolk drängt sich im grauschmutzigen Matsch der Altstadt, vorbei an Schwankenden, an Flaggen und Trötenmaschinen; vorbei an Ständen, die den Glühwein verkaufen, dessen süßlicher Geruch über allem liegt. Musik dröhnt, Boxentürme »sorgen«, wie es eine Ankündigung ausdrückt, »für die einheitliche Beschallung«. Zur

Ballermannmusik hüpft die Gasse im Takt. Es sei Mallorca im Schneematsch, nennt ein Beobachter die organisierte Fröhlichkeit mit unermüdlichem Fahnenschwingen. Auf fünfzehn Videowalls kann man das Treiben in der Medienwirklichkeit – somit sich und seinesgleichen überprüfbar real – ausgestrahlt sehen.

»Speisen Getränke Entertainment Vollgas« charakterisiert eine Ankündigung diese Eroberung der Altstadt nach dem Rennen. »Sport und Show gehören zusammen«, erklärt der ORF-Experte Armin Assinger: »Die Fans kommen wegen der Gladiatoren«. Die Diktion setzt auf den Reiz der Gefahr, aber der Inhalt stimmt nicht. Sowohl Fans als auch Promis kommen wegen des Events, dessen wesentlicher Bestandteil das ausgelassene Volksfest ist. Die *Tiroler Tageszeitung* schreibt am nächsten Tag: »Das Partyvolk gab sein Bestes.«

Fünfundvierzig TV-Stationen sind zugegen, siebenhundert Medienleute akkreditiert. Um den Fernsehleuten beste Bedingungen und dem Publikum zuhause vor den Geräten Einblicke aus vielen Perspektiven zu liefern, sind Abfahrtsstrecke und Slalomhang verkabelt. Unter der Erde liegen zehntausend Meter Rohrleitungen, durch die dreißig Kilometer Hybridkabel laufen.

Dem ORF verschafft das Hahnenkammwochenende bis zu fünfundsiebzig Prozent Marktanteile; die staatliche Sendeanstalt ist neben Österreichs auflagenstärkstem Boulevardblatt, der *Kronen Zeitung,* der wichtigste Partner des Skiverbands. Von diesen Medien ist natürlich kein kritisches, kaum ein analytisches Wort zu erwarten.

Den Kitzbühlern bringt die Veranstaltung Renommee und an die fünfzig Millionen Euro Umsatz. Sie wird nicht wie alle anderen Wettbewerbe des Alpinen Weltcups von einem Verband, sondern direkt vom lokalen Verein veranstaltet. Der Kitzbühler Skiclub hat fast neuntausend Mitglieder, mehr als die Stadt Einwohner zählt.

Dennoch führt der Präsident des Österreichischen Skiverbands, zugleich Vizepräsident des nationalen Olympischen

Komitees, das große Wort. Seit 1990 steht der Tiroler Peter Schröcksnadel, Teilhaber oder Aufsichtsrat in einem Dutzend Wintersport-Unternehmen, an der Spitze des ÖSV. Mit Reklame auf den Hängen hatte sein ökonomischer Aufstieg begonnen, nunmehr verfügt seine Firma bei Pistenmarkierungen und Werbeflächen im Alpenraum über einen Marktanteil von mehr als fünfundneunzig Prozent. Er besitzt ein Unternehmen, das die Akkreditierung der Journalisten zu Veranstaltungen der Fis, der Fédération Internationale de Ski, abwickelt; für den ORF betreibt er Panorama-Kameras; ihm gehören Skilifte; er vermarktet den Verband, seine Athleten und Athletinnen.

2020 ist Schröcksnadel 79 Jahre alt. Fis-Präsident Gian Franco Kasper ist 76, er amtiert seit 1998, zuvor war er dreiundzwanzig Jahre lang Generalsekretär. Dem Deutschen Skiverband sitzt ein 71-Jähriger vor, dem italienischen ein 72-Jähriger. Etwas jünger sind ihre Kollegen in der Schweiz, in Frankreich und Norwegen, sie sind seit zwölf, zehn und acht Jahren im Amt.

Über den Skisport herrscht ein Club der lang schaltenden alten Männer. Das oberste Gremium des Weltverbands bilden siebzehn Herren und eine Frau, Durchschnittsalter 63 Jahre. Auch der ÖSV ist ein Männerbund: Unter den siebzehn Mitgliedern der Präsidentenkonferenz, Durchschnittsalter knapp sechzig, gibt es nur zwei Frauen, unter den elf sportlichen Leitern eine einzige; in die Gremien der Fis entsendet der ÖSV einundvierzig Männer und drei Frauen.

Die Machtverhältnisse wurden im Vorsommer 2015 öffentlich erkennbar. Olympia- und Weltcupsiegerin Anna Fenninger (heute Veith) geriet wegen ihres Managers und eines Sponsorenvertrages in Konflikt mit dem ÖSV, da der Verband sie vermutlich drängte, das Management Peter Schröcksnadel zu überlassen. Die Athletinnen seien »fast komplett frei. Sie dürfen nur nicht für ein Konkurrenzprodukt eines Verbandssponsors werben«, betonte der Präsident. »Star ohne Rechte«, titelte hingegen *Die Zeit*. Auf ihrer Facebook-Seite beklagte Fenninger Lügen und Frauenfeindlichkeit; binnen weniger

Stunden unterstützten sie hier mehr als hunderttausend Fans. Schröcksnadel, Ehrensenator der Universität Innsbruck und wegen seiner Verdienste um die Republik mit dem Professorentitel versehen, entschied den Machtkampf locker für sich.

Auf der Pressekonferenz dozierte er über die schwierige Kommunikation mit den Frauen. Der Berner *Bund* berichtete am 18. Juni aus geschärfter Außensicht: »Dieser Präsident kommt nicht. Er erscheint. Umringt von Kameras, begleitet von weisshaarigen, braungebrannten Funktionären.« Ein Staatsempfang errege weniger mediale Aufmerksamkeit als eine Medienkonferenz von Peter Schröcksnadel. Ein Dutzend Kamerateams stehe bereit, siebzig Presseleute seien da, selbst die iranische Nachrichtenagentur habe ihre Korrespondentin geschickt. Männer und Frauen, wisse der Präsident, sprächen leider nicht dieselbe Sprache. »Wenn ich im Auto sitze und ich muss aufs Klo, dann sag ich: ›Bleib stehen, ich muss aufs Häusl.‹ Eine Frau wird sagen: ›Schatzi, magst nicht stehenbleiben und einen Kaffee trinken?‹« Während der Präsident so munter dahingeplaudert habe, sei der Generalsekretär des Verbands, auch ein älterer Herr, dagesessen und habe gegrinst. Der »Alpenkönig« hatte gesprochen.

In der Wiener Zeitung *Die Presse* fasste Johann Skocek am 28. November 2017 zusammen: »Olympiasiegerin Anna Fenninger musste sich von ihrem Manager trennen, die geschlossenen Marketingverträge auflösen und sich Schröcksnadel unterwerfen. Anschließend erhielt sie von ihm einen persönlichen Sponsor, einen Trainer mehr und ein Auto.«

Die schwierige Kommunikation mit Frauen führte im Oktober 2019 zu einem neuerlichen Konflikt, als Katharina Liensberger ihren Ausrüster wechseln wollte, die angestrebte Firma aus Vorarlberg aber nicht im »Ski Pool« firmierte. Die Athletin darf sich nicht einfach selbst ihre Skier oder Schuhe kaufen; es ist ihr vielmehr vorgeschrieben, dass sie bei einer vom Verband akzeptierten Marke unter Vertrag zu stehen hat, um im Weltcup starten zu können. Liensberger beharrte, Schröcksnadel selbstverständlich auch. Sollte bis 15. November kein geneh-

mer Vertrag vorliegen, erläuterte er, müsse die Slalomspezia-
listin ein Jahr lang pausieren. »Katharina Liensberger zerstört
sich ihre Karriere«, ließ er die Medien wissen und der Trainer
assistierte: »Alle haben sich an die Regeln zu halten« – gemacht
hat sie der Verband, die Athletinnen wurden nicht gefragt.

Selbstverständlich gab Liensberger schließlich nach.

Die ehemalige Rennläuferin Nicola Werdenigg erläuterte im
März 2019 im Magazin *an.schläge,* der Verband sei wie die Mafia strukturiert: »Es gibt einen absoluten Boss, der das Sagen
hat. Bei ihm läuft alles wirtschaftlich zusammen. Es gibt an
der Spitze zwei, drei Vertraute. Nach unten hin in der Hierar-
chie fließt immer weniger Information durch. Wer das Schweigen bricht, ist sofort Persona non grata.« Im Skisport laufe die
Sozialisation junger Leute in einem geschlossenen System pa-
triarchal ab, schreibt Werdenigg in ihrem Buch *Ski Macht Spiele.*
Der mit Politik und Medien verflochtene ÖSV sei »ein Beispiel
für die Macht in Systemen mit Männern, die an einer Gesell-
schaftsform festhalten, in der die Alten das Sagen über die Zukunft der jungen Generation haben wollen«.

Schröcksnadel und seine alten Kollegen betreiben mit dem
österreichischen und dem internationalen Skiverband ein
Monopol. Der Weltcup ist die einzige Rennserie der Alpinen,
laut Artikel 201 der von der Fis erstellten Wettkampfordnung
sind nur die Verbände meldeberechtigt. Ohne Verband könnten Anna Fenninger und Katharina Liensberger nicht antreten.

Das Monopol des ÖSV ist sogar von der Justiz bestätigt; in
seinem Urteil vom 12. Juli 1994, Nr. 4Ob71/94, erkennt dies Österreichs Oberster Gerichtshof. Eine in Liechtenstein ansässige
Aktiengesellschaft hatte geklagt, damaliger Streitwert 17 Millionen Schilling (etwa eineinhalb Millionen Euro). Seit langem
verwertete sie TV- und Sponsorenrechte für Sportveranstaltungen – nachdem Schröcksnadel den Verband übernommen
hatte, wollte er Rechte und Werbeflächen auf heimischen Pisten ganz nach seinem Willen gestalten. Die Aktiengesellschaft
brachte beim Prozess vor, der ÖSV habe seine Machtbefugnis
dazu benützt, die lokalen Organisationskomitees »zu zwin-

gen, ihm Werberechte zu übertragen«. Den Vorwurf konterte der Verband, er besitze das alleinige Verfügungsrecht über die Weltcuprennen.

Das Oberste Gericht erkannte den interne Wettkampfordnung der Fis als rechtsgültig an und bestätigte somit das Monopol: »Zwar sei der Beklagte als nationaler Skiverband Österreichs insoweit ein ›Monopolist‹, als es keinen weiteren nationalen Verband im jeweiligen Staatsgebiet der einzelnen Mitgliederverbände des seinerseits Welt-›Monopol‹-Stellung einnehmenden FIS gibt. Da ausschließlich die nationalen Skiverbände den Antrag stellen können, bestimmte Weltcup-Rennen in bestimmten Orten auszutragen, bestehe insoweit auch ein wirtschaftlicher ›Druck‹ auf die Organisationskomitees, diesen Zuschlag sodann auch tatsächlich zu erhalten, zumal gemäß Pkt 2.3 der Kooperationsverträge Nominierungen für die Durchführungen von Weltcup-Bewerben vom Beklagten nur dann bei der FIS eingereicht werden, wenn das jeweilige Organisationskomitee die entsprechende Vereinbarung (vorher) unterzeichnet habe. Trotzdem sei diese Vertragskonstruktion an sich nicht als wettbewerbswidrig zu beanstanden, weil sie – in Abwägung der Interessen beider Teile dieser Kooperationsverträge – bewirke, daß hiedurch ganz wesentliche finanzielle Risiken der örtlichen Veranstalter wegfallen«.

Die Höchstrichter sprachen den ÖSV frei, die Liechtensteiner mussten die Verfahrenskosten, 191 020,80 Schilling, bezahlen.

Das Urteil ist fadenscheinig begründet. Es stellt im Grunde fest, jegliches Monopol sei in Ordnung, wenn nur ein Risiko geringer ausfalle. Dass es Athleten und Athletinnen nötigt, bleibt gerichtlich unerwähnt.

Wie alle ihre Kolleginnen hatten Fenninger und Liensberger drei Erklärungen zu unterzeichnen, die sie an die Statuten und Vorgaben des ÖSV banden: eine Lizenzerklärung, eine Verhaltensordnung, zudem für die Werbung Ausführungsbestimmungen, mit denen sich der Verband seinen Zugriff auf die Bildrechte sichert. Er schließt die Sponsorenverträge ab, kassiert dafür, steckt zehn Prozent Provision ein und gibt dann das Geld an die Sportler weiter. Denen bleibt allerdings für die Reklame ihrer persönlichen Sponsoren nur der Platz auf dem Helm, und selbst dafür brauchen sie das Einverständnis des ÖSV, dessen Interessen nicht gestört werden dürfen. Leicht ist dies nicht, da die Sponsoren des Verbands ein gehöriges Spektrum abdecken: ein Telekom-Unternehmen, eine Automarke, eine Heiztechnikfirma, ein Hersteller von Motorgeräten, eine Boulevardzeitung, ein Mineralölkonzern, eine Teigwarenfirma, zwei Bierbrauereien, ein Bundesland, eine Versicherung, eine Bank, eine Pharmafirma, ein Fruchtsaftunternehmen, eine Ladenkette, Bekleidungsfirmen, Wettbüros, der ORF und eine lange Liste weiterer Partner aus verschiedenen Branchen.

Juristen meinen, ein derartiger Vertrag würde in der übrigen Arbeitswelt kaum halten, denn der Missbrauch einer marktbeherrschenden Stellung sei offensichtlich: Fenninger und Liensberger hätten zwei Jahre lang für kein anderes Land starten dürfen, wenn der ÖSV sie rausgeworfen hätte. Ein deutscher Anwalt, der an der Sporthochschule Köln lehrt, sagte der *Zeit* am 25. Juni 2015, er sehe klare Verstöße gegen das Kartellrecht, es mangle jedoch an entsprechenden Urteilen: »Mutige Athleten sollten das vor Gericht ausfechten«.

Bei den Rennen könnten sie dann wohl nicht antreten. Es würde ihnen unmöglich gemacht, ihren Beruf auszuüben.

Unter dem Titel *Sport schützt Umwelt* erklärt der Deutsche Olympische Sportbund, der Wintersport müsse »seine Anpassungsfähigkeit verbessern«.

Um die Rahmenbedingungen zu besprechen, trafen sich im Januar 2019 Experten aus der Schweiz, Deutschland und Österreich in Ruhpolding. Die Jahresmitteltemperatur werde in den Alpen bis Ende des Jahrhunderts um mindestens zwei Grad steigen, erklärten sie einhellig. Dadurch werde die natürliche Schneedecke »weiter zurückgehen« und um Wochen weniger lang auf den Pisten liegen, zudem müsse man damit rechnen, dass sich die künstliche Beschneiung schwieriger gestalte.

Ein paar Tage später konterte Peter Schröcksnadel die Wissenschaftler, deren »Momentaufnahmen« seien bedeutungslos. Er werde sich »bei dieser Thematik nicht von Angst regieren lassen«.

WEISSE ELEFANTEN: SPORTRUINEN
UND ÖKOLOGISCHE ABSTÜRZE

Das Gelände sieht aus wie ein stillgelegter karger Campingplatz, über den der Wind leichten Abfall treibt. Schlaglöcher unterbrechen die Wege, Gras wächst in den Zugängen, im Beton verlaufen Sprünge, Sitze vergammeln. In der Arena hat seit langem keine Veranstaltung stattgefunden.

Der internationale Sportbetrieb produziert viele teure Anlagen, die nach dem Event ungenutzt dastehen. »Weiße Elefanten« nennt man sie nach den Tieren, die im Asien früherer Zeiten als Gastgeschenke unbeliebt waren, da sie hohe Kosten verursachten, wegen ihrer Heiligkeit jedoch nicht zur Arbeit eingesetzt werden durften.

Am stärksten beeindrucken die Ruinen der Winterspiele in Sarajevo, da die Kriegsschäden das Scheitern der Vorstellung vom olympischen Frieden drastisch vor Augen führen. Die Eishalle wurde von Bomben getroffen, der Überrest als Leichenhaus benützt. Die Sprungschanzen sind geborsten. Die Stätte des Sportidealismus diente völlig gegenteiligen praktischen Zwecken, die Bob- und Rodelbahn als Schützengraben. Am Ende der blutigen Kämpfe stand sie gelöchert da, später wuchsen ihr Verwucherung, Schmutz und Graffitis zu. Will man sie heute aufsuchen, empfiehlt sich eine kundige Führung, denn rundum im Wald liegen vermutlich noch Minen.

Was in anderen Austragungsstädten von großen Wettkämpfen, vor allem von Olympia und Fußballturnieren, verrottet, ist nicht einem Krieg, sondern einer Organisation geschuldet, die Nachhaltigkeit und eine nutzbringende Verwendung von Steuergeldern wenig kümmert.

Der Sport beschert in aller Welt gewaltige ökologische Wunden, lässt abertausende alte Bäume fällen, Schneisen in Wälder schlagen, sodass die Erosion verstärkt und die Lawinengefahr erhöht wird. Er lässt Flussbette verlegen, toxische Mittel anwenden, Naturschutzgebiete umwidmen und betonieren, Bewohner umsiedeln, den Verkehr anschwellen. Er verbraucht Unmengen an Energie, produziert einen enormen CO_2-Ausstoß und Müllberge.

Genaue Berechnungen belegen, dass schon 2011 die Fußball-WM der Frauen mehr als 40 000 Tonnen Treibhausgase verursacht hat. Ein durchschnittlicher Spieltag der deutschen Bundesliga bringt heute 7 700 Tonnen CO_2 hervor; um dies zu kompensieren, müsste man sechzigtausend Bäume pflanzen. Die Inflation der nationalen und internationalen Matches, heißt es in einer Studie der Klimaschutzberatung CO2OL, sei »ökologisch ein Desaster«.

Nicht anders die Motorrennen aller Kategorien: Der finanzintensive Formel-1-Zirkus verjuxt massenhaft Energie; seine mit viel Steuergeld subventionierten Veranstaltungen werben für PS-Wettrüsten und Macho-Protzerei. Zwar hat die Fédération Internationale de l'Automobile 2014 die Formel E für Elektroautos eingeführt und behauptet, das diene dem Kampf gegen die Erderwärmung. Der ganze Tross aber tourt um die Welt, will Spaß am Fahren und an der Geschwindigkeit vermitteln und hilft den Firmen, ihre schnellen Gefährte zu verkaufen.

Wegen der schwerwiegenden Umweltprobleme haben im September 2019 deutsche Clubs (in der Fußballbundesliga stechen Hoffenheim, Mainz, Freiburg hervor) sowie Athleten und Athletinnen parallel zu »Fridays for Future« ein Manifest »Sports for Future« verbreitet. Es fordert umweltfreundliche Praktiken: »Der Sport ist in der Mitte der Gesellschaft, steht aber in dieser Frage noch nicht auf dem Spielfeld. Das wollen wir ändern.« Der Beirat »Umwelt und Sport« des Umweltministeriums schreibt in seinem Positionspapier *Sport 2020 – Impulsgeber für eine nachhaltige Gesellschaft,* dass »der Sport mit über 50 Millionen Aktiven und seiner breiten gesellschaftlichen Verankerung ein enormes Potenzial bietet, um die nachhaltige Entwicklung in Deutschland voranzutreiben«.

Sie könnten gleich einmal gegen die Organisation der Fußball-Europameisterschaft 2020 protestieren, denn diese findet in zwölf Ländern statt und lässt den ökologisch höchst ungünstigen Flugverkehr extrem anschwellen.

Bei den reichen Verbänden siegt nach wie vor, mitunter ärger denn je, Kommerz gegen Umwelt.

Wenn auch Verbände und Clubs vorhaben, dem Umweltschutz mehr Augenmerk zu widmen oder Priorität zu geben, so bleiben ihnen dennoch ihre Altlasten. Der Deutsche Olympische Sportbund stellt fest, dass die heimischen Anlagen jährlich 7,5 Millionen Tonnen CO_2 verursachen – so viel wie sechs Großstädte. Es wären 31 Milliarden Euro nötig, um die Sportstätten zu renovieren und klimatechnisch zu verbessern. Allein für die Hallen, die von 1950 bis 1965 errichtet wurden, ließe sich der Energieverbrauch um sechzig Prozent senken.

Das Engagement der Herren des wunden Leders und der Herren der Ringe wirkt allerdings nicht glaubwürdig, wenn bei der nächsten Fußball-EM und bei Sommerolympia in Tokio die ökologische Rücksicht gegen Fernsehverträge und Geopolitik verliert.

Die Schandflecken früheren Eventwahns zeugen als Weiße Elefanten weiterhin und weithin von geringer Sensibilität für die Umwelt.

Um 2004 Olympia in Athen auszurichten, wurden zehn Milliarden Euro ausgegeben, während die griechischen Staatsschulden um das Zehnfache stiegen. Die Investitionen zeichneten sich jedoch nicht durch die angekündigte Nachhaltigkeit aus. Das vorgesehene Wohnprojekt im Olympischen Dorf blieb aus, die Kanu- und Kajakanlage legte man einfach still, das Stadion für Beachvolleyball ist heute eine Ruine.

Für die Winterspiele von Turin 2006 kosteten die Rodel- und Bobbahn anstelle von 28 Hektar geschlägerten Waldes, die Biathlonstätte sowie die Schanzen, für die ein Flusslauf umgeleitet wurde, insgesamt hundertzwanzig Millionen Euro. Danach wurden sie kaum gebraucht, während für die Erhaltung jährlich über drei Millionen anfielen. Das Olympiastadion von Peking 2008 fand keine adäquate Nachnutzung, in den Schwimmbecken wird nicht mehr geschwommen, auf der riesigen Parkfläche der Radarena kurven gelegentlich Autos bei Fahrprüfungen, das Baseball-Stadion wurde abgerissen; verlassen und rostend liegen die ehemaligen Stätten für Kajak, Beachvolley und BMX da. Vancouver 2010 hinterließ neben ökologischen Problemen ein ökonomisches und soziales Desaster: massive Abholzungen, hohe Schulden, Zwangsumsiedlungen und gewaltig anziehende Immobilienpreise. Laut Presseberechnungen kostete Olympia jedem einzelnen Menschen in Vancouver schließlich tausend Dollar. Zugleich mussten sie, wie auch alle Einwohner der Provinz British Columbia, Kürzungen im Gesundheitssystem, bei Bildung und Kunstförderung hinnehmen. Der *Economist* schrieb am 13. Januar 2011, das Olympische Dorf sei nun eine »fast leere Geisterstadt«, da ein Jahr nach Ende der Spiele kaum die Hälfte der Wohnungen verkauft war.

Für London 2012, das mit Nachhaltigkeit warb, hat die Stadtplanung in manchen Vierteln zur Ghettoisierung beigetragen. Von den Winterspielen 2014 behauptete zwar das offizielle Hochglanzmagazin des IOC, die *Revue Olympique* in ihrer Nummer 94, dass Sotschi vom »soliden Erbe« profitiere. Viele Sportstätten stehen jedoch leer. Das Stadion dient seltenen Events, auf der Sprungschanze sowie im Zentrum für Langlauf und Biathlon fanden keine internationalen Wettkämpfe mehr statt. Im Eiskanal, den ein Brand beschädigt hatte, trugen die Rodler immerhin ihr Weltcupfinale aus; die in Sotschi vorgesehene Bob- und Skeleton-WM 2017 verlegte der Internationale Verband wegen des russischen Dopingskandals in ein anderes Land. Dafür gastiert die Formel 1 in der Stadt und im Eishockeystadion spielt das heimische Team, das extra für die Nachnutzung der olympischen Bauten gegründet wurde.

2016 produzierte Rio seine Weißen Elefanten, während

es an Krankenhäusern und Schulen mangelte. 2018 fielen in Pyeongchang für ein paar Tage Skirennen fünfzigtausend Bäume, darunter viele jahrhundertealte, dem Massaker mit der Kettensäge zum Opfer. Der Bau des Stadions, das nur für die Eröffnungs- und die Schlussfeier genützt und danach abgerissen wurde, kostete achtzig Millionen Euro.

Trotz der werbewirksamen Beteuerungen der Herren der Ringe sieht es 2020 nicht wesentlich besser aus. In seiner Bewerbung hatte Tokio vernünftige, ökologische und günstige Sommerspiele versprochen. Unabhängigen Schätzungen zufolge kosten sie etwa 25 Milliarden Euro, viermal so viel wie ursprünglich vorgesehen. Offiziell geben die Veranstalter weniger an, mehr als hundert Ausgabeposten haben sie in andere Budgettöpfe der öffentlichen Hand geschoben und als städtische Investitionen für die Zukunft deklariert.

Wieder einmal steht Olympia für einen Fassadenschwindel. Bei der Vergabe hatte es geheißen, die japanische Hauptstadt biete während der Wettkämpfe »ein ideales Klima für Sportler« – die Bedingungen stufen jedoch Mediziner nach dem internationale Hitze- und Luftfeuchtigkeitsindex als »gefährlich« ein. Wegen der Wetterbedingungen hatten die Spiele 1964 Mitte Oktober stattgefunden, diesmal kommt das IOC den Fernsehsendern entgegen. Nach den schrecklichen Bildern von der WM der Leichtathleten in der Hitze von Katar musste es allerdings die Marathon- sowie Geherwettbewerbe in das achthundert Kilometer entfernte Sapporo verlegen. Dass das Event, wie das Organisationskomitee behauptet, an den Tagen der Eröffnungs- und Schlussfeier »klimaneutral« wirke, ist bezeichnenderweise keine vor Ort spürbare Realität, sondern einem Handel auf dem Markt zu verdanken: Sponsoren kaufen für diese Spiele CO_2-Ausstoßrechte. Und abgelenkt wird auch von der anhaltenden radioaktiven Gefährdung nach dem Reaktorunfall in Fukushima: Um Normalität vorzuführen, stehen hier im Softball und im Baseball die Eröffnungsmatches auf dem Programm.

Ob tatsächlich alle Sportstätten nachhaltig genützt werden,

wie die Veranstalter betonen, erscheint angesichts aller Erfahrungen recht fragwürdig.

Der Fußball hinterlässt nicht weniger Weiße Elefanten. In Südafrika verfallen seit der WM 2010 einige der sündteuren Arenen. Um dreihundert Millionen Dollar war das Stadion in Kapstadt mit 64 000 Plätzen errichtet worden, nun kostet der Betrieb jährlich zehn Millionen. Der Erstligaclub, der hier kickt, schafft einen Zuschauerschnitt von 8 300.

Das gleiche Bild nach der WM 2014 in Brasilien. Ungenützt steht die riesige Betonschüssel in Cuiabá da. Aufgrund von Baufehlern musste sie geschlossen werden, es zogen Obdachlose ein. Später machte man die VIP-Räume zu Klassenzimmern und bescherte so der Stadt die wohl teuerste Schule der Welt. In Brasília baute man um mehr als sechshundert Millionen Euro eines der teuersten WM-Stadien. Gekickt wird hier kaum, in den Räumen sitzen nun Beamte von drei Ministerien. Die Arena von Manaus mit ihren vierzigtausend Plätzen bespielt mitunter ein Viertligaclub; die regionalen Autoritäten überlegten, sie in ein Gefängnis umzuwandeln, während der Bundesstaat noch fünfzehn Jahre lang die Baukredite zurückzahlen muss.

Die Stadien der WM 2018 in Russland, die insgesamt geschätzte 5,2 Milliarden Euro gekostet haben, finden keine deutlich bessere Nachnutzung. Vor dem Turnier hatte der Chef des Organisationskomitees erklärt, neue Stadien würden Publikum anziehen. Nun sollen sie in Jekaterinburg, Kaliningrad, Saransk, eventuell auch in Nischni Nowgorod und Wolgograd auf zwanzig- bis dreißigtausend Plätze zurückgebaut werden – außer Ural Jekaterinburg spielen die hier auflaufenden Clubs in der zweiten Liga, deren Zuschauerschnitt bei nicht einmal dreitausend liegt.

Nach den ökonomischen Vorstellungen der brasilianischen Regierung sollte eigentlich der Markt das Problem der Weißen Elefanten regeln. Paulo Guedes, der Wirtschaftsminister und wesentliche Einflüsterer von Präsident Jair Bolsonaro, hat in Chicago bei Milton Friedman studiert. Der Mitgründer der neoliberalen Denkfabrik Instituto Millenium trat mit der Idee hervor, mit dem im Amazonasgebiet produzierten Sauerstoff an der Börse zu handeln. Leerstehende Arenen gehören offenbar nicht zu seinem Programm der Maximierung der Landschaft.

Gerade angesichts des Klimawandels ist es unverantwortlich, die Lösungen dem neoliberalen Spiel des Marktes zu überlassen und wirtschaftliche statt ökologische Prioritäten zu setzen. Etwa Stadien in Katar herunterzukühlen und zu erklären, der Sport brauche eben neue Märkte.

Die ungewöhnlichste, freilich bezeichnende Nutzung eines Weißen Elefanten erfuhr das Wörtherseestadion in Klagenfurt. Um knapp hundert Millionen Euro war es für die Fußball-EM 2008 errichtet, dann pro Jahr gerade zweimal – für ein Ländermatch und das österreichische Cupfinale – gebraucht worden.

Als jedoch im Herbst 2019 der AC aus dem nahegelegenen Wolfsberg seine Europa-League-Spiele dort austragen wollte, war dies unmöglich. Ein Kunstprojekt stand auf dem Rasen: eine Baumlandschaft. Von den Rängen konnte das Publikum Wald schauen und die arrangiert gezähmte Natur als Event bestaunen. Während sie auf freier Wildbahn unaufhörlich Beschädigungen erfährt, füllt sie das Feld des Freizeit-Marktes par excellence, des Sports, und prunkt dort, wo die Kommerzialisierung alles hintreibt: gegen Bezahlung in der Arena.

8 SIEG DER FASSADE

AM ZÜRICHBERG UND IN DER WELT

In teuerster Lage über dem See, in der Fifa-Straße 20 am Zürichberg, befindet sich ein Sitz der Macht und ihrer Maximierung.

Der graue drahtumspannte Quader ist juridisch gesehen ein Vereinsheim. »Ein Privathaus für die Familie«, nannte es Sepp Blatter bei der Einweihung. Bescheiden ist es allerdings gar nicht, 240 Millionen Franken hat es gekostet. Das Lichtkonzept stammt vom renommiertesten Künstler der Branche: Bis vor kurzem wurde der Fifa-Sitz bei Nacht in LED getaucht und schien wie ein großes unbekanntes Flugobjekt über der Stadt zu schweben.

Die Sporthallenarchitektur ähnelt der angesagten Bauweise der neuen Stadien, das Gebäude gibt sich wuchtig und glatt. Es ist – außerhalb der Führungen am Sonntag der offenen Türen – nur Fifa-Leuten zugänglich. Deswegen will sich die Vorstellung von Transparenz, die die Fensterfront anspielt, nicht recht einstellen. Eher fragt man sich, was hinter dieser Fassade abläuft, die ober der Erde zwei Etagen und sechs darunter verbirgt.

Durch einen Park, dessen Pflanzenflächen thematisch die Kontinente repräsentieren, und ein Fahnenspalier gelangt man zum Vorplatz. Das Gelände gibt sich als Metapher globaler Bedeutung, eine Grasfläche ist aus Plastik einer deutschen

Firma. Zum Eingang geht es ein paar Stufen hinab, durch laut-
lose Türen in die immense Halle von der Größe eines Fußballfeldes, die Aussicht weist ins Grüne. An der langen The-
ke walten zwei Rezeptionistinnen im blauen Obergewand, der
Weltverband passt sich farblich der UNO an. Die beiden Frau-
en haben sehr viel Zeit, Besucher sind nicht vorgesehen. Ihnen
gegenüber zieht sich eine lange Bank das Geländer entlang.
Das Mobiliar ist aus Onyx, der Boden Lapislazuli, die Decke
edel gestuft. In jeder Ecke warten Sitzkojen mit Lederfauteuils.

Schritte nähern sich. Der junge Mann aus einer der zahlreichen Abteilungen, dem man den Besuch verdankt, holt einen
ab. Man habe es schon früher versucht, sagt man. Naja, sagt er
und findet das komisch.

So tritt man in die echten heiligen Hallen der Fußballreli-
gion. Gänge, Büros, Fernsehstudios erster Güte, ein Hör-Seh-
Saal für internationale Treffen, die Sitzreihen ansteigend, die
Decke voller Scheinwerfer, hinten oben die Kojen mit Sichtfens-
tern für Regie und Dolmetscher. Alles vom Feinsten, immer
am Drücker für die Übertragung. Amerikanisches Nussbaum-
holz, brasilianische Schiefersteine, Handläufe aus Chromstahl,
Lichtschächte, Konferenzsäle mit geräucherter Goldwand, das
Mobiliar könnte von Le Corbusier sein. Die Lampen in den Ge-
sprächszonen sind große Wolken, sie geben sich schwebend.

Dann der Sitzungsraum für die großen Entscheidungen, die
Aura eines abgeriegelten Banktresors, zentral ein regelmäßi-
ges Viereck, rundum von Tischen gesäumt. In deren Mitte liegt,
wie es heißt, der reinste Lapislazuli, den es auf der Welt gibt.
Man sieht ihn nicht, er ist mit einem künstlichen Gras bedeckt,
als wäre es ein Teppich im Wohnzimmer. Darauf die Linien
des Fußballfeldes, auf dem Anstoßkreis ein Ball. Der Präsident
wollte nicht den Lapislazuli zeigen, sondern das Spielgerät in
den Fokus stellen. Im Grundstein des Gebäudes ruht ein großer stählerner Fußball, mit Säckchen Erde aus allen Mitglieds-
ländern gefüllt. Man hält auf Symbolik.

Die Gänge sind aus Stein und gehämmertem Aluminium gestaltet, sie wirken teuer silbern. Um die Ecke befindet sich der

Andachtsraum. Ab einer bestimmten Anzahl von Angestellten ist das vorgeschrieben; die Fifa platzt schon wieder aus allen Nähten, vierhundert Menschen arbeiten im Gebäude. Der
Fußballgott wohnt in einer sich nach oben ausweitenden Kammer. Die Wände leuchten, hier unter Tag wirkt ein onyxglän-
zender Sonnenschein aus ägyptischem Marmor, der aus sich
heraus strahlt, vielleicht mittels Neonröhren. Der Raum für
das Allerheiligste ist natürlich leer. Dafür ist eine Richtung
eingezeichnet, ein grüner Pfeil gegen Mekka; andere Religio-
nen sind nicht so deutlich.

Wer den Andachtsraum nütze, fragt man.

Niemand.

Sogar die Schleuse zur Parkgarage ist hübsch, deren Dimensionen sind beträchtlich, Großraumlimousinen können
hier schwungvoll einfahren.

Aus den Tiefen des Zürichbergs steigt man wieder hinauf.
Draußen stehen die Flaggen still. Man identifiziert die Nationen und geht.

Unweit, in drei Minuten des Weges vorbei an zwei Fußball-
feldern, dann über die Zürichbergstraße ruht James Joyce auf
dem Friedhof Fluntern, in der Nachbarschaft Elias Canetti.

Hinter der Fassade des Fifa-Palastes plant ein Sportfürst
das Kulturerbe der Menschheit vollends zu privatisieren und
geopolitisch einzusetzen, ohne die Vorteile der Gemeinnützigkeit aufzugeben. Die Nationalverbände hätten nichts mehr zu
sagen, die Geldmacht eines im Hintergrund agierenden An-
legerkonsortiums hingegen überall mitzureden.

Gianni Infantino hat geheim mit ungenannten Investoren,
offenbar aus Saudi-Arabien und Japan, eine Neugestaltung aller Fußballrechte ausgehandelt. Um 25 Milliarden Dollar soll
eine Fifa Digital Corporation (FDC) sämtliche Wettbewerbe in
Besitz nehmen, dazu die Übertragungen, das Merchandising,
die Computerspiele, alles »Virtuelle und jedes andere For-
mat, das noch weltweit entwickelt wird« – manches davon ist
gar nicht Eigentum des Weltverbandes. Von den Veränderungen wäre der gesamte Fußballbetrieb betroffen, auch Verträge

mit den langjährigen Top-Partnern. Eine knappe Mehrheit an
der FDC würde die Fifa halten, 51 Prozent gegen 49 Prozent der
Anleger; Vorsitzender des Aufsichtsrates wäre – Gianni Infantino. In dieser Konstellation müsste er sich nicht mehr der
Wahl durch die Mitglieder des Weltverbands stellen.

Im März 2018 wollte er die Zustimmung des Fifa-Rates erlangen, ohne ein genaues Konzept und die Identität der Investoren auf den Tisch zu legen. Nachdem dieser Überrumpe-
lungsversuch gescheitert war, versuchte es Infantino ein halbes
Jahr später erneut und erreichte, dass eine Task Force für das
Projekt eingerichtet wurde. Allerdings darf, wie die *Süddeutsche
Zeitung* in ihrer akribischen Berichterstattung am 18. Oktober
in Erinnerung ruft, laut Statut der Fifa-Präsident nicht operativ vorgehen. Aber daran hält sich Gianni Infantino ohnehin
nie, der Fürst ist der Fürst. Er versucht seine Herrschaft langfristig zu sichern, mit willigen Knappen und Rittern.

Der Chefjustiziar des Weltverbands und sein Stellvertreter
hatten in ihrem eindringlichen Gutachten vom Projekt abge-
raten, da es für die Fifa Nachteile sowie kartellrechtliche Probleme bringe. Der Fürst hat sie beide entlassen.

Im Juni 2019 wurde Infantino für eine zweite Amtszeit wiedergewählt. Von seinem Projekt dringt seit einem Jahr nichts
an die Öffentlichkeit, hinter den Fassaden wird wohl immer
noch damit hantiert – vor allem die Uefa wehrt sich vehement
dagegen: ihre europäischen Wettbewerbe wären in Gefahr.
Die neuen Formate aber, die Milliarden bringen sollen – eine
erweiterte Klub-Weltmeisterschaft und eine globale Nationenliga –, stehen weiter offiziell auf der Agenda, obwohl die
Spielpläne ohnehin schon heillos überlastet sind. »Die beiden
Wettbewerbe sollen Teil eines umfassenden Unterhaltungs-
angebots werden. Dieses würde man gerne auf einer Plattform
bündeln, auf die zahlungswillige Fans aus aller Welt zugrei-
fen können. Die Rede ist von einer Art Netflix des Fussballs«,
schreibt die *Neue Zürcher Zeitung* am 1. Juni 2019.

Mark Pieth, Ordinarius für Strafrecht, trat 2013 aus Protest
gegen Behinderung von Reformen als Vorsitzender der Go-

vernance-Kommission der Fifa zurück. Nun sieht er Infantinos Vorhaben als »Raubzug an der Fifa«; eigentlich müsse die Ethik-Kommission eingreifen.

Es ist der Plan einer Refeudalisierung im extremen neoliberalen Privatisierungskick: Das als gemeinnützig behauptete Weltmonopol soll an Investoren gehen.

Die »Grundverfassung des Sports«, schreibt Johann Skocek am 21. November 2018 im Wiener *Falter,* sei die Spekulation mit den Träumen der Sportler, sowohl der Profis als auch der Amateure. Infantinos Projekt sei »keine Überraschung und kein Tabubruch«, sondern »bloß ein letzter, konsequenter Schritt in das totalitäre Regime des Kapitals«.

Dessen Kommandozentrale steht in unterirdischer Protzausstattung auf dem Zürichberg. Dort waltet die Macht, unzugänglich und nicht einsehbar. Sie verwaltet nicht den Fußball für alle, sondern betreibt eigenen Profit und eigenes Wachstum: stets mehr Events, stets mehr Geld.

UMFASSENDES EVENT

Das Hallenturnier der Association of Tennis Professionals, der ATP Tour, trägt in Wien offiziell den Namen einer Bank. Wie viel das Geldinstitut dafür bezahlt hat, teilen die Veranstalter der Öffentlichkeit nicht mit; den Werbewert für die Stadt vermögen sie hingegen genau mit 97,7 Millionen Euro zu beziffern. Als »Medienpartner« firmieren der ORF und die *Kronen Zeitung.*

Um eingelassen zu werden, muss das Publikum lange Wartezeiten vor den Toren in Kauf nehmen. In vorgelagerten Zelten erfolgt ein Sicherheitscheck, schärfer als auf Flughäfen. Darf man weitergehen, gelangt man im Inneren auf einen knallvollen Marktplatz. Die Stände bieten nicht nur Schläger, Kleidung und Schuhe fürs Tennis, sondern in einer Art Fressgasse Pizzen, Brezen und Würste an. Dahinter kann man Minitischten-

nis spielen, es blinken und orgeln Reaktionsspiele und andere Automaten. In der Halle, in deren Mitte hellblau der Court
hervorsticht, serviert uniformiertes Personal den Very Impor-
tant Persons in den VIP-Logen Lachs, Wild und Mousse. Der
Auftritt der Spieler erfolgt unter Lichtspielen und Elektronik-
gebraus, das wie gewaltige Fanfarenstöße klingen soll. Keine
Arena kommt heute ohne ihr Musiksignal aus, einige bedienen
sich gerne im Barocken bei Georg Friedrich Händel.

Das Tennis scheint hier der Pausenfüller zu sein. Sobald
kein Ballwechsel im Gange ist, schweifen Lichtkegel durch die
sofort gedimmten Halle, während Werbung aus den Lautsprechern schreit. Wie sich Athleten in diesem Eventjahrmarkt zu
konzentrieren vermögen, bleibt ein Rätsel. Ob sie kurz oder
lang innehalten, für den nächsten Aufschlag oder beim Platz-
wechsel, immer sind sie discobeleuchtet. Musik dröhnt, auf
Riesenleinwänden läuft ein Werbespot, der Platzsprecher liefert Schwachsinn als Entertainment. Man könnte meinen, die
Spieler schlagen die Bälle extra lange hin und her übers Netz,
um ein paar Sekunden Ruhe zu genießen.

Anderswo, in Hamburg, antwortet die Direktorin des ATP-
Turniers auf die Frage, ob von der Stimmung beim Beachvolleyball zu lernen sei: »Während der Ballwechsel müssen die
Zuschauer einfach leise sein. Das tut mir auch leid, denn es
wäre schon cool, wenn wir mehr inszenieren könnten. Gerade
um ein jüngeres Publikum zum Tennis zu bringen, braucht es
mehr Entertainment. Wir haben in diesem Jahr zwei DJs enga-
giert, um mit der Auswahl der Musik mehr Stimmung ins Turnier zu bringen. Vielleicht schaffen wir es auf diese Weise, dass
das Tennispublikum etwas mehr mitgeht.«

Die Ballwechsel selbst sind offenbar zu wenig Entertainment; die Turnierdirektorin bedauert, dass diese Sekunden
nur dem Sport gehören und das Spektakel auf den Rängen stören. Das Event geht vor, es lebt von der Steigerungsform.

Der Vergleichsgröße Beachvolleyball, wo die Erotisierung
des Sports am deutlichsten auftritt, attestieren Medien regelmäßig »eine Bombenstimmung«, als wäre das »sagenhafte

Ambiente der Copacabana« in jede Arena übertragbar. Wieder und wieder fordert der Sprecher das Publikum über der Sandkiste der Gladiatoren auf, noch lauter anzufeuern. »Make some noise«, steht auf der Anzeigetafel, »let's get loud«. Ein DJ animiert in voller Lautstärke zu voller Lautstärke, er will seine Choreographie auf den Tribünen sehen: »Raise your hands like a V.« Und auch hier ist rundherum eine »Erlebniswelt« aufgebaut, der Berserkerkapitalismus ummantelt alle Massenorte, ob Stadien oder Flugsteige, Rockkonzerte oder Fernsehsendungen.

Der Sport ist Trägersubstanz des Events, er ist einer Maschinerie der Konsumblase geopfert. Es siegen Bespaßung und Ablenkung. Es herrscht Belustigung statt Interesse, Zudröhnung statt Konzentration. Die Tennishalle wird zur Schlachthalle des feinen Sinnes, die Arena zum Marktplatz der Emotionen und der Körperlichkeit.

Die Erotisierung ist unübersehbar. Verbandsfürsten fordern gelegentlich eine knappere Bekleidung der Athletinnen, um die Events besser verkaufen zu können. Fifa-Boss Sepp Blatter ließ vor Jahren wissen, Frauenfußball solle durchaus mehr »Sexyness« bieten. Im Beachvolleyball geht es allerdings kaum knapper. Eine der deutschen Spitzenspielerinnen meinte ganz offen auf www.beach-volleyball.de, das Minihöschen gehöre eben zum Outfit, das wir »bewusst nutzen, weil es einfach zieht« – den Doppelsinn ihres Satzes bemerkte sie nicht. Es gelte, fuhr sie fort, »die Leute für den Sport aufmerksam zu machen, dass sie hingucken und denken, ist ja ein geiler Sport.« Die Vermarktung »zieht einfach über diese Schiene«.

Die Medien machen mit. In den Sportredaktionen sitzen zu einem hohen Prozentsatz Männer, die Sponsoren sind meist Männer, die Berichterstattung ist eher auf ein männliches Publikum ausgerichtet. Dass dann ein Sport-TV-Sender spätnachts mit Sexy-Sport-Clips auf Softporno und auf Werbung für Erotikdienste umschaltet, erscheint somit nicht weiter verwunderlich.

In den Medien findet das Event seine Fortsetzung und Verbreitung durch Theatralisierung, erweitert von Homestories, Talkshows, Gewinnspielen.

Mit den Medien hat sich das Verhalten des Publikums seit den siebziger Jahren gewandelt. Nicht mehr der Sport selbst steht allein im Vordergrund, sondern das Event als Ganzes. Reagierte das Publikum früher fast nur auf das Geschehen des Wettkampfs, so zeigte es seither zunehmend Interesse an der eigenen Choreographie. Dafür eignen sich natürlich die wöchentlichen Matches in den Fußballstadien wegen der regelmäßigen Wiederholung des Stadionbesuchs bestens. Aber auch in der olympischen Arena herrschen nicht mehr ein Grundgemurmel und dann ein Aufschrei der Masse vor. Heute dominieren Gesänge und Sprechchöre, rhythmisches Klatschen und Trommeln, Nationalfarben und mittels Verkleidungen eine Karnevalisierung der nationalen Zugehörigkeit.

In den Fernsehshows wird das Publikum für die Sendung abgerichtet, das vorgeführte spontane Verhalten ist ein vorgebliches, das Einpeitscher zuvor eingeübt haben. In den Stadien sieht man immer öfter und intensiver ein ähnliches Vorgehen, wenn sich Sportler vor den Tribünen in Pose stellen, rhythmisch die Arme hochnehmen und zum kollektiven Klatschen animieren. Sie organisieren selbst ihre Anfeuerung, die Unterstützung sowie Untermalung ihrer Leistung.

Die großen Veranstaltungen, die »Mega-Events«, haben mit der globalen Konsumentenkultur eine internationale Publikumsstruktur geschaffen, die der »Erlebnisgesellschaft« in den reichen Ländern und anderswo in den reichen Schichten, entspricht. Da den Alltag häufig Erfahrungen aus zweiter Hand bestimmen, fällt die weltweite Bindung an Helden via Medien nicht aus der Reihe – außer man ist vor Ort, wo man eine Direktheit der Übertragung und eine Steigerung der Emotionen verspüren kann.

Dass man im Stadion am Spektakel mitwirkt, führen wiederum die TV-Blicke ins Publikum vor. Der Kreis schließt sich, wenn das Fernsehen Bilder von Menschen auf den Tribünen sendet, die sich soeben selbst auf der großen Anzeigetafel der

Arena erblicken und einander fingerzeigend darauf hinweisen. Man sieht sich dabei zu, wie man zusieht. Und genießt live auf den Rängen das Gefühl des authentischen Erlebens.

MEDIEN CIRCUS MAXIMUS

Das Schwarz-Weiß-Foto aus früheren Zeiten überliefert eine deutsche Straßenszene. Mitten in einem Schaufenster steht erhöht ein kleines Gerät, dessen Scheibe flimmert. Draußen auf dem Gehsteig drängen sich Menschen, andere dahinter sind auf Fässer und Leitern und auf die Ladefläche eines kleinen Lastanhängers geklettert. Sie tragen ihre Alltagskleidung, manche das Sonntagsgewand, Anzug und Krawatte und Hut, wie auch viele Männer im Stadion. Gebannt schauen sie von der Straße auf das Spielfeld im Medienfeld. Weit und breit ist bekannt, dass man das Match im kleinstädtischen Elektrogeschäft zu sehen bekommt.

Das Bild zeigt Gemeinschaft im öffentlichen Raum bei der Fußball-WM 1954. Die ganze Bundesrepublik verfügt damals nur über vierzigtausend Fernseher. Sechzig Millionen hören den Triumph im Radio, die Übertragung bleibt im Gedächtnis. Wie das »Wunder von Bern« wird die euphorische Reportage legendär, ein paar ihrer Sätze finden Aufnahme in den populären Sprachschatz. Am nächsten Tag melden die großen Schlagzeilen der Zeitungen, Deutschland sei Weltmeister. Das erste live gesendete Turnier löst einen Run auf TV-Geräte aus. Mit der Wirtschaftskonjunktur zieht die Konjunktur des Sports an, langsam beginnt er mit den Übertragungen Geld in Umlauf zu bringen.

Zwei Jahre später, bei den Winterspielen in Cortina d'Ampezzo, überlegen die Olympier erstmals, ob sie sich die Rechte der Veröffentlichung nicht bezahlen lassen sollten. Es hätte ihnen als ein Zeichen erscheinen können, dass bei der Eröffnungsfeier der Eisläufer mit der Flamme über ein Fernsehkabel stolpert, direkt vor der Ehrentribüne: als seien die Werte des Baron de Coubertin soeben außer Tritt geraten. 1960 bezahlt der US-Sender CBS für die Sommerspiele von Rom eine damals erklecklich, heute läppisch erscheinende Summe; 1970 sind von der Fußballweltmeisterschaft die ersten Direktübertragungen in Farbe zu erleben, dazu das »Replay« in Zeitlupe. Die Globalisierung des Sports ist sichtlich vollzogen.

Mit dem Fernsehen kamen Konzerne und Reklame. In der Halbzeit von Finalmatches kosten heute dreißig Sekunden Werbung bis zu dreihunderttausend Euro. Für die USA-Rechte an dem Fünf-Ringe-Spektakel bis 2032 unterschrieb NBCUniversal den teuersten Vertrag der olympischen Geschichte. 7,75 Milliarden Dollar bringt er der Non-Profit-Organisation der Olympier, zehntausend mal mehr als 1960 für die Spiele von Rom. Die Europarechte 2018 bis 2024 verkaufte das IOC um 1,3 Milliarden Euro an Discovery; diesem Medienriesen gehört der Sender Eurosport, mit dem der eigene Kanal des IOC eng verbunden ist. Folglich müssen die öffentlich-rechtlichen Sender Sublizenzen erwerben, um überhaupt dem Publikum einige Wettbewerbe frei zugänglich zu machen.

Das Kulturerbe der Menschheit ist unter den heutigen Zuständen auch nur eine Ware auf dem Markt. Die Herren der Ringe posaunen zwar ihren humanitären Einsatz als Mantra aus, über ihre Medienverträge aber informieren sie die Menschheit ungern. Indes entziehen sie nun das gemeinsame Kulturerbe der frei zugänglichen Öffentlichkeit und überantworten es als kostenpflichtiges Produkt dem Pay-TV.

Mammon trägt die Verbindung von Sport, Politik, Wirtschaft und Medien. TV-Gelder treiben die Finanzspirale hoch, am flottesten dreht sie sich im Fußball: Je mehr das Fernsehen zahlt, desto mehr zahlt es sich für Investoren aus, desto höhere Summen verlangen Kicker und ihre Agenten, desto weiter klafft die Finanzschere zwischen den Vereinen, desto enger wird der Zirkel der Spitzenteams, desto höher steigen die Löhne ihrer Stars, desto mehr TV-Gelder wollen die Clubs. Es ist ein Aufteilungssystem, das die Reichen reicher macht. Das

Fernsehgeschäft bestimmt über einen großen Teil der finanziellen Zuwendungen: Die Clubs erhalten umso mehr, je weiter vorn sie in der Tabelle stehen, je erfolgreicher sie in den europäischen Wettbewerben sind. Wer siegt, wird reicher; wer reich ist, siegt meist leichter – sodass in zunehmend wirkender Konsequenz die umsatzstärksten Vereine seit Jahren die Wettbewerbe beherrschen. Zudem reformierte der europäische Verband seine Ligen, sodass insbesondere die Champions League, die renommierteste und lukrativste, den Superreichen nun noch mehr entgegenkommt.

Früher übertrugen die Kommentatoren mitunter gewitzt, in Höhepunkten überspitzt die Begeisterung: Herbert Zimmermann 1954 aus Bern, für den ORF Edi Finger 1978 aus dem argentinischen Córdoba. Heute ist das Match in eine Show eingegliedert, der Präsentator ein Moderator zwischen Werbeeinschaltungen, »bleiben Sie dran«, und der Reporter ein Formelsprachrohr oder Statistikbolzer.

Wir leben in Zeiten des Infotainements. Dessen Choreographie übernehmen oft andere Bereiche aus dem Sport, Wahlkampfduelle im TV sind nicht viel anders gestaltet als Reportagen aus dem Stadion: Vorbericht mit Statistiken früherer Wettbewerbe, Werbung, Match, Werbung, Expertenanalyse in der wettkampfbetonten Sprache der Arena.

Die Medien selbst arbeiten am Spektakel mit. »Alle Bereiche im Journalismus haben mit Nähe und Distanz Probleme, aber am stärksten scheinen sie im Sport zu sein«, beobachtete Hans Leyendecker von der *Süddeutschen Zeitung*. Das Blatt gehört zu den wenigen Presseprodukten, die aus einer kritisch-analytischen Distanz berichten.

2014 fiel auf, dass sich ARD und ZDF bei der Fußball-WM in Brasilien immer näher an die Nationalelf heranarbeiteten, gut ersichtlich beim Interview von Katrin Müller-Hohenstein mit Lukas Podolski, als die Journalistin und der Kicker nebeneinander mit ihren Füßen im Pool plantschten. Ein anderes Mal stand die Reporterin im nächtlichen Ambiente vor der Mannschaftsunterkunft und verkündete: »Am meisten bewundere ich Bundestrainer Joachim Löw. Und ich frage mich: Wie cool ist dieser Mann eigentlich?« Zuvor war Löw beim Strandlauf zu sehen gewesen, als wäre es eine Reklame für Fernreisen oder ein Deodorant. Die Hofberichterstattung der öffentlich-rechtlichen Sender geriet zur Schwärmerei mit Werbeeffekt.

In die Kinos brachte der DFB dann gleich die eigenen Bilder. Viele Szenen des Films über den WM-Sieg waren für den Verbandssender gedreht worden. Dadurch erscheine die Dokumentation einseitig, es fehle der Blick aus der Distanz, kritisierte die *Frankfurter Allgemeine Zeitung*. Ähnlich die Entwicklung in den Bundesligaclubs mit ihren Webseiten: Die Medienabteilungen üben eine Kontrolle der Botschaft aus, Message Control, indem sie etwa ihre Spieler selbst interviewen, das Material weitergeben und so den Journalisten weniger direkten Zugang gewähren.

Wie sich die Großen im Geschäft die Rolle der Medien vorstellen, führte im Oktober 2018 der FC Bayern vor. Sein Vorstandschef Karl-Heinz Rummenigge kritisierte die Kritiker so harsch, dass er sich gar bemüßigt fühlte, nicht weniger als das Grundgesetz und die unantastbare Würde des Menschen zu zitieren. Die »herabwürdigende Berichterstattung« werde man sich »nicht mehr bieten lassen«. Und Clubpräsident Uli Hoeneß assistierte: »Wir werden keine Respektlosigkeit mehr akzeptieren.« Der Verein werde verstärkt die eigenen Medienkanäle nutzen.

Substantielle Kritik am Sportbetrieb ist ohnehin selten, allerdings in den letzten Jahren durch die Skandale bei Fifa und IOC häufiger und lauter geworden. Die Fernsehsender indes halten sich eher zurück – sie wollen ja nicht die Quoten der teuer eingekauften Wettkämpfe schmälern, indem sie schlimme Zustände analysieren, statt durch Emotionen das Publikum zu binden.

Die Entente zwischen Sport und Medien lässt sich in Österreich gut beobachten, wo die auflagenstärkste Zeitung und der publikumswirksamste Rundfunk-Fernseh-Sender, das Boulevardblatt *Kronen Zeitung* und der öffentlich-rechtliche ORF, direkte Partner des Fußball- und des Skiverbands sind. Unschwer kann man in den Sendungen und Artikeln feststellen, wie die »Verhaberung«, also Verfreundschaftung, von Journalisten, Experten, Athleten und Funktionären zur Oberflächlichkeit führt. Schärfere Blicke hinter die Fassaden bleiben aus. Den guten Geschäftsbeziehungen der beiden Medien, die die Meinungsbildung im Land in beträchtlichem Maße prägen, darf journalistisches Ethos nicht im Wege stehen. Die Freunde zählen darauf.

Als ein österreichischer Langlaufcoach nach dem Dopingskandal der Nordischen WM 2019 im ORF mit dem deutschen Journalisten Hajo Seppelt diskutierte, winkte er ab: »Ihre Recherchen gehören nicht ins öffentlich-rechtliche Fernsehen, sondern ins Bundeskriminalamt«; die dauernden negativen Schlagzeilen seien »nicht gut für den Sport«. Ob er denn das tun müsse, was gut für den Sport sei, konterte Seppelt. Ja, schon, forderte der Trainer, der behauptet hatte, das langfristige Doping seiner Athleten nicht bemerkt zu haben.

Seppelt hatte analysiert, dass Dopingaffären oft vertuscht worden seien, da sportliche Spitzenleistungen, egal mit welchen Mitteln, vielen Mitspielern nützen: den Medien, den Sponsoren, der Politik, den geehrten und entlohnten Athleten. Deswegen würden sie eigentlich nicht das Doping als geschäftsschädigend sehen, sondern das Gerede darüber. Das Geschäftsmodell des Sportbetriebs sei es, »Höchstleistungen zu verkaufen, so optimal wie möglich. Dabei stören Nebengeräusche, und ab und zu liefern wir die Nebengeräusche. Und das führt dann auch zu gewissen Spannungen.«

Wie die meisten Herrschaften wollte der österreichische Trainer nicht verstehen, warum also Medien das Produkt beschädigen sollten, von dem sie alle profitieren.

Entsprechend äußerte sich implizit der Ressortleiter der *Kronen Zeitung*: Man möge mehr bejubeln statt zu hinterfragen, um nicht den eigenen Ast abzusägen: »Während etwa in unserem nördlichen Nachbarland zwischen Journalisten und

Stars oft emotionslose Distanz herrscht, die gelegentlich sogar durch tiefes Misstrauen begründet ist, gehen unsere Mitarbeiter mit den meisten Sportlern freundschaftlich um.«

Jedoch auch in Deutschland bleibt, wie wir gesehen haben, die nötige Distanz nicht stets gewahrt. Dazu ein weiteres Beispiel: Die Moderatorin der ARD-Sendung über die Geldverschiebung bei der Heim-WM und über die Verstrickungen von Franz Beckenbauer in die Affäre präsentierte ein paar Monate später ausgerechnet die Veranstaltung des »Camp Beckenbauer«, wo sich Stars und Bosse ein Stelldichein geben.

Clubs und Verbände neigen zu »modernen Public-Relations«, beobachtete Wolfgang Maennig schon 2004: »So werden ausgewählte Journalisten, deren Veröffentlichungen anschließend durchaus beobachtet werden, mit Sonderflügen in Firmenflugzeugen von Sponsoren zu Wettkämpfen geflogen und auf Kosten der Sponsoren großzügig untergebracht und verpflegt.«

Für die engen Beziehungen zwischen Medien und Verband stehen zwei Bosse der letzten Jahre. Wolfgang Niersbach war Redakteur einer Nachrichtenagentur, dann Pressereferent, bevor er 2012 zum DFB-Präsident avancierte und dann über die Sommermärchenaffäre stolperte. Sein Nachfolger Reinhard Grindel arbeitete ebenfalls als Journalist, saß für die CDU im Bundestag, bevor er den Fußballverband übernahm und dann über eine Finanzaffäre stolperte.

Die Medien sind Triebwerk und Spiegel der Versportlichung. Nicht nach den Bedürfnissen der Athleten, für die ja die Verbände zu wirken behaupten, sondern in erster Linie nach den Fernsehsendern, die die Übertragungsrechte um gewaltige Summen – jährlich weltweit insgesamt rund dreißig Milliarden Dollar – kaufen, sind die Programme ausgerichtet. Dafür verbreiten sie die Show, liefern das Publikum außerhalb der Arena, somit zugleich den Grund, warum die Rechte in dieser Spirale immer teurer werden. Victor Metheson, Professor für Volkswirtschaft an einer Universität in Massachusetts, fasst zusammen: »Die Preise sind so hoch, weil Sport eines der letzten Fernsehereignisse ist, das die Menschen unbedingt live miterleben wollen. Was wichtig für die werbetreibende Wirtschaft ist. Sport ist live so faszinierend, weil man nicht weiß, wie ein Spiel ausgeht. Weil wir es gerne zusammen mit anderen anschauen. Und weil es Nachrichtenwert hat.«

Nachrichtenwert haben auch Skandale, sie schaffen Aufmerksamkeit – und Medien stehen in einem ständigen Wettbewerb um Aufmerksamkeit. Von wenigen Ausnahmen abgesehen tragen sie vor allem dazu bei, dass Reflexion über das System Sport nur in geringer Dosis stattfindet, da sie andere Interessen bedienen. In einer Mischung aus Spannung und Unterhaltung betreiben sie ihre Theatralisierungen, deren sinnlich aufgenommene Spektakel einen gewichtigen Mittelpunkt gesellschaftlichen Lebens bilden. Mit ihren Bildern der Nähe – mit Minikameras auf Helmen und Rädern und im Tornetz, neulich bei der Leichtathletik-WM gar von den Startblöcken aus der Perspektive von unten in den Schritt der Athletinnen und Athleten hinein – bedienen sie die Simulation des direkten Dabeiseins und der Privatheit in der Öffentlichkeit. Die Idee der Startblockkamera sei es, »die Kommunikation zwischen Athlet und Zuschauern durch eine neue Eventpräsentation zu verbessern«, teilte der Verband in seiner üblichen Phrasenmanier mit. Die Leichtathletik bestehe »aus außergewöhnlichen Farben und Bewegungen im Wettbewerb, wir wollen dies alles der Welt auf eine neue und aufregende Weise präsentieren.« Eine derart aufregende Weise kritisierten Athletinnen, eine deutsche Sprinterin sagte: »In den knappen Sachen über diese Kamera zu steigen, um in den Block zu gehen, finde ich sehr unangenehm.«

Populäre Sportlerinnen und Sportler sind zugleich Marke und Medium. Ihre Ich-AG betreibt ihre Maximierung, die Message Control läuft über die Sozialen Medien. Reichweite wird verkauft, Vermarkter erstellen »soziale Profile« und halten damit fest, welche Produkte die Stars verwenden, welche Marken ihnen welches Image verleihen.

»Athleten und Vereine sind Teile eines vernetzten Sportbetriebs«, schreibt Gottlieb Florschütz, »gemeinsam mit den Sportkanälen und Sponsoren bilden sie Kartelle und Syndikate, die das Forum des Sports in mafia-artigen Strukturen vollkommen beherrschen.« Die Autonomie des einzelnen Athleten trete hinter seinen Marktwert zurück. Die Fernseheinblicke in Intimzonen sind Auswüchse einer Erotisierung, die vor allem den weiblichen Körper als Blickfang benützt.

Im Sportfernsehen, betont Florschütz, würden zwar politisch korrekte Werte – etwa Teamgeist, Fairness – und Interpretationsmuster vorgegeben. Kritik am gesellschaftlichen Leistungsprinzip jedoch sei verpönt. Beim gemeinsamen Fernsehen »erfährt der Einzelne eine Art Geborgenheitsraum«, der »über die Verwerfungen der postmodernen Individualisierung hinwegtröstet«.

Gemeinsam sah man das Match schon bald nach 1954 nicht mehr im Schaufenster eines Elektrogeschäfts. Als in den siebziger Jahren fast alle Haushalte mit TV-Geräten ausgerüstet waren, blieb man im eigenen Wohnzimmer. Ab den neunziger Jahren nahm dann das Finanzvolumen der telegenen Disziplinen enorm zu und die Show ummantelte den Sport, sodass der Brachialkapitalismus auch alle Publikumsstätten zum Marktplatz machte. Und den Fußball zum »Party-otismus«, wie der Soziologe Robert Gugutzer sagt: »Zur Erlebnisgesellschaft gehört die ›Erlebnisrationalisierung‹, das heißt, die gezielte, systematische Suche nach Erlebnissen – erkennbar daran, dass heutzutage alles Mögliche ›eventisiert‹ wird.«

Dazu brauchte es selbstverständlich einen neuen, global einsetzbaren Ausdruck: Public Viewing. Bei den Großevents, vor allem im Fußball, bleibt kaum eine Kneipe, kaum ein Platz von dieser Ausweitung der Arena und der Mattscheibe verschont. Die kollektive Emotionalisierung, ob Euphorie oder Verzweiflung, macht eine Fassade der sozialen und der ökonomischen Entwicklung sichtbar: bunt und dennoch uniform. Man verbindet sich mit dem eigenen Team, indem man dessen Trikots trägt. Früher kam die Alltagskleidung zum Sport; heute kommt die Sportkleidung in den Alltag.

Nationalfarben dominieren die Fanmeilen. Die Flaggen-zugehörigkeit prangt auf Schals und Papierrüschen um den Hals, auf vielen Wangen wirkt sie als körperliche Hörigkeit. Man schwenkt Kappen, hohe Mützen und Fahnen. Gesänge schaffen stimmliche Einigkeit, es trötet, klatscht, skandiert. Mit Perücken und Verkleidungen enthebt man das Geschehen dem Alltag, der Sport fördert die Karnevalisierung.

SPRACHREGELUNGEN IM GESCHLOSSENEN MILIEU

Vor dem pompösen Theater tritt eine Glitzerwelt auf, die Männer in Smoking mit Fliege, die Frauen in langen Roben, viele schulterfrei. Die Superstars schreiten über den Roten Teppich, der diesmal spielfeldgemäß ein grüner ist. Nur Cristiano Ronaldo bleibt aus; er ist nicht nominiert und postet ein Foto, wie er gerade zu Hause auf der weißen Couch sitzt, ein Buch in Händen. Im Opernsaal eröffnet eine kleine Ballettperformance das Programm. Das Bühnenparkett und der Orchestergraben strahlen doppelt neonumrandet, im Hintergrund des schwarzen Rednerpults mit der silbernen Aufschrift »The Best« erscheint das riesige Konterfei der Stars auf der Leinwand. Spotlights setzen ihre Streifen blau und orange, während Trophäen überreicht werden. Zwischendurch ertönt ein Ausschnitt aus der *Zauberflöte*. Herausgeputzte Menschen umarmen und küssen sich.

Die Fifa feiert in der Mailänder Scala, das Fußballmilieu gibt sich in Glanz und Glamour geschlossen familiär. Es ist eine Show der Superlative. Am öftesten steht der Boss des Weltverbands, von allen umarmt, im Rampenlicht der Bühne großbürgerlicher Hochkultur: das schönste Tor und Infantino, der beste Männer-Trainer und Infantino, der beste Fan und Infantino, die beste Torhüterin und Infantino, das fairste Fairplay und Infantino, die Frauen-Weltelf und Infantino, der beste

Torwart und Infantino, die beste Frauen-Trainerin und Infantino, die Männer-Weltelf und Infantino.

In der Scala wird Ende September 2019 Megan Rapinoe zur Weltfußballerin des Jahres gewählt. Drei Monate zuvor holte sie mit der US-Elf zum zweiten Mal den WM-Titel, diesmal als Kapitänin. In ihrer Dankesrede bei der Fifa-Gala appelliert sie an die versammelten männlichen Weltstars, sich gesellschaftlich zu engagieren, und erinnert an den notwendigen Kampf gegen Rassismus und Homophobie sowie für Gleichberechtigung. »Ich bin sehr glücklich, diese Plattform zu haben, die anscheinend jeden Tag größer wird«, sagt sie, »ich habe vor, sie zu nutzen«. Beim WM-Turnier war sie beste Torschützin, man kürte sie zur besten Spielerin. Das Rampenlicht der Medien nahm sie wahr, um gegen Missstände im Sport, insbesondere gegen die Benachteiligung von Athletinnen aufzutreten, zudem um die Politik von Donald Trump heftig zu kritisieren. Als die US-Titelträgerinnen triumphal in New York empfangen wurden, erklärte Rapinoe: »Es ist unsere Verantwortung, die Welt zu einem besseren Ort zu machen.« Eine Einladung ins Weiße Haus hatten sie und das ganze Team abgelehnt. »Ja, wir sind Athletinnen, aber wir sind viel mehr als das«, rief sie in New York. »Nehmt uns als Beispiel!« Worauf Zeitungen empfahlen, Ronaldo und Messi mögen hinhören und sich ein Beispiel nehmen.

Megan Rapinoes Kollege Lionel Messi bleibt aber bei der Mailänder Gala im üblichen Rahmen: Es sei ein einmaliger Moment für ihn, erklärt der nunmehr sechsmalige Weltfußballer, es tue gut, mit der Familie zu feiern. Auch Welttrainer Jürgen Klopp bedankt sich bei seiner Familie und resümiert: »Das hätte niemand erwartet, als ich vor zwanzig Jahren angefangen habe. So ist Fußball.« Die Fifa titelt auf ihrer Webseite: »Die Welt huldigt Rapinoe und Messi«.

Cristiano Ronaldo hat Rapinoe vermutlich nicht gehört. Seine geschlossene Welt zeigte sich bei einer Pressekonferenz während der WM 2018, als er die einzigen zwei Fragen, die zugelassen waren – wie er sich fühle und welches die Ziele des

Teams seien – mit üblichen Phrasen beantwortete. Noch knapper Jogi Löw, als er bekanntgab, dass er Leroy Sané nicht für das Turnier nominiert hatte: »Keine Fragen«. Ohne kritische Zwischenrufe bewegen sich die Herren in ihren Sozialen Medien, die ihnen nur Medien ihrer engen sozialen Vorstellungen sind.

»So ist Fußball« oder »Fußball ist anders« – es bedeutet im Grund dasselbe. Einige Trainer in der deutschen Bundesliga ziehen sich oft abwehrend hinter die Selbstverständlichkeit zurück, wenn sie mit ungewöhnlichen Fragen oder Vorschlägen von außen konfrontiert sind. »Im Handball geht das eben so«, entgegnet ein Coach Einwänden; »bei uns in der Leichtathletik läuft es halt auf diese Art«, betont ein Betreuer. »So ist eben Tennis«, sprach eine Starspielerin nach der Niederlage.

In den Pressekonferenzen der Sportarten, denen die Medien ihre Aufmerksamkeit widmen, kommen vom Podium häufig die Wörter »üblich«, »wesentlich«, »grundsätzlich«, »Hausaufgabe«, »Arbeit«. Ein Team »verkauft sich gut« oder »Wir haben uns unter unserem Wert verkauft« oder »Es ist uns gelungen, den Schalter umzulegen«. Eine Leistung wird zur »Referenz«, eine Strategie zur »Philosophie«.

Viele dieser Sprecher leben in einer Blase von Betreuern, Beratern, Begleitern und Berichterstattern, die ihnen nach dem Mund reden, zumindest solange sie erfolgreich sind. Eine sozial günstige, wenn nicht nötige Kontrolle oder Gegenstimme, die unabhängig kritisch andere Perspektiven vorschlagen würde, erscheint ihnen störend.

Autoritäre Strukturen in Über- und Unterbau stützen Selbstverständlichkeiten. Mangelnde Systemkritik fördert Tautologien, die eine Bedeutung mit derselben Bedeutung erklären und eben dadurch nicht erklären: »So ist Fußball«, »Ein Wettkampf bleibt ein Wettkampf«. Der Triumph der inneren Logik funktioniert in reichen Sportarten besonders gut, da die enormen Entlohnungen als Beweis der Richtigkeit verstanden werden und das Leben in der Blase, abseits anderer sozialer Zusammenhänge, fördern.

Zwar treten die Nutznießer meist nicht so arrogant auf wie die Chefs der deutschen Autoindustrie, da sie ja das Publikum brauchen, aber das Ego ist kaum weniger ausgeprägt. Es besteht im geschlossenen Rahmen: der Held im permanenten Trainingslager, abseits gewöhnlicher Regeln, dauernd mit sich selbst beschäftigt.

Auch deswegen äußern sich Athleten in geldintensiven Milieus selten politisch und erklären ihre Zurückhaltung mit den Grenzen des Sports, während sich Athletinnen viel eher gesellschaftlichen Fragen stellen, wie dies die Kickerinnen um Megan Rapinoe tun. Sie verfügen im Durchschnitt über einen deutlich höheren Bildungsgrad als ihre Kollegen, sodass sie eher über den Rand des Sportbetriebs zu schauen vermögen: Gut fünfzig Prozent der deutschen Spitzenspielerinnen haben Abitur, bei den Männern ist es nicht einmal ein Viertel. Und vor allem wissen die Athletinnen aller Disziplinen, dass sie nur im Ausnahmefall ihr ganzes Leben von ihren Einnahmen als Sportprofi bestreiten können. Ein mittlerer Bundesligakicker hingegen verdient bald so viel wie die Bundeskanzlerin.

Unter diesen Bedingungen bestehen im autoritären Sportsystem wenige Widerreden. Die herrschende Sprache drückt sich in Tautologien aus und in der Vergleichsform, deren dauernd zu gewährleistender Höhepunkt der Sieg des Superlativs ist.

Die Grundstrukturen des Sportbetriebs werden nicht analysiert, geschweige denn hinterfragt. Denn »der Sport ist halt so«. Die reichen Milieus stehen auf ihrem Feld der Selbstverständlichkeit: der Fußball und die Formel 1, die Spitzen im Tennis und im Golf, in der Leichtathletik und im Schwimmen, in Mitteleuropa im Skifahren, in den USA und in Kanada Football und Baseball, Basketball und Eishockey. Ihren florierenden Markt lassen sie sich nicht verderben, der regelt ohnehin alles zu ihrem Vorteil. Dass sie eine gesellschaftliche Verpflichtung, weil Einfluss und Überfluss, haben, das verdecken mit Hilfe der Medien die Tautologie, »Baseball ist Baseball«, und der Erfolg im Superlativ.

»Neue Horizonte«, so lautete 2018 das Motto der Winterspiele von Pyeongchang. Deren Eröffnungsfeier setzte die Reihe ihrer olympischen Vorgängerfeste fort, eines mit Prozession und heiligem Feuer ausgeweiteten neobarocken Technospektakels. Es sind Historienschlaglichter in einer sich von Mal zu Mal kitschig steigernden Aufführung. Die Steigerung entspricht den neuen Horizonten der steten Superlativposaune in den Medien und des Wachstumsgebots im Kommerz.

Der Triumph der Massenidole des Konsums äußert sich im Superlativ. Sport ist ständiges Übertrumpfen.

Was am besten ist, vermag nur durch das nächste Beste überboten zu werden; zugleich stuft man das Vergangene damit in die weniger starke Vergleichsform zurück. Der Feind des Besten ist das nächste noch bessere Beste.

Die Herren des IOC und der Fifa versehen in vorhersehbarer Regelmäßigkeit jedes Mal bei den Schlussfeiern gerade dieses soeben beendete Event mit Höchstnoten. Juan Antonio Samaranch sprach jeweils von den »besten Spielen aller Zeiten«; 2012 sagte Sebastien Coe, der Organisationschef in London, man habe »die besten Spiele der Olympiageschichte abgeliefert«, der Kollege in Sotschi sah seine Veranstaltung 2014 als »die besten Spiele, die es je gegeben hat«. Den Olympia-Reflex malten sich Medien 2016 schon vor Beginn aus und wussten, dass Thomas Bach erneut »die besten Spiele« ausrufen werde – man höre das alle zwei Jahre wieder. Bach verstand immerhin zu variieren. Für Tokio 2020 erklärte der Präsident der fünf Ringe ein Jahr vor der Eröffnung, das Marketingprogramm habe »bereits alle Rekorde gebrochen«, Paris 2024 und Los Angeles 2018 nannte er eine »goldene Gelegenheit«. Nicht weniger euphorisch zeigten sich Bosse des runden Leders. 2006 verkündete Sepp Blatter »die beste WM aller Zeiten«; kaum zwölf Monate später dröhnte er, Südafrika werde »die beste WM aller Zeiten« ausrichten; vor dem Turnier in Brasilien gab er das Ziel aus, »die beste WM aller Zeiten« auf die Beine zu stellen. Ähnlich sein Nachfolger: Die WM in Russland feierte Gianni Infantino als Superlativ des Weltfußballs. Und Jürgen

Klinsmann wusste schon im Oktober 2019, das nächste Weltturnier in Katar werde »eine WM der Extraklasse«.

In der Eigenwerbung geht nichts über die höchste Steigerungsform, die man jeweils nur selbst zu übertreffen vermag.

Die Grundform der olympischen Bewegung ist der Kom-
parativ: schneller, höher, weiter (oder: stärker). Die Kommerzialisierung und das Event hingegen leben vom Superlativ, der
in den Medien und bei den Fans auch die Grundform der Reklame und der Rezeption des heutigen Sports ist.

Der Schweizer *Blick* schrieb nach dem ersten eidgenössischen Erfolg bei der Fußball-WM 2018: »Superlative sind nach
dem mit Bravour bestandenen Charaktertest angebracht.« Der
größte Sieg, die überragendste Leistung, die überraschends-
te Wendung, die schönste Kür, »einer der schnellsten Sprinter überhaupt«, »der facettenreichste Radsportler der Gegenwart«, »ein Sportevent der Superlative« – kaum ein Bericht ist
frei von solchen Bestformeln über Bestformen, und dazu passt
die Phrase, das nächste Spiel sei das schwerste.

Die Kommentatoren, die das Geschehen für das Publikum
weniger analysieren als sie es ihnen zum Konsum schmackhaft
machen, schaffen in ihrer Sprache der Werbung weitere Über-
höhungen: »Dies ist eines der allerschönsten Tore.« Erscheint
ihnen eine Leistung unfassbar großartig, halten sie etwa Lionel
Messis Fußballspiel für »unbeschreiblich«, dann hat jeglicher
Vergleich ausgedient: Dafür gebe es »keine Superlative mehr«.
So erfolgt die Erhebung auf das überreale Heldenpostament,
auch der Grammatik enthoben, die dafür gar keine Form vor-
zusehen vermag.

In Sportarten wie in der Leichtathletik oder im Schwimmen
werden aber die Rekorde in Zukunft einmal an die Leistungs-
grenzen des menschlichen Körpers stoßen, werden hundert
Meter nicht mehr schneller gelaufen oder gekrault werden
können, auch wenn man in Tausendstelsekunden misst. Ein
Quanten-Sprung wie Bob Beamons 8 Meter 90, der 1968 den
bestehenden Weltrekord gleich um 55 Zentimeter überbot, ist
seither nicht mehr möglich. Schneller, höher, weiter – das hat

ein Ablaufdatum. Den inflationären Superlativ jedoch werden Sportsleute und Medien umso intensiver beibehalten, jedenfalls solange der Sportbetrieb nach heutigen Mustern funktioniert.

Die Sprache folgt der Marketingstrategie. Man schafft ein Eventpublikum, indem man einen Sport des Superlativs propagiert.

Die Dauer belegen Kommentatoren, ebenfalls inflationär, mit dem Wort »historisch«. Eilig verkünden sie einen »historischen Sieg«, der doch bald dem Vergessen anheimfallen kann.

Der Superlativ von »historisch« ist die Phrase »aller Zeiten«. Sie redet ein, Sport im heutigen Sinn gäbe es nicht erst mit der Entwicklung der modernen Massengesellschaft im 19. Jahrhundert, sondern schon ewig; sie projiziert in die Zukunft, schließt damit jedoch prinzipiell weitere Superlative aus – bis auf Weiteres. Auf der Webseite www.laola1.at findet man »Die größten Sport-Wunder aller Zeiten«.

Wenn der Markt alles regelt, muss das, was nicht mehr mit Superlativen zu fassen wäre, nicht weniger als ein »Wunder« sein. Mit Neoliberalisierung und Mediatisierung nahmen auch Massenemotionalisierung und die Frequenz des Übernatürlichen im Sport zu. Der Wunder-Diskurs bezieht sich meist auf den völlig unerwarteten Triumph eines David gegen einen Goliath – als würde eine unsichtbare Hand den Marktausgleich bewirken, dass nicht automatisch die Reichen reicher werden.

Nach dem »Wunder von Bern« 1954 verzeichnete man 1980 im Eishockey das »Miracle on Ice«, 1991 im Tennis das »Davis-Cup-Wunder«, 1999 im Basketball das »Memorial Day Miracle« und das Rugbywunder Frankreichs gegen Neuseeland, 2010 im American Football das zweite »Miracle at the New Meadowlands«, 2019 das »Wunder von Anfield« mit der Zeitungsschlagzeile »Es war ein wirkliches Wunder, das 4:0 des FC Liverpool gegen den FC Barcelona«. Damit war der Diskurs des Übernatürlichen zur sportlichen Wirklichkeit erklärt, das Wunder auf den Boden der Realität gestellt, also seines Wortsinnes entledigt.

Als im September 2019 die Elf aus der österreichischen Kleinstadt Wolfsberg auswärts in Mönchengladbach bei einem der renommiertesten deutschen Bundesligisten 4:0 gewann, titelte die Presse: »Das Wunder von Mönchengladbach«. Im kärntnerischen Wolfsberg, das knapp die Hälfte der Einwohnerschaft zählt als das Mönchengladbacher Stadion Publikum fasst, läuteten gegen Ende des Public Viewing die Glocken zum »fußballerischen Hochamt«, wie es hieß.

Und so war der Superlativ mit dem Allerhöchsten versehen.

9 DIE SHOW GEHT WEITER. GEHT DIE SHOW WEITER?

Sport ist weltweit ein Antrieb der Gesellschaften und ein Schaufenster ihrer Wertigkeiten. Er liefert in zunehmendem Maße umfassende Event-Unterhaltung und vermittelt körperliche Vorgaben. Für ärmere Bevölkerungsschichten bietet er eine der wenigen, wenn auch äußerst selten erfolgreichen Aufstiegschancen. Für Machtbegierige die Möglichkeit kaum kontrollierter Herrschaft, insbesondere in jenen Disziplinen, in denen große Geldmengen hinter den Fassaden zirkulieren. Sowohl im Kleinen als auch im Großen ist der Sport zugleich Marktplatz und Ware des Einflusshandels. Zwar setzt sich nach wie vor eine immense Schar von Funktionären ehrenamtlich ein, in den telegenen Sportarten wirken jedoch finanzgetrieben neofeudale Zustände bis in untere Ebenen hinein: Auch kleine Clubs werden nicht selten zum Spielball lokaler Geldgeber und ihrer Interessen.

Die Versportlichung schafft nicht nur einen gewichtigen Wirtschaftsraum, sondern erfüllt auch mehrere gesellschaftspolitische Zwecke, deswegen erfährt sie allseits Förderung. Sie vermag mit dem Kalender ihrer Ausübung und ihrer Events dem Alltag und dem Jahr eine profane Zeitstruktur zu geben. Sie unterhält, beschäftigt und emotionalisiert Massen, die mit Fangesängen und Sprechchören einfache Botschaften verbreiten, sodass sie selbst wiederum für die einfachen Botschaften des Populismus empfänglich werden.

Die Versportlichung stellt eine Fitness in den Vordergrund,

Springer Fachmedien Wiesbaden GmbH , ein Teil von Springer Nature 2021
K. Zeyringer, *Schwarzbuch Sport*,
https://doi.org/10.1007/978-3-658-32100-0_9

die eine ökonomisch nutzbare Maximierung des Körpers vor-
antreibt. Wegen der zentralen sozialen Position des Sports
greifen neue Moden und Konsumanreize hier besonders
schnell. So kam es der Skiindustrie höchst gelegen, als in den
Alpenländern Fitnessgurus verbreiteten, dass der Mensch zum
Gehen besser zwei Stöcke einsetze, und dafür einen plausibel
klingenden Namen nannten: Nordic Walking. Seither sieht
man wenige freihändige Wanderer, seither hat der Trend sa-
tirische Kommentare hervorgerufen. Was ist Nordic Talking?
Mit Skistöcken im Kaffeehaus sitzen!

Der Witz deutet an, dass der Sport in alle sozialen Milieus
dringt, sogar in die traditionelle Kulturstätte der intellektuellen Unterhaltung. Zusehends auseinanderdriftenden Gesellschaften gibt er das einzige unendliche und stets aktualisierte
Thema leichter Kommunikation. Er vermag eine Große Erzählung zu schaffen, die als Fassade eines Gesamtzusammen-
halts wirkt. Zugleich betreibt er einen höchst lukrativen Wirt-
schaftszweig, dem sich wenige Menschen verschließen – auch
die Ärmsten tragen Trikots ihrer Arena-Idole, auch in den Fa-
velas zeigen Bildschirme die Matches der Seleção, auch auf den
hintersten Bolzplätzen spielen Kinder Messi oder Ronaldo.

Die Versportlichung gibt den Medien jene leicht übertrag-
baren Inhalte, die Quoten und Werbung bringen. Sie dient
der Imagepolierung für Mächtige, sie legt ein Kulturerbe der
Menschheit als Monopol in die Hände von Klüngeln, die daraus auch abseits üblicher demokratischer Pfade ihre Vorteile
ziehen. Es ist bezeichnend, dass viele der reichen Nutznießer
der größten und flottesten Privatisierungswelle der Geschichte, die Oligarchen aus der zerfallenen Sowjetunion, ihr Geld in
den publikumswirksamen Sport stecken. Und es ist nicht weiter verwunderlich, dass sich die Typen ähneln, die seit ein paar
Jahren einerseits die Politik und andererseits den Sportbetrieb
prägen. Auf den Ehrenplätzen sitzen sie in gutem Einverneh-
men nebeneinander; mit populistischen Formeln und gegebenenfalls mit dem Vorwurf, Medien würden Fake News verbreiten, sind sie schnell bei der Hand. Macht gesellt sich zu Macht.

In einer Spaßgesellschaft, in der zusehends die Infantilisierung greift, besetzt der Sport alle Räume – das haben seine Fürsten vom Neoliberalismus gelernt. Die Pläne der Fifa und der Uefa sehen immer mehr Matches, immer mehr Fernsehgelder vor. Das IOC behauptet zwar, seinen Gigantismus einzudämmen, hat jedoch 2020 für die Spiele von Tokio (33 Sportarten, 51 Disziplinen, 339 Wettkämpfe) wieder mehr auf dem Programm als vier Jahre zuvor in Rio (28 Sportarten, 42 Disziplinen, 306 Wettkämpfe), 2022 für die Winterspiele von Peking (109 Wettkämpfe) mehr als in Pyeongchang (102 Wettkämpfe) und Sotschi (96). Der Welthandballverband hat seine Europameisterschaft für 2020 von sechzehn auf vierundzwanzig Teilnehmer aufgestockt, die WM 2021 von vierundzwanzig auf zweiunddreißig. Anfang April 2019 hat die europäische Gewerkschaft der Spieler per Videobotschaft gegen die Überlastung protestiert, da sie achtzig Matches pro Saison zu bestreiten haben. »Entscheidungen werden getroffen, ohne die Arbeitsbelastung der Spieler und ihre Auswirkungen auf ihre körperliche und geistige Integrität zu berücksichtigen«, beklagte einer der Stars. Im Handball bekomme man nur frei, wenn man verletzt sei. Ähnliche Probleme kennen die Basketballer, für sie stehen die Matches der privatwirtschaftlich als Franchise nach US-Vorbild organisierten EuroLeague mitunter in Konkurrenz zu den Spielen der Nationalteams: Am 23. Februar 2018 traf Bamberg auf Roter Stern Belgrad, am selben Tag in Frankfurt Deutschland auf Serbien.

Im Sport äußert sich die heutige Kultur der Simulation.

In der globalisierten neoliberalen Welt dient es zunehmend als wesentliches soziales Mittel, etwas vorzutäuschen. Dabei handelt es sich nicht nur um eine Vorspiegelung oder um eine Ablenkung, die – vor allem ökonomische und politische – Verhältnisse hinter den Kulissen der Arena aus den Augen, aus dem Sinn schiebt. Man tut vielmehr so, als wäre das Vorgespiegelte eine Tatsache, die eine Erhöhung bewirke.

Der Sportbetrieb liefert Möglichkeiten und Projektionsflächen für allerlei Simulationen. Auf den Stadionrängen und vor dem Bildschirm überträgt das Publikum die Leistung der Athleten auf sich selbst. In den Ländern des reichen Nordens hat sich das Amateurwesen so entwickelt, dass sich Liebhaber auch der schlechteren Leistungsklassen unter Bedingungen bewegen, die ihnen eine Nähe zu den Profis zu erleben ermöglichen. In Kleinstädten stehen Stadien mit modernen Tribünen, die Wettkämpfe folgen dem Eventszenario der Großen; auf den Straßen kommen einem Radfahrer in der Ausrüstung eines internationalen Teams entgegen; auf Tenniscourts in abgelegenen Orten trägt man Tausend-Dollar-Turniere aus; abends führen sich Familien die Auftritte ihrer Youngsters auf Video vor, als seien sie im Aktuellen Sportstudio.

Vom Bildschirm, der immer breiter im Wohnzimmer Kino spielt, lässt sich eine Simulation der Nähe und Teilnahme konsumieren. In der Arena kann man sich vormachen, vom übrigen Leben abgehoben und selbst erfolgreich zu sein, indem man den Sieg des »Wir« inszeniert.

Die Clubs und die Sportverbände, insbesondere die internationalen, täuschen Gemeinnützigkeit, humanitäre Leistungen, Weltoffenheit und Ethik vor. Mancher Star mimt soziales Gewissen (während er mit Steuertricks dribbelt), Korrektheit (während er zu Dopingmitteln greift) und Gemeinschaft (während er für ein paar Dollar mehr alsbald den Verein wechselt).

Das passt so gut zu den Zeitumständen, dass es kaum auffällt. In vielen Ländern simulieren die politischen Herrschaften Demokratie, die Treibenden der Wirtschaft die Segnungen eines freien Marktes. Und die Sozialen Medien (der Name ist Simulation) fordern geradezu auf, Freundschaft und Kommunikation, Bedeutsamkeit und Wirksamkeit vorzugaukeln.

Die enorme globale Bedeutung und Wirksamkeit des Sportbetriebs trägt folglich zu Ablenkung und Verschleierung bei. In einer von referenzlosen Zeichen durchdrungenen Gesellschaft wird er zur Referenz.

Ob die schlimmen Zustände im Milliardenbusiness des Profisports denn nicht künftig eine Verbesserung erfahren könnten, fragen Empörte, nachdem wieder einmal ein Verbandsfürst wegen krimineller Machenschaften verhaftet wurde.

Etwa im Dezember 2018 Edwin Oviedo, der Präsident des Fußballverbands von Peru, der dem Korruptionsnetzwerk »Cuellos Blancos« (Weiße Krägen) angehöre und einem Richter sowie dessen Frau die Reise zur WM bezahlt habe, um von Ermittlungen in zwei Mordfällen verschont zu bleiben.

Etwa im Juni 2019 der ehemalige Uefa-Boss Michel Platini, den die Pariser Polizei wegen »Korruption, Bandenbildung und Veruntreuung« für die WM-Vergabe an Katar fünfzehn Stunden lang verhörte – am 23. November 2010 war der Deal mit den Katari im Elysée-Palast fixiert worden, Präsident Sarkozy soll im Gegenzug die Zusage für Aufträge französischer Firmen beim Stadienbau erhalten haben. Die Tageszeitung *Libération* schrieb, dass Korruption, Vettern-Wirtschaft und die Verletzung von Ämtern bei internationalen Sportveranstaltungen heutzutage an der Tagesordnung seien, und schloss mit dem Fazit: »So viel zu Werten und Vorbildern.«

Etwa im Juli 2019 der Infantino-Vertraute Ahmad Ahmad, Präsident der Confédération Africaine de Football, zugleich Fifa-Vize, gegen den die Vorwürfe der Korruption und der sexuellen Belästigung so schwer wiegen, dass der Afrika-Verband Caf ein halbes Jahr lang interimistisch, jedoch ohne entsprechende Rechtsbasis von der Fifa-Generalsekretärin Fatma Samoura geleitet wurde. In ihrer Doppelposition verteilte sie für die Fifa enorme Geldsummen, die sie dann für Afrika selbst empfing – von einer Hand in die andere. Es war Ahmad, früher Fischereiminister von Madagaskar, der Samoura für die zweithöchste Position im Weltverband vorgeschlagen hatte; sie war ihm als Verantwortliche für das regionale UN-Ernährungsprogramm bekannt, vom Fußball hatte sie wenig Ahnung. Für ein jährliches Gehalt von eineinhalb Millionen Euro führte sie aus, was ihr Boss Infantino ihr auftrug. Offiziell sollte sie die hochkorrupte Caf säubern; im Februar 2020 stellten Wirtschaftsprüfer fest, dass zwischen 2017 und 2019 rund 24 Millionen Dollar in unbekannte Kanäle »versickert« seien. Zur Seite standen Samoura drei, Mitte Juli 2019 beim Kongress in Kairo gewählte Vizepräsidenten: Einer war zuhause im Kongo vor Jahresfrist wegen Veruntreuung von Fußballgeldern verhaftet worden; gegen den Zweiten läuft ein Disziplinarverfahren, weil er einen Schiedsrichter angegriffen hatte; dem Dritten wird in Südafrika Vergewaltigung und Korruptionsbegünstigung vorgeworfen. Ihre Wahl erscheint als bezeichnende Illustration des Milieus.

Etwa Anfang 2020 Tamás Aján, Ehrenmitglied des IOC und seit zwanzig Jahren Präsident des Weltverbandes der Gewichtheber, der laut ARD-Recherche Doping vertuscht, ein korruptes System aufgebaut und Millionen abgezweigt haben soll. »Dreister als das, was ich bei der Fifa gesehen habe«, urteilte ein Experte. Um zweihundert Dollar konnte sich ein Athlet bei der Urinprobe vertreten lassen, erzählte der moldawische Teamarzt: »Wenn Doping-Kontrolleure kamen, hat man die Doppelgänger geholt – Leute, die unseren Athleten ähnlich sehen.«

Die Sport-Show geht weiter.

Bei Olympia trotz diverser Beteuerungen auf die gleiche Art. Zunächst in Tokio, wo 2021 die Sommerspiele stattfinden. Wie gehabt unter Korruptionsverdacht, menschenunwürdigen Arbeitsbedingungen und explodierenden Kosten.

Das japanische Bewerbungskomitee hatte zwei Millionen Dollar an die Firma Black Tidings in Singapur bezahlt, Betreff: »Tokyo 2020 Olympic Game Bid«. Hinter Black Tidings steht Papa Massata Diack, einer der Großkorrupten im Weltsport. Der Sohn des Langzeitpräsidenten des Leichtathletikweltverbands IAAF Lamine Diack (bis 2015 IOC-Ehrenmitglied) hatte schon für die Bewerbung von Rio de Janeiro Geld erhalten und dafür ein Dutzend Stimmen gebracht; der Senior hatte den Junior als Vermarkter der IAAF eingestellt, beide hatten gedopte Athleten erpresst.

Auch auf den Baustellen das übliche Bild. Im Mai 2019 veröffentlichte die Bau- und Holzarbeiter-Internationale BHI ihren Bericht über die Arbeitsbedingungen für Tokios Olympia:

Er kritisierte »gefährliche Formen der Überarbeitung« und eine »Kultur der Angst«. Bis zu achtundzwanzig Tage müssten die Beschäftigten mitunter durchgehend schuften, die Hälfte habe keinen schriftlichen Vertrag erhalten, mindestens zwei Todesfälle seien zu beklagen.

Und wie jedes Mal bei Olympia steigen die Kosten. Die Betreiber behaupten, alles sei privat finanziert, ihr Budget listet jedoch nicht die Ausgaben des Staates für die Wettkampfstätten und die enormen Sicherheitskosten auf. Während eine Expertenkommission feststellte, dass statt der geplanten 6,6 Milliarden Dollar wahrscheinlich 20 Milliarden gebraucht würden und renommierte japanische Zeitungen gar mit 25 Milliarden rechnen, sprach IOC-Präsident Thomas Bach in üblicher Phrasenmanier: Keine Olympiastadt sei je besser auf Spiele vorbereitet gewesen, er erwarte »exzellente Spiele«.

Die Show geht weiter. Deswegen muss die Antwort auf die Frage nach künftiger Besserung wenig optimistisch ausfallen: Diejenigen, die in der Lage sind, das System zum Besseren zu wenden, profitieren am meisten davon; folglich werden sie sich hüten, es wirklich zu verändern.

Es sei denn, dem Sportbetrieb als nunmehr größter Unterhaltungsindustrie der Welt, werden die Sonderrechte gestrichen, die ihn zu wesentlichen Teilen einer staatlichen Regelung entzieht. Dazu müssten die Gesetzgeber, allen voran die eidgenössischen, die Rahmenbedingungen tatsächlich im Sinne der Gemeinnützigkeit auslegen und auf ihre, zudem auf unabhängige Kontrolle bestehen. Wie stark sich die Herren des Sports und der Verbände dagegen wehren, ist allerdings oft und oft ersichtlich. Angeregt von den Korruptionsprozessen gegen Fifa-Granden, schickten sich die USA im Herbst 2019 an, ein hartes Anti-Doping-Gesetz zu schaffen – gegen diesen Rodchenkov-Act (benannt nach dem Whistleblower, der das russische Staatsdoping aufdecken half) beeilten IOC und Wada Lobbyisten nach Washington: Die Unabhängigkeit des Sports, über allen Gremien und allen Staaten, müsse erhalten bleiben.

Es sei denn, das Publikum verschließt nicht mehr die Augen,

lässt sich die Pervertierungen des Sports sowie seine neoliberalen Auswüchse nicht weiter gefallen und unterlässt es, die Zustände durch seine Kollaboration zu stützen.

Es sei denn, einige interessante Entwicklungen gegen die extreme Kommerzialisierung können ausgeweitet werden, um in erster Linie einen wirklichen Nutzen für die Allgemeinheit anzustreben. Etwa im Fußball durch Vereine, denen ihre Clubfarben und ihre Mitglieder wichtiger wären als der Profit. Während Bayern München, ein Konzern, in dem die Mitgliederversammlung dem gerade wegen grober Steuerhinterziehung zur Haft verurteilten Präsidenten mit einer Standing Ovation feierte, haben bei St. Pauli die Fans in schwieriger Finanzlage das Stadion gekauft und betreiben das nun als Genossenschaft.

Nur müsste eben der Druck von unten auf Clubs und Verbände so stark werden, dass deren Systeme und Verhalten sich wesentlich verändern, um Gemeinnützigkeit tatsächlich gemeinnützig zu gestalten und transparente Strukturen zu schaffen.

Damit Sport als Kulturerbe der Menschheit nicht Fürsten, Oligarchen, Diktatoren und ihren Strohmännern gehört, sondern der gesamten Menschheit.

»Der Sport erscheint als hysterische Antwort auf die Frage nach dem Sinn des Lebens«, schreibt Heinrich Steinfest in seinem Buch *Gebrauchsanweisung fürs Scheitern*. Den Fußball nennt er »eine der bedeutendsten Verfallsformen des Kapitalismus«; er »verliere sich im schlechten Benehmen seiner Götter«.

Die Diagnose gilt für den größten Teil des Profisportbetriebs unserer Zeit.

EPILOG

Dann kam die Corona-Krise.

Die Maßnahmen gegen die Verbreitung des Virus legten den Sportbetrieb lahm, zuvor hatten Après-Ski-Partys in Tirol und das Champions-League-Match Bergamo gegen Valencia als tödliche Multiplikatoren gewirkt. Die Verbände mussten ihre Großveranstaltungen aussetzen oder absagen, die Ligen spielten Pause. Die Fußball-Europameisterschaft wurde auf 2021 verlegt, das IOC verschob Sommerolympia ebenfalls um ein Jahr. Allerdings zögerte Thomas Bach, der oberste Herr der Ringe: Er ließ in London noch ein Boxturnier zur Qualifikation durchführen, als die ansteckungsfördernde Wirkung derartiger Treffen längst bekannt war.

Der Markt vermochte wenig zu regeln, seine unsichtbare Hand wachelte im Abseits. Staatliche Vorschriften griffen zum Schutz von Menschenleben in die (im zweifachen Sinn) Freiheit des Handelns ein. In drastischer Deutlichkeit wurde vor Augen geführt, wie gefährlich in einigen Ländern die Privatisierung und Kommerzialisierung des Gesundheitswesens gescheitert ist.

So stieß das neoliberale Modell auch im Sport an unvorhergesehene Grenzen. Mit einem Mal gerieten die ökonomischen Sicherheiten ins Wanken, vor allem da die Fernsehgelder auszubleiben drohten. Mit einem Mal fanden sich die Sportorganisationen, die von der Behauptung ihrer Gemeinnützigkeit profitierten, genötigt, ihre Gemeinnützigkeit tatsächlich zu

K. Zeyringer, *Schwarzbuch Sport*, https://doi.org/10.1007/978-3-658-32100-0

beweisen. Und mit einem Mal konnten inakzeptable Relationen beim schlechtesten Willen nicht länger übersehen werden: dass etwa in der deutschen Bundesliga ein guter Spieler fünfzig Mal so viel verdient, wie ein gerade für eine Impfung gegen Corona forschender Nobelpreisträger an einer Universität erhalten würde; und ein durchschnittlicher Kicker dreißig Mal so viel wie eine Krankenschwester. Dass also Unterhaltung zigfach höher bewertet und folglich entlohnt wird als Wissenschaft und noch zigfacher als ein lebensrettender sozialer Dienst.

Ist dies eben die unsichtbare Hand des Marktes? Der Markt schätzt also Solidarität, Einsatz für die Gemeinschaft, lebensrettende Leistung nicht?

Angesichts befürchteter Einbußen der Vereine und angesichts der drohenden (Teil-)Arbeitslosigkeit in den »unteren Etagen« der Clubs entschlossen sich Spieler, Trainerteams, Manager und Vorstände, auf einen Teil (meist 20 Prozent) ihres Gehalts zu verzichten. Manche richteten Spendenfonds ein.

Aber gerade dort, wo der Fußballkommerz am weitesten getrieben wird und am meisten Geld umsetzt, in der englischen Premier League, beharrten viele Kicker und einige Vereine auf der für sie günstigen Methode, Gewinne zu privatisieren, Verluste hingegen zu sozialisieren. Der FC Liverpool des legendären »You'll never walk alone« beanspruchte wegen der Corona-Krise zunächst staatliche Finanzhilfe für seine Mitarbeiter, schickte sie aber dennoch in Kurzarbeit. Erst heftige Proteste, auch aus der eigenen Fanszene, veranlassten den Club zu einem Rückzieher. Im Februar hatte er aus der letzten Saison einen Reingewinn von 50 Millionen Euro gemeldet, im Jahr davor waren 121 Millionen in den Vereinskassen geblieben.

Der Reflex der zum Geldsack gestreckten Hand ist schwer zu unterdrücken.

Auch im Fall des Internationalen Olympischen Komitees und seines Zögerns sehen Kritiker einen Goldene-Eier-Tanz zwischen Thomas Bach und den japanischen Organisatoren: Wer die Sommerspiele absage, sei eher haftbar zu machen. Im

Grunde geht es – wie in den Fußballligen – um TV-Gelder. Und die Corona-Krise führte vor, wie abhängig die reichen Sportarten von den Abgeltungen der Fernsehunterhaltung sind. Gerade im Moment, in dem sich ihre Betreiber und Stars öffentlich ihrer sozialen Verantwortung entsannen (die sie zuvor oft nicht durch entsprechende Steuerleistung wahrnehmen wollten), zeigte sich die Kommerzialisierung deutlich: Die Verbände und Vereine des fernsehgängigen, also reichen Sports – nicht Gewichtheben, nicht Rodeln – sind von Grund auf nicht gemeinnützig, wie sie behaupten, sondern Wirtschaftsunternehmen. Deshalb sollten sie auch in krisenfreien Zeiten ihre gesellschaftliche Verpflichtung erfüllen und nicht auf Steuer- und Infrastruktur-Geschenke pochen.

Diese Überlegung jedoch spielte in den Aussagen von Spielern, Trainerteams, Managern und Vorständen, wie sich ihr Fußballbetrieb durch die Corona-Krise verändern werde, keine Rolle. Von Rummenigge bis Klopp, von Dortmund-Chef Watzke bis Frankfurt-Vorstand Bobic waren sich die Herren einig, dass für Gehälter und Transfers nicht mehr solche Wahnsinnssummen lockergemacht würden. Allein dadurch meinten manche den Fußball von seinem Überhöhenflug wieder fest auf beide Schussbeine gestellt zu sehen. Keiner aber forderte, dass die Topvereine, die Uefa, die Fifa, das IOC die Steuern bezahlen sollten, die ihnen als kapitalistische Wirtschaftsunternehmen eigentlich abzuverlangen wären. Offenbar fanden sie es nicht skandalös, dass gemeinnützig deklariertes Geld an Club-Konzerne fließt.

Deren treueste Kundschaft hingegen schätzte dies anders ein. Die »Fanszenen Deutschlands«, eine Organisation der Ultras in den höchsten Ligen, schrieb Mitte April 2020, die baldige Fortsetzung der Saison »wäre blanker Hohn gegenüber dem Rest der Gesellschaft und insbesondere all derjenigen, die sich in der Corona-Krise wirklich gesellschaftsdienlich engagieren«. Der Profifußball müsse vielmehr Reformen angehen und zunächst die Strukturen überdenken, die dazu geführt hätten, dass Vereine dreistellige Millionenumsätze machen und dennoch binnen kurzem von einer Insolvenz bedroht sind: »Ein System, in das in den letzten Jahren Geldsummen jenseits der Vorstellungskraft vieler Menschen geflossen sind, steht innerhalb eines Monats vor dem Kollaps, der Erhalt der Strukturen ist vollkommen vom Fluss der Fernsehgelder abhängig, die Vereine existieren nur noch in totaler Abhängigkeit von den Rechteinhabern.« Der Profifußball sei längst krank, betonten die Ultras, »und gehört weiterhin in Quarantäne«.

Krankenpfleger, Lehrer, Forscherinnen kommen mit ihren Abgaben einer Pflicht nach – der Sportbetrieb erfreute sich seiner Freiwilligkeiten. Der Millionär Toni Kroos spielt bei Real Madrid in Spanien, wo in den letzten Jahren einige Stars wegen grober Steuerhinterziehung verurteilt wurden. Er, Kroos, lehne den von vielen Kollegen praktizierten Teil-Lohnverzicht ab, sondern wolle lieber spenden, um über die Verwendung des Geldes selbst bestimmen zu können. Wir alle würden vielleicht auch gerne anschaffen, was mit unseren Steuern zu geschehen habe.

Erfreulicherweise bewiesen reiche und superreiche Sportler soziales Engagement oder entdecken es gerade. Eine Reaktion, die in der Krise allgemein leichter fällt, da sie den meisten Menschen abverlangt wird, ihnen selbstverständlich ist. Zudem fördert sie ein gutes Image.

Von den neoliberalen Reflexen verabschiedeten sich die Herren des Sports freilich nicht; zunächst einfach, da darüber keine tiefgreifende Debatte geführt wurde. Auch die Frage, die sogar die *Frankfurter Allgemeine Zeitung* am 14. März stellte, wurde nicht diskutiert: »Wie konnte es die Welt zulassen, dass die Sportverbände so groß wurden, dass sie anfingen, sich über alles zu erheben?«

Und so erschien es wahrscheinlich, dass sich nach der Krise die Geldspirale wieder nach oben dreht, in jene Höhen, die schon zuvor sozial inakzeptabel waren. Im neuerlich gefüllten Stadion wird man vergessen haben, wessen Einsatz und wessen Wissenschaft die Krise entscheidend zu meistern geholfen hat.

BIBLIOGRAPHIE

Archiv des Internationalen Olympischen Komitees in Lausanne.

Britta Bannenberg: *Korruption und Wirtschaftskriminalität als soziales Problem.* In: G. Albrecht, H. Groenemayer (Hrsg.): *Handbuch soziale Probleme,* Wiesbaden: Springer VS 2012, S. 752–771.

Karl-Heinrich Bette: *Systemtheorie und Sport.* Frankfurt a. M.: Suhrkamp 1999.

Karl-Heinrich Bette: *Sporthelden: Spitzensport in postheroischen Zeiten.* Bielefeld: transcript 2019.

Thomas Biebricher: *Neoliberalismus zur Einführung.* 2., überarb. Aufl. Hamburg: Junius 2015.

Pierre Bourdieu: *Comment peut-on être sportif?* [1978] In: P. B.: *Questions de sociologie.* Paris: Minuit 1980, S. 173–195.

Pierre Bourdieu: *L'essence du néolibéralisme.* In: *Le Monde diplomatique,* März 1998.

Wendy Brown: *Die schleichende Revolution. Wie der Neoliberalismus die Demokratie zerstört.* Frankfurt a. M.: Suhrkamp 2015.

Elias Canetti: *Masse und Macht.* Frankfurt a. M.: Fischer Tb 1980.

Patrick Clastres: »*Der Sport als letzte Bastion für öffentlich und allzuoft ungestraft geäusserten Rassismus*«. Interview. In: *Tangram 41: Sport und Rassismus,* Bern 2018, S. 36–44.

Tony Collins: *Sport in Capitalist Society. A Short History.* London: Routledge 2013.

Corruption in Sport: Causes, Consequences, and Reform. Hrsg. Lisa A. Kihl. New York: Routledge 2018.

Helmut Digel: *Sport zwischen Faszination und Abscheu. Stichworte zur Sportentwicklung.* Schorndorf: Hofmann 2018.

Martin Egger: *Sport-Sponsoring.* Univ. Linz: Diss. 1992.

Gottlieb Florschütz: *Sport in Film und Fernsehen. Zwischen Infotainment und Spektakel.* Wiesbaden: Deutscher Universitätsverlag 2005.

Bent Flyfbjerg, Allison Stewart, Alexander Budzier: *The Oxford Olympics Study 2016: Cost and Cost Overrun at the Games.* Oxford: Univ., Said Business School 2016.

Gunter Gebauer: *Poetik des Fußballs.* Frankfurt a. M.: Campus 2006.

Gunter Gebauer, Christoph Wulf: *Spiel, Ritual, Geste. Mimetisches Handeln in der sozialen Welt.* Reinbek: Rowohlt 1998.

Thomas Gebauer, Ilija Trojanow: *Hilfe? Hilfe! Wege aus der globalen Krise.* Frankfurt a. M.: Fischer 2018.

Paul Ginsborg: *Silvio Berlusconi. Television, Power and Patrimony.* New Edition. London, New York: Verso 2005.

Global Corruption Report: Sport. Transparency International. New York: Routledge 2016.

A Global History of Doping in Sport. Drug, Policy, and Politics. Hrsg. J. Gleaves, Th. M. Hunt. New York: Routledge 2015.

Stefan Gmünder, Klaus Zeyringer: *Das wunde Leder. Wie Kommerz und Korruption den Fußball kaputt machen.* Berlin: edition suhrkamp 2018.

Sven Güldenpfennig: *Fundamentalismen bedrohen den Sport. Sport als Spielball mächtiger außersportlicher Interessen.* Hildesheim: Arete 2017.

Robert Gugutzer: *Public Viewing als sportiv gerahmtes kollektiv-leibliches Situationsritual.* In: *Körper und Ritual. Sozial- und kulturwissenschaftliche Zugänge und Analysen.* Hrsg. R. Gugutzer, M. Staack. Berlin: Springer 2015, S. 55–70.

John Hargreaves: *Sport, Power and Culture. A Social and Historical Analysis of Popular Sports in Britain.* Oxford: Polity Press 1986.

Friedrich August von Hayek: *Wissenschaft und Sozialismus. Aufsätze zur Sozialismuskritik.* Tübingen: Mohr Siebeck 2004.

Stephanie Heinecke: *Fit fürs Fernsehen? Die Medialisierung des Spitzensports als Kampf um Gold und Sendezeit.* Köln: Halem 2014.

Host City Contract 2026: https://stillmed.olympic.org/media/Document%20Library/OlympicOrg/Games/Winter-Games/Games-2026-Winter-Olympic-Games/HCC-Principles-2026.pdf

Colin Hutchinson: *Reaganism, Thatcherism and the Social Novel.* London, New York: Palgrave Macmillan 2008.

Interpol: https://www.interpol.int/fr/Infractions/Corruption/Corruption-dans-le-sport

Images des Sports in Österreich – Innenansichten und Außenwahrnehmung. Hrsg. M. Marschik u. a. Wien: Vienna University Press 2018.

Liberalismus und moderne Schweiz. Hrsg. R. Roca. Basel: Schwabe 2017.

Rainer Karlsch, Christian Kleinschmidt, Jörg Lesczenski, Anne Sudrow: *Unternehmen Sport. Die Geschichte von adidas.* München: Siedler Verlag 2018.

Nicole Kaspari: *Gerhard Schröder – Political Leadership im Spannungsfeld zwischen Machtstreben und politischer Verantwortung.* Frankfurt a. M. u. a.: Peter Lang 2008.

Thomas Kistner, Jens Weinreich: *Der olympische Sumpf. Die Machenschaften des IOC.* München, Zürich: Piper 2000.

Pia Lorenz: *Die Beziehung von Medien und Sport.* Univ. Wien: Diss. 2012.

Machbarkeitsstudie »Graz 2026«: https://www.graz2026.org/wp-content/uploads/2018/07/Graz2026_Studie_D_110718_aha.pdf

Wolfgang Maennig: *Korruption im internationalen Sport: Ökonomische Analyse und Lösungsansätze.* In: *Vierteljahrshefte zur Wirtschaftsforschung* 73/2004/2, S. 263–291.

Jürgen Martschukat: *Das Zeitalter der Fitness. Wie der Körper zum Zeichen von Erfolg und Leistung wurde.* Frankfurt a. M.: S. Fischer 2019.

Offizielle Rapports der Olympischen Spiele auf: www.la84.org

Olympic Charter [IOC]. https://stillmed.olympic.org/Documents/olympic_charter_en.pdf

Simon Osterwalder, Martin Kaiser: *Vom Rechtsstaat zum Richtersport? – Fragen zum vorsorglichen Rechtsschutz in der Sportgerichtsbarkeit der Schweiz.* In: *Sport und Recht* 6/2011, S. 230–236.

The Palgrave Handbook on the Economics of Manipulation in Sport. Hrsg. M. Breuer, D. Forrest. Berlin: Springer 2018.

Robert Pfaller: *Erwachsenensprache. Über ihr Verschwinden aus Politik und Kultur.* Frankfurt a. M.: S. Fischer 2017.

Philip Plickert: *Wandlungen des Neoliberalismus: Eine Studie zu Entwicklung und Ausstrahlung der »Mont Pèlerin Society«.* Berlin, Boston: De Gruyter, Oldenbourg 2008.

Rechnungshofbericht Schladming Ski-WM 2013: https://www.rechnungshof.gv.at/fileadmin/downloads/_jahre/2015/aktuelles/presse/kurzfassungen/steiermark/Kurzfassung_Steiermark_2015_08.pdf

Jürgen Reul: *Die Pflicht zur Gleichbehandlung der Aktionäre bei privaten Kontrolltransaktionen.* Tübingen: Mohr 1991.

Stephanie Sammartino McPherson: *Doping in Sports. Winning at any Cost?* Minneapolis: Twenty-First Century Books 2016.

Stephan Schulmeister: *Der Weg zur Prosperität.* Salzburg, München: Ecowin 2018.

Schweizer Parlament: https://www.parlament.ch/de/ratsbetrieb/

Barbara Smit: *Drei Streifen gegen Puma. Wie aus einem Bruderzwist zwei Weltkonzerne entstanden.* Frankfurt a. M., New York: Campus 2017.

Giselher Spitzer: *Doping in der DDR. Ein historischer Überblick zu einer konspirativen Praxis.* Köln: Sportverlag Strauß 2012.

Sportfinanzierung und Sportwetten. Reflexionen zu Phänomenen, Möglichkeiten und Gefahren im kommerziellen Sport. Hrsg. F. Kainz, U. Scherrer, Ch. Werner. Zürich: Schulthess 2012.

Sports Mega-Events: Social Scientific Analyses of a Global Phenomenon. Hrsg. J. Horne, W. Manzenreiter. Oxford: Blackwell 2006.

Der Sportzuschauer als Konsument: Gast, Mitspieler, Manipulierter? Hrsg. M.-P. Büch, W. Maenning, H.-J. Schulke. Köln: Strauß 2006.

Michael Steinbrecher: *Olympische Spiele und Fernsehen. Programmgestalter im Netz olympischer Abhängigkeiten?* Konstanz: UVK 2009.

Heinrich Steinfest: *Gebrauchsanweisung fürs Scheitern.* München: Piper 2019.

Jakob Tanner: *Geschichte der Schweiz im 20. Jahrhundert.* München: C. H. Beck 2015.

Andreas Thomasser: *Staat und Sportverband. Das Vereinsmitglied als Staatsbürger oder Verbandsuntertan.* Wien: NWV 2015.

Bernhard Walpen: *Die offenen Feinde und ihre Gesellschaft. Eine hegemonietheoretische Studie zur Mont Pèlerin Society.* Hamburg: VSA 2004.

Watching the Olympics: Politics, Power and Representation. Hrsg. J. Sugden, A. Tomlinson. Abingdon: Routledge 2012.

Weißbuch Sport der EU-Kommission, 2007: eur-lex.europa.eu

Nicola Werdenigg: *Ski Macht Spiele.* Graz: Leykam 2018.

Klaus Werner, Hans Weiss: *Das neue Schwarzbuch Markenfirmen. Die Machenschaften der Weltkonzerne.* Wien, Frankfurt a. M.: Deuticke 2003.

Tobias Werron: *Der Weltsport und sein Publikum. Zur Autonomie und Entstehung des modernen Sports.* Weilerswist: Velbrück Wissenschaft 2010.

Hans Woller: *Gerd Müller oder Wie das große Geld in den Fußball kam.* München: C. H. Beck 2019.

Jörg Zeyringer, Adi Hütter: *Teamgeist. Wie man ein Meisterteam entwickelt.* Heidelberg: Springer 2019.

Klaus Zeyringer: *Fußball. Eine Kulturgeschichte.* Frankfurt a. M.: S. Fischer 2014 (aktualisiert, erweitert: Fischer Tb 2016).

Klaus Zeyringer: *Olympische Spiele. Eine Kulturgeschichte von 1896 bis heute.* Band 1: *Sommer.* Frankfurt a. M.: S. Fischer 2016; Band 2: *Winter.* Frankfurt a. M.: S. Fischer 2018.